Klettersteige
Bayern · Vorarlberg · Tirol · Salzburg

Paul Werner
Herbert Mayr
Gerald Sagmeister

Klettersteige

Bayern · Vorarlberg · Tirol · Salzburg

90 ausgewählte Klettersteige zwischen Rhein und Salzach

Mit 102 Farbfotos, 73 Wanderkärtchen im Maßstab 1: 75.000,
einem Stadtplanausschnitt im Maßstab 1: 30.000 sowie
zwei Übersichtskärtchen im Maßstab 1: 1.000.000

BERGVERLAG ROTHER GMBH · MÜNCHEN

Luftiger Gratturm am Arlberger Klettersteig.

Schwierigkeitsbewertung von Klettersteigen

Wie in der freien Kletterei unterliegt auch die Beurteilung von Klettersteigen der subjektiven Auffassung des Bergsteigers. Trotzdem kann eine ungefähre Einstufung vorgenommen werden, die reinen »Relativcharakter« hat, also mit keiner anderen Bewertung vergleichbar ist. Um Verwechslungen mit Schwierigkeitsskalen für freie Kletterei (z.B. UIAA) zu vermeiden, werden dem jeweiligen Schwierigkeitsgrad die Buchstaben KS (= Klettersteig) vorangestellt. Da sich die Klettersteige in sehr verschiedenen Höhenlagen befinden und die übrigen Rahmenbedingungen wie Länge und Charakter des Zustiegs, Schneelage und Vereisung, Bedrohung durch Wettersturz und Steinschlag sowie der Zustand der Sicherungen außerordentlich unterschiedlich sind, wird in diesem Führer die Schwierigkeit nach zwei getrennten Kriterien bewertet:

Schwierigkeitsskala 1 (Klettersteigtechnische Anforderungen)

KS1 Abgesicherte trassierte Steige und sehr einfache Klettersteige
Auf natürlichen Felsbändern oder künstlichen Weganlagen durch stellenweise steiles Felsgelände führende Steige. Sicherungen in Form von Stahlseilen, Ketten oder Geländern dienen vorwiegend nur gegen das Gefühl der Exponiertheit, werden aber zur Fortbewegung kaum benötigt. Ohne Sicherungen wären die technischen Schwierigkeiten allenfalls mit I zu bewerten.

KS2 Einfache Klettersteige
Mäßig steiles Felsgelände; Sicherungen in Form von Stahlseilen, Klammern, Trittstiften und Leitern dienen zur Fortbewegung. Ohne Sicherungen wäre Kletterei bei geringen Schwierigkeiten (I – II) erforderlich.

KS3 Mäßig schwierige Klettersteige
Steiles Felsgelände, überwiegend durch Stahlseile, Klammern, Trittstifte oder Eisenleitern gesicherte Steige. Gesicherte Abschnitte erfordern bereits ein gewisses Maß an Armkraft. Ohne Sicherung wäre mäßig schwierige (II) oder mittelschwierige Kletterei (III) erforderlich.

KS4 Schwierige Klettersteige
Sehr steiles Felsgelände, streckenweise senkrechte Wandpartien. Meist nur durch Stahlseile, gelegentlich auch durch künstliche Tritthilfen gesicherte, streckenweise sehr exponierte Führen. Diese Anlagen erfordern ein gehöriges Maß an Armkraft. Ohne Sicherungen wäre mittelschwierige Kletterei (III) oder Kletterei mit großen Schwierigkeiten (IV) erforderlich.

KS5 Sehr schwierige Klettersteige, Sportklettersteige
Streckenweise extrem exponierte und im senkrechten, trittarmen Fels verlaufende, vorwiegend nur durch Stahlseile gesicherte Routen mit spärlichen künstlichen Tritthilfen; die schwierigsten Stellen erfordern Klettertechnik oder sehr große Armkraft. Ohne Sicherungen wäre z.T. sehr schwierige Kletterei (V – VI) erforderlich.

KS6 Äußerst schwierige Klettersteige, extreme Sportklettersteige
Im Wesentlichen wie KS 5, jedoch Tritthilfen nur sehr spärlich oder gar nicht vorhanden, ferner sehr lange und außergewöhnlich anstrengende Routen. An einigen Stellen ist man weitestgehend auf Armkraft angewiesen und muss sich beim Emporziehen am Stahlseil an trittarmen oder trittlosen, glatten Felspartien mit den Füßen gegen den Fels stemmen.

In »**Schwierigkeitsskala 1**« werden die technischen Anforderungen der jeweiligen Klettersteigpassagen beurteilt, also deren Exponiertheit, technisches Konzept (dürftige oder reichliche Steighilfen), baulicher Zustand, Länge, Anforderungen an Armkraft, Möglichkeiten zur Selbstsicherung.
In »**Schwierigkeitsskala 2**« werden die alpinen Rahmenbedingungen beurteilt: Höhenlage, Gelände- und Wegcharakter, ggf. Notwendigkeit von Gletscherüberschreitungen. Je höher die Einstufung nach der Skala 2 ausfällt, desto mehr alpine Erfahrung wird in der Regel vorausgesetzt.

Schwierigkeitsskala 2 (Alpine Rahmenbedingungen)

0 Im Tal oder talnah gelegene Klettersteige ohne nennenswerte Zustiege. Wetterbedingungen wegen Lage und geringer Tourendauer gut vorhersehbar. Verzicht auf Wetterschutz und Proviant möglich, z.T. auch ratsam, da diese Bedingungen meist auf technisch schwierige bis äußerst schwierige Sportklettersteige zutreffen.

A Leichte Bergwanderungen auf bequemen Wanderwegen in Höhenlagen bis rund 2000 m oder etwas darüber.

B Bergwanderungen auf Gebirgssteigen, die auch schmal und steil sein können, in allen nicht vergletscherten Höhenzonen verbreitet, meist jedoch in Höhenlagen zwischen 1800 m und 2700 m.

C Bergtouren auf alpinen, stellenweise ausgesetzten Steigen und Pfaden, teilweise auch weglos; oft ist Orientierungssinn erforderlich; meist in Höhenlagen zwischen 2300 m und 3000 m, Bergerfahrung erforderlich.

D Anspruchsvollere Bergtouren in alpinem Felsgelände, z.T. auch brüchig, z.T. mit Firnfeldern. Höhenlage meist zwischen 2400 m und 3300 m. Auch mit langem, schwierigem Klettersteig; größere Bergerfahrung und Ausdauer sowie gutes Orientierungsvermögen unbedingt erforderlich.

E Hochalpine Bergtouren in Höhenlagen um oder über 3000 m, die mitunter die Mitnahme und den Einsatz von Pickel und Steigeisen erforderlich machen (sog. kombinierte Touren); teilweise mit Gletscherüberschreitung und Begehung bzw. Querung von Firn-/ Eisrinnen, was eine kompetente Einschätzung der aktuellen Verhältnisse und ggf. eine situationsgemäße Sicherungstechnik erfordert. Gehen in Seilschaft streckenweise unerlässlich. Nur für sehr erfahrene Alpinisten zu empfehlen.

Soweit bei einer Tour in ungesichertem Gelände geklettert werden muss, wird der **Schwierigkeitsgrad nach der UIAA-Skala** ergänzt (Ausnahme: Schwierigkeitsgrad I, da dieser beim Begehen von Klettersteigen ohnehin grundsätzlich beherrscht werden sollte). Die ersten drei Grade (römische Zahlen) für das traditionelle freie Klettern (ohne künstliche Hilfsmittel wie im Fels angebrachte Klammern, Drahtseile usw.) sind folgendermaßen definiert:

I Geringe Schwierigkeiten. Einfachste Form der Felskletterei (kein leichtes Gehgelände!). Die Hände sind zur Unterstützung des Gleichgewichts erforderlich. Anfänger müssen am Seil gesichert werden. Schwindelfreiheit bereits erforderlich.

II Mäßige Schwierigkeiten. Hier beginnt die Kletterei, die Drei-Punkte-Haltung erforderlich macht.

III Mittlere Schwierigkeiten. Zwischensicherungen an exponierten Stellen empfehlenswert. Senkrechte Stellen oder gutgriffige Überhänge verlangen bereits Kraftaufwand. Geübte und erfahrene Kletterer können Passagen dieser Schwierigkeit noch ohne Seilsicherung erklettern.

Zur schnellen Orientierung über die Anforderungen der einzelnen Klettersteige wurden die Tourennummern im Inhaltsverzeichnis und bei den Beschreibungen farbig unterschieden. Die farbige Markierung gibt eine grobe Orientierung über den Gesamtcharakter einer Tour, der sich aus den technischen Anforderungen der Klettersteigabschnitte einerseits und aus Länge, Höhenlage und anderen Erschwernissen andererseits zusammensetzt. Exakte Angaben zu den Schwierigkeiten finden Sie unter dem Stichwort »Anforderungen« bei jeder Tour. Die Farben bedeuten:

BLAU
Geringe Anforderungen durch die Klettersteigabschnitte (Schwierigkeit KS1–KS2) und die alpinen Rahmenbedingungen (meist A oder B). Ein Mindestmaß an Schwindelfreiheit und Trittsicherheit ist trotzdem erforderlich.

ROT
Mäßige Anforderungen durch die Klettersteigabschnitte (Schwierigkeit KS3, teils KS4) und die alpinen Rahmenbedingungen (meist B oder C). Nur für erfahrene Bergsteiger mit etwas Klettersteigroutine.

SCHWARZ
Hohe bis sehr hohe Anforderungen durch die Klettersteigabschnitte (Schwierigkeit KS4–KS6), teilweise auch durch ungesicherte Kletterstellen. Die alpinen Rahmenbedingungen stellen bei Sportklettersteigen meist keine Herausforderung dar (0); ansonsten können auch mittelschwere Klettersteige schwarz gekennzeichnet sein, wenn die alpinen Rahmenbedingungen besonders hohe Anforderungen (D und E) stellen. Nur für sehr versierte Klettersteiggeher und Bergsteiger.

Sicherungsmanöver am Kaiser-Max-Klettersteig in der Martinswand, Sektion I.

Sicherheit

Selbstsicherheit
In der Praxis erweist sich die eigene, idealerweise aus langjähriger Erfahrung gewonnene Selbstsicherheit als der wichtigste und sicherste Garant für eine glückliche Heimkehr. Trittsicherheit und Freiheit von psychogenem Höhenschwindel sind bis zu einem gewissen Maß trainierbar. Wer jedoch in exponierter Lage – selbst in gesichertem Zustand – unter Angst oder Schwindelgefühl leidet, sollte sich beim Begehen von Klettersteigen unbedingt eine eigene Grenze setzen, die seinen Fähigkeiten und Anlagen entspricht. Falscher Ehrgeiz kann auf schwierigen und langen Klettersteigen böse enden – es ist völlig falsch zu glauben, die technische Selbstsicherung könne mangelnde Eignung, mangelndes Training oder mangelnde Kraft ersetzen! Oberstes Gebot: Wo der »Lusteffekt« endet und die Angst beginnt, sollte man aufhören!

Wetter
Immer daran denken: Bei Regen oder gar Schneefall oder Vereisung kann ein bei Sonne gerade noch bewältigbarer Klettersteig zur tödlichen Falle werden, wenn man mittendrin überrascht wird. Dass man bei Gewitterneigung Klettersteige meiden muss, darf als selbstverständlich vorausgesetzt werden – das ansonsten für Gewitter empfohlene Patentrezept »Fort von Eisenleitern und Drahtseilen« ist nämlich für Klettersteiggeher oft gar nicht so einfach umzusetzen oder sogar unmöglich.

Allgemeine Ausrüstung
Pauschale Empfehlungen zum Umfang und zur Qualität der technischen Ausrüstung sowie der Bekleidung sind gerade bei Klettersteigen problematisch, da Klettersteigtouren vielfach einen sehr unterschiedlichen Charakter haben. Sehr kurze, niedrig gelegene, aber technisch sehr anspruchsvolle Klettersteige (z.B. Nr. 8: »Francesco Tarmann«) wird man am besten ohne jedes Gepäck, ggf. in Hemd und kurzen Hosen, aber mit kompletter technischer Ausstattung angehen, bei einigen Zielen nahe der 3000-Meter-Grenze wird die Ausrüstung unter Umständen hochalpinen Maßstäben entsprechen müssen und stellenweise Gehen in Seilschaft angeraten sein (Bekleidung auch für extreme Wetterbedingungen, Biwaksack, Seil für Partnersicherung, Steigeisen, Pickel und selbstverständlich steigeisentaugliches Schuhwerk).
Für alle Klettersteige sind zunächst ordentliche **Berg- bzw. Trekkingschuhe mit Profilgummisohle** eine Selbstverständlichkeit. Je leichter und biegsamer, umso besser ist ihre Haftung am Fels; allzu leichtes Schuhwerk mit zu weichen Sohlen bietet allerdings auf kurzen Trittstiften nicht die nötige Druckverteilung. Von Plastikschuhen mit ihren biegesteifen Sohlen ist hingegen am Klettersteig ebenso wie beim Klettern abzuraten. Auf längeren Steigen wird man geeignete, sehr strapazierfähige **Handschuhe** zu schät-

zen lernen – auf extrem steilen, trittarmen Stellen und erst recht bei Nässe zeigt sich, welcher Handschuh am senkrechten Stahlseil »greift«. Auf jeden Fall sollte stets ausreichend Leukoplast o.ä. im Gepäck sein, man kann damit im Notfall sehr wirksam die empfindlichsten und meistbeanspruchten Stellen der Hand vorbeugend (und griffig) zupflastern. Handschuhe schützen natürlich auch vor aufgerissenen, rostigen Stahllitzen an alten Seilen, die ansonsten böse Verletzungen verursachen können. Wer gerne mit Stöcken steigt, schaffe sich **Teleskopstöcke** an, die man so verkürzen kann, dass man sie am Rucksack befestigen kann, während man am Klettersteig unterwegs ist.

Spezielle Klettersteigausrüstung

Die komplette Selbstsicherung
Die spezielle Ausrüstung des Klettersteiggehers ist insbesondere die auf den Alleingang abgestellte Selbstsicherung, also ein komplettes Klettersteig-Set. Man muss sich damit auch dann selbst sichern, wenn man in einer Gruppe geht oder von einem Bergführer oder versierten Kameraden zusätzlich klettertechnisch gesichert wird.

Klettersteigkarabiner.

Die wichtigsten Sicherheitstipps von Pit Schubert

Viele Jahre hat man geglaubt, für Klettersteige würde gerade mal ein Stück Reepschnur oder eine Bandschlinge plus irgendein Karabiner reichen. Erst einige Unfälle haben gezeigt, dass dies ein Trugschluss war. Die Fallgesetze sind auf Klettersteigen die gleichen wie beim seilgesicherten Klettern in der Seilschaft.
Bei Sturz muss vom Sicherungssystem Fallenergie aufgenommen werden, und dies ist mit einer Reepschnur nicht möglich, sie reißt. Mit einer Bandschlinge ist dies nur unzureichend möglich, weil die Fangstoßkraft das körperverträgliche Maß überschreitet; innere Verletzungen wären die Folge.
Eine sicherheitstechnisch zeitgemäße Ausrüstung sieht wie folgt aus:

- Eine Klettersteigbremse in Y-Form (nicht V-Form), mit der beide Karabiner gleichzeitig eingehängt sein können; dies erleichtert einerseits das Handling, insbesondere das Umhängen der Karabiner an der Drahtseilverankerung, und bietet andererseits mehr Sicherheit in Form von Redundanz: Bricht bei Sturzbelastung ein Karabiner (Schwachstelle des Systems), ist ein zweiter vorhanden, der die Restfallenergie aufnehmen kann; es ist bisher noch nicht zum Bruch beider Karabiner gekommen, was auch nicht vorstellbar ist.

- Die Klettersteigbremse sollte fest verbundene (eingenähte) Karabiner haben, nicht etwa Knoten, da jeder Knoten eine Schwachstelle bedeutet – er kann sich lösen. Versuche haben gezeigt, dass man die Knoten zur Befestigung der Karabiner mit einer halben Tonne (5 kN, ca. 500 kg) festziehen müsste, damit sie sich nicht mehr lösen können; keine auf dem Markt befindliche Klettersteigbremse mit Knoten ist derart hergestellt und wollte man die Knoten selbst mit Handkraft festziehen, schafft man nicht einmal ein Zehntel der erforderlichen Zugkraft.
- Die Befestigung der Klettersteigbremse am Anseilgurt sollte mittels einer Rundschlinge und Ankerstich erfolgen, weil sich andere Knoten lösen können. Das unerwünschte, selbsttätige Lösen von Knoten ist eine der häufigsten Unfallursachen auf Klettersteigen.
- Nur Klettersteigkarabiner mit automatischer Verschlusssicherung verwenden; bei fest mit der Klettersteigbremse verbundenen (eingenähten) Karabinern sind die richtigen vom Hersteller vorgesehen. Andere Karabiner stellen ein Sicherheitsrisiko in Form erhöhter Bruchgefahr dar. Beim Kauf das Handling der Karabiner simulieren, um festzustellen, welcher Karabiner einem liegt, und sich dabei vorstellen, dass man dies auf einem Klettersteig eventuell einige hundert Mal tun muss. Das Handling in der Praxis kann schnell ermüdend sein.
- Am sichersten sind Brust- und Sitzgurt oder ein Komplettgurt, insbesondere wenn ein Rucksack getragen wird; vielfach wird nur noch ein Hüftgurt getragen; solange man nicht stürzt, macht man damit auch keine schlechten Erfahrungen, dafür aber durchaus im Ernstfall.
- Einen Helm verwenden, denn auf Klettersteigen ist man selten allein, weiter oben befindliche Kletterer können Steine lösen und bei Sturz kann der Schädel unsanft mit dem Fels in Berührung geraten, gleiches gilt beim Begehen überdachter Bänder.

Die hier beschriebene Ausrüstung ist normgerecht und wird von allen führenden Bergsportgeräteherstellern angeboten. Aus der Beschreibungsanleitung für Klettersteigbremsen, die beim Verkauf beigegeben sein muss, geht die Handhabung hervor.

Letzter Hinweis: Die Sicherung immer verwenden, wenn Sicherungsanlagen vorhanden sind. Die meisten Unfälle auf Klettersteigen ereignen sich dadurch, dass auf die Sicherung verzichtet wird, sei es, dass man entgegenkommende oder überholende Begeher vorbeilassen möchte, sei es, dass man die Sicherung nicht für notwendig hält, weil man sich sicher genug fühlt.

Detaillierte Informationen zu diesen Fragen bietet die Lehrschrift:

Pit Schubert: Klettersteiggehen – Ausrüstung, Technik, Sicherheit; Bergverlag Rother, 3. Auflage 2007.

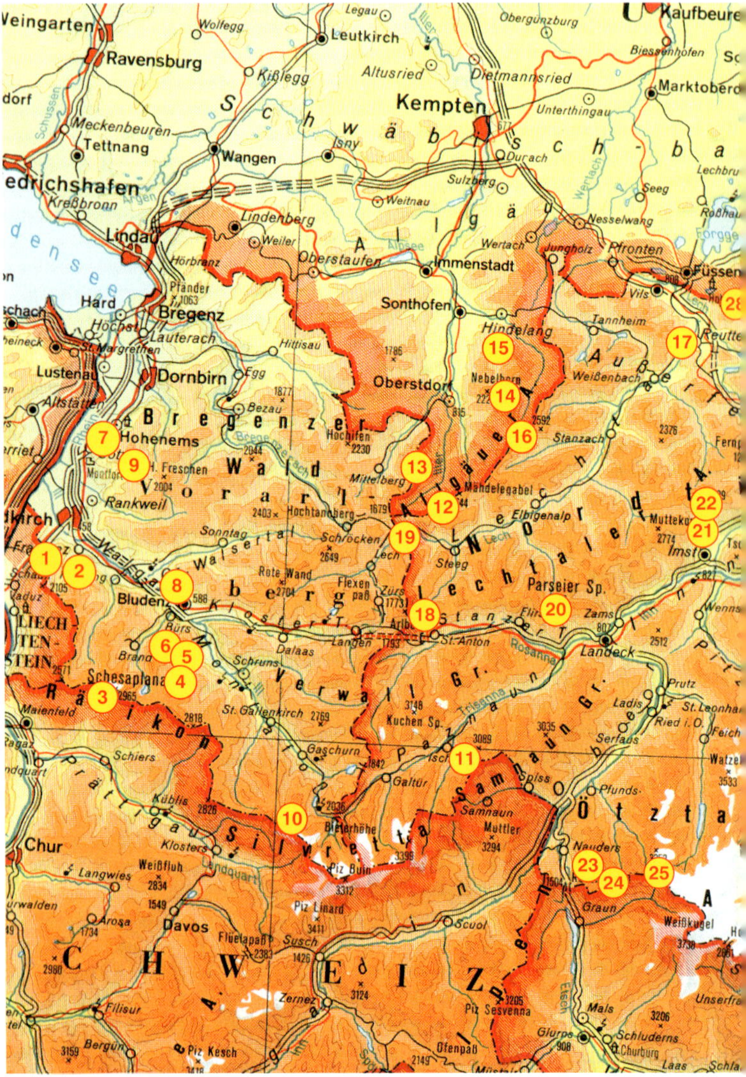
Weingarten
Ravensburg
Wolfegg
Leutkirch
Legau
Obergünzburg
Kaufbeuren
Kißlegg
Altusried
Dietmannsried
Biessenhofen
Marktoberdorf
Kempten
Unterthingau
Meckenbeuren
Tettnang
Wangen
Isny
Durach
Sulzberg
Weitnau
Kreßbronn
Lindenberg
Weiler
Oberstaufen
Immenstadt
Nesselwang
Pfronten
Füssen
Seeg
Wertach
Jungholz
Lindau
Hörbranz
Pfänder
1063
Hard
Bregenz
Höchst
Lauterach
St. Margrethen
Lustenau
Dornbirn
Hittisau
Egg
Bezau
Sonthofen
Hindelang
Tannheim
Vils
Reutte
Weißenbach
Oberstdorf
Nebelhorn
Stanzach
Hochifen
2230
Mittelberg
Mädelegabel
Elbigenalp
Hohenems
Rankweil
Hochtannberg
Schröcken
Steeg
Lech
Sonntag
Bludenz
Flexenpaß
Zürs
Arlberg
St. Anton
Parseier Sp.
Zams
Landeck
Imst
Muttekopf
Flirsch
Bürs
Brand
Dalaas
Langen
Schruns
Schesaplana
St. Gallenkirch
Kuchen Sp.
Prutz
Ladis
Ried i. O.
Serfaus
Maienfeld
Schiers
Gaschurn
Galtür
Ischgl
Samnaun
Spiss
Pfunds
Küblis
Klosters
Bielerhöhe
Muttler
Nauders
Chur
Langwies
Weißfluh
Piz Buin
Piz Linard
Arosa
Davos
Flüelapaß
Susch
Scuol
Graun
Weißkugel
Zernez
Piz Sesvenna
Mals
Glurns
Schluderns
Churburg
Laas
Filisur
Bergün
Piz Kesch
Ofenpaß
1
2
3
4
5
6
7
8
9
10
11
12
13
14
15
16
17
18
19
20
21
22
23
24
25
28

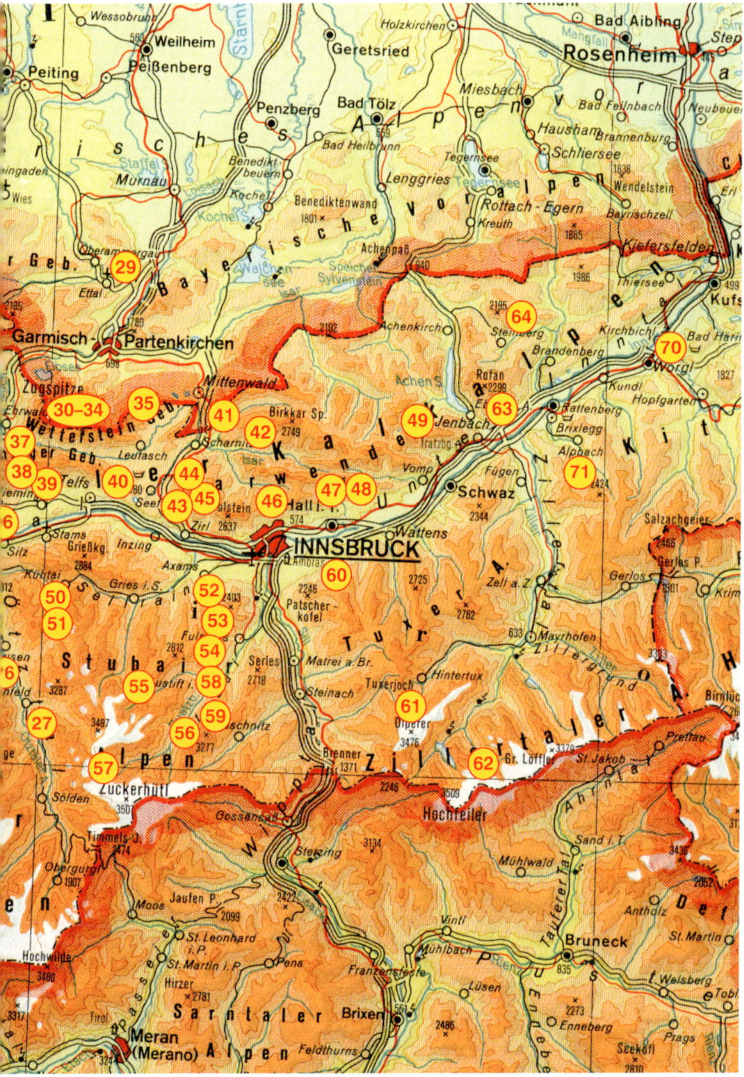

Wessobrunn
Weilheim
Peißenberg
Peiting
Geretsried
Holzkirchen
Bad Aibling
Rosenheim
Penzberg
Bad Tölz
Miesbach
Bad Feilnbach
Neubeuern
Bad Heilbrunn
Hausham
Brannenburg
Schliersee
Benediktbeuern
Murnau
Tegernsee
Lenggries
Wendelstein
Kochel
Benediktenwand
Rottach-Egern
Bayrischzell
Kreuth
Achenpaß
Kiefersfelden
Oberammergau
Walchensee
Sylvenstein
Thiersee
Kufstein
Ettal
Achenkirch
Steinberg
Kirchbichl
Bad Häring
Garmisch-Partenkirchen
Brandenberg
Wörgl
Mittenwald
Achensee
Rofan
Kundl
Hopfgarten
Zugspitze
Ehrwald
Wetterstein Geb.
Birkkar Sp.
Jenbach
Rattenberg
Brixlegg
Scharnitz
Leutasch
Alpbach
Telfs
Karwendel
Vomp
Fügen
Schwaz
Hall i. T.
Stams
Zirl
Wattens
Silz
Grießkg.
Inzing
INNSBRUCK
Salzachgeier
Kühtai
Axams
Ambras
Gerlos P.
Gries i. S.
Sellrain
Patscherkofel
Zell a. Z.
Gerlos
Tuxer A.
Mayrhofen
Stubaier Alpen
Serles
Matrei a. Br.
Zillergrund
Hintertux
Tuxerjoch
Steinach
Olperer
Birnlücke
Brenner
Zillertaler Alpen
Prettau
Gr. Löffler
St. Jakob
Zuckerhütl
Sölden
Gossensaß
Hochfeiler
Ahrntal
Timmelsj.
Sterzing
Sand i. T.
Obergurgl
Mühlwald
Moos
Jaufen P.
Antholz
St. Leonhard i. P.
Vintl
Bruneck
St. Martin
Hochwilde
St. Martin i. P.
Pens
Mühlbach
Franzensfeste
Welsberg
Toblach
Hirzer
Lüsen
Sarntaler Alpen
Brixen
Enneberg
Prags
Meran (Merano)
Feldthurns
Seekofl
29
30–34
35
37
38
39
40
41
42
43
44
45
46
47
48
49
50
51
52
53
54
55
56
57
58
59
60
61
62
63
64
70
71
27

MÜNCHEN
Gilching
Gräfelfing
Haar
Ebersberg
Landsberg
Gauting
Unterhaching
Grafing
Utting
Grünwald
Ammersee
Wörth S.
Herrsching
Starnberg
Schäftlarn
Sauerlach
Glonn
Dießen
Erling - Andechs
Starnberger S.
Tutzing
Wolfratshausen
Bruckmühl
Wessobrunn
Weilheim
Holzkirchen
Geretsried
Rosenheim
Peiting
Peißenberg
Miesbach
Penzberg
Bad Tölz
Hausham
Schliersee
Steingaden
Wies
Staffel S.
Murnau
Bad Heilbrunn
Benediktbeuern
Tegernsee
Lenggries
Kochel
Kochel S.
Benediktenwand
Rottach - Egern
Kreuth
Oberammergau
Ettal
Achenpaß
Walchensee
Sylvenstein
Garmisch - Partenkirchen
Achenkirch
Steinberg
Brandenberg
Plan S.
Eibsee
Zugspitze
Mittenwald
Achen S.
Rofan
Rattenberg
Ehrwald
Wetterstein Geb.
Birkkar Sp.
Jenbach
Brixlegg
Lermoos
Scharnitz
Alpbach
Mieminger Geb.
Leutasch
Vomp
Fügen
Telfs
Seefeld
Schwaz
Mieming
Nassereith
Hall i. T.
Zirl
Stams
Wattens
Silz
Grießkg.
Inzing
INNSBRUCK
Ambras
Axams
Kühtai
Gries i. S.
Zell a. Z.
Oetz
Patscherkofel
Mayrhofen
Umhausen
Serles
Matrei a. Br.
Stubaier Alpen
Neustift i.
Hintertux
Längenfeld
Steinach
Tuxerjoch
Olperer
H. Geige
Brenner
Gr. Löffler
St. Jakob
Zillertaler Alpen
Tuxer
Bayerische Voralpen
Karwendel
29
30–34
35
36
37
38
39
40
41
42
43
44
45
46
47
48
49
50
51
52
53
54
55
56
57
58
59
60
61
62
63
64
71
26
27

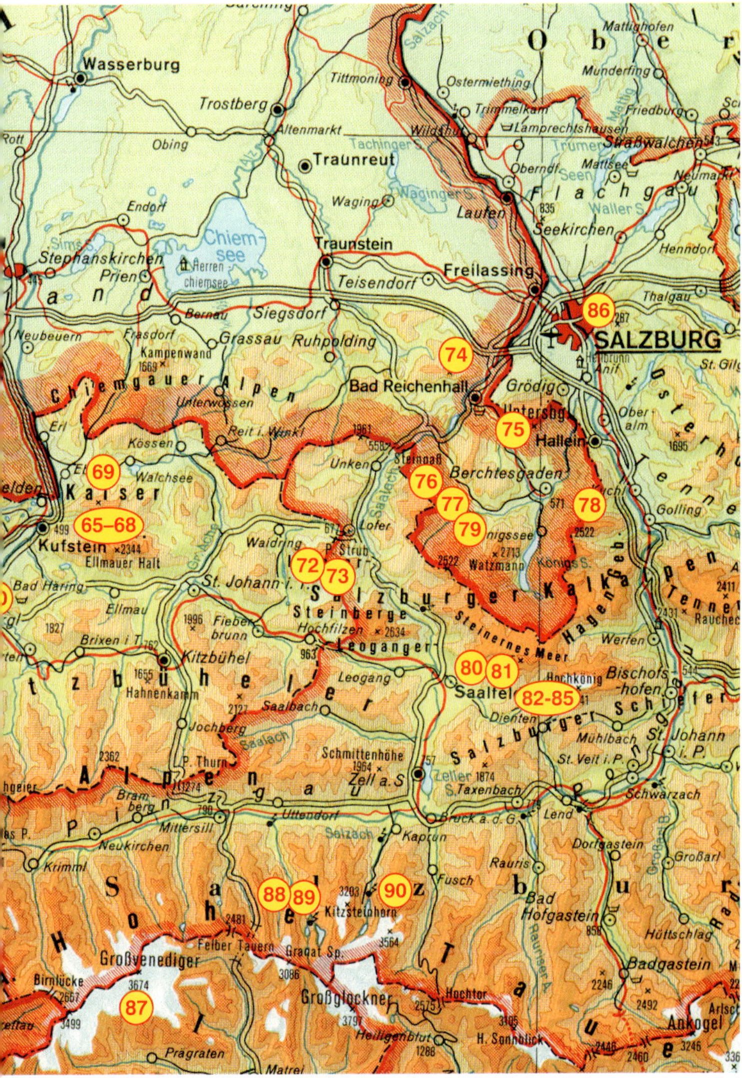
Wasserburg
Trostberg
Tittmoning
Ostermiething
Mattighofen
Munderfing
Friedburg
Trimmelkam
Lamprechtshausen
Straßwalchen
Altenmarkt
Obing
Traunreut
Tachinger S.
Trumer Seen
Mattsee
Neumarkt
Oberndorf
Waging
Waginger S.
Laufen
Flachgau
Waller S.
Endorf
Seekirchen
Chiemsee
Traunstein
Henndorf
Stephanskirchen
Prien
Herrenchiemsee
Freilassing
Teisendorf
Thalgau
Bernau
Siegsdorf
Neubeuern
Frasdorf
Grassau
Ruhpolding
SALZBURG
Kampenwand
Chiemgauer Alpen
Bad Reichenhall
Grödig
Anif
St. Gilgen
Unterwössen
Hellbrunn
Oberalm
Erl
Reit i. Winkl
Hallein
Kössen
Unken
Steinpaß
Berchtesgaden
Walchsee
Kaiser
Kufstein
Ellmauer Halt
Waidring
Lofer
Strub
Königssee
Golling
Watzmann
Bad Häring
St. Johann i. T.
Salzburger Kalkalpen
Tennengebirge
Hagengeb.
Ellmau
Fieberbrunn
Steinberge
Hochfilzen
Leoganger
Rauheck
Steinernes Meer
Werfen
Brixen i. T.
Kitzbühel
Leogang
Hochkönig
Bischofshofen
Hahnenkamm
Kitzbüheler
Saalbach
Saalfelden
Dienten
Salzburger Schiefer
Mühlbach
St. Johann i. P.
Jochberg
Saalach
Schmittenhöhe
Zell a. S.
Zeller S.
Taxenbach
St. Veit i. P.
P. Thurn
Pinzgau
Schwarzach
Bramberg
Uttendorf
Bruck a. d. G.
Lend
Mittersill
Salzach
Kaprun
Dorfgastein
Neukirchen
Großarl
Krimml
Rauris
Fusch
Hohe Tauern
Bad Hofgastein
Kitzsteinhorn
Hüttschlag
Felber Tauern
Gradat Sp.
Großvenediger
Birnlücke
Badgastein
Großglockner
Hochtor
Ankogel
Heiligenblut
H. Sonnblick
Prägraten
Matrei
Rauriser A.
Großarl B.
65–68
69
72
73
74
75
76
77
78
79
80
81
82-85
86
87
88
89
90

1 Drei-Schwestern-Steig und Fürstensteig über den Kuhgrat, 2123 m

Beschauliche, aber lange Felspromenade über dem Fürstentum Liechtenstein

Ausgangspunkte: a) Amerlügen, 763 m, 3 km südlich Frastanz in Vorarlberg, ausreichender Parkplatz 250 m nördlich der winzigen »Talstation« der Materialseilbahn zur Feldkircher Hütte (am »Herrenweg«);
b) Gaflei, 1483 m, direkt östlich oberhalb Vaduz in Liechtenstein; gute, breite Asphaltstraße, großer Parkplatz.

Gehzeiten: Von Gaflei nach Amerlügen 5½ Std., in umgekehrter Richtung 6 Std.

Anforderungen: KS1-B. Für geübte und trittsichere Bergwanderer problemlos; tadellos markiert, auch bei nebligem Wetter gangbar. Für Klettersteigneulinge bieten sich mehrere unschwierige Bewährungsproben für Schwindelfreiheit und Trittsicherheit.

Höhenunterschiede: Von Süd nach Nord 640 m, von Nord nach Süd 1360 m, mit jeweils zahlreichen Gegenanstiegen von 300 m – 400 m. Länge der gesicherten Strecken ca. 500 m.

Stützpunkt: Feldkircher Hütte, 1204 m, ganzj. bew., ✆ A-05522/77979; privat.

Hinweis: Bei Überschreitung zweites Kfz am Zielpunkt oder Abholung organisieren!

Am Beginn des Drei-Schwestern-Steiges.

Der beliebte, schon etwas angejahrte Steig, streckenweise gesichert, ist ein Teil des Nördlichen Rätikon-Höhenweges. Das Wegstück von der Feldkircher Hütte über den Drei-Schwestern-Hauptgipfel und den Garsellikopf zum Kuhgrat bezeichnet man als Drei-Schwestern-Steig, der Abschnitt vom Kuhgrat über sämtliche andere Erhebungen, meist in den Wänden des Alpspitz bis nach Gaflei heißt Fürstensteig. Drei Viertel dieser Drei-Schwestern-Kette gehören zum Fürstentum Liechtenstein. Trotz geringer Gipfelhöhen ragen die signifikanten, schroffen Felsformen teilweise fast 1600 m über das Rheintal empor, und viele Punkte des abwechslungsreichen Steiges sind hervorragende Aussichtswarten mit eindrucksvollen Tiefblicken in die Täler und instruktiven Fernblicken zu den Bündner Alpen im Süden.
Die Hauptgipfel sind begehrte Kletterziele, die vermutlich schon sehr früh durch kühne Jäger erstiegen wurden. Wenn der Steig auch keineswegs alle Gipfel erschließt, so bietet er in den Felsflanken, Bändern und Felsrinnen doch ein intensives Bergerlebnis, das gerade den Klettersteiganfänger begeistern kann. Aber auch der Geübte wird die wildromantische Durchschreitung genießen, kann er sich doch jegliche Zusatzausrüstung sparen. Von Süden in Richtung Norden ist viel weniger Höhenunterschied zu bewältigen.

Fürstensteig und Drei-Schwestern-Steig von Süden nach Norden: Von Gaflei führt direkt neben dem südlichsten Kfz-Stellplatz, stets tadellos ausgeschildert, ein Fahrweg in 5 Minuten zu einer Wegverzweigung. Nach links geht's in ¾ Std. zum Beginn des eigentlichen Fürstensteiges. Breit in den Felsen hineingesprengt, mit Stahlseilen gesichert und nur mäßig ausgesetzt, zieht dieser Felsensteig mit herrlichen Tiefblicken ins Rheintal in 1 Std. in den Gafleisattel, 1856 m. Nun zieht der Steig weiter nach Norden, zuerst in der Ostflanke, dann auf der Rheintalseite unter dem Gafleispitz durch, zurück auf die Samina-Ostseite und empor auf den Kuhgrat, 2123 m. Hier beginnt der Drei-Schwestern-Steig, der über den Garsellikopf, 2105 m, zu den Drei Schwestern führt. Auf dem Felssteig geht es luftig über den Hauptgipfel der Drei Schwestern, 2053 m. Jenseits steil über gesicherte Felsflanken bergab und zuletzt durch ein eindrucksvolles Felsentor hinab zum Sarojasattel, 1628 m. (Der Weg zur Gafadurahütte zweigt hier vom Drei-Schwestern-Weg nach links ab und führt durch die Westflanke in 20 Minuten hinab zur Hütte und von dort weiter nach Planken.) Vom Sarojasattel geht's auf breitem Alpweg über das Hinterälpele nordostwärts hinab in ¾ Std. zum Feldkircher Haus auf dem Vorderälpele. In einer weiteren ¾ Std. gelangt man auf sehr steilem schottrigem Waldweg zum nördlichen Ausgangs- bzw. Endpunkt Amerlügen.

Interessantes Felsentor im Drei-Schwestern-Steig oberhalb des Sarojasattels.

2 Gesicherter Steig über die Hohen Köpfe; Nordgipfel 1928 m; Goppaschrofen 1761 m

Ausgedehnte Bergwanderung mit sehr kurzem Klettersteigerlebnis auf schmalen Bändern

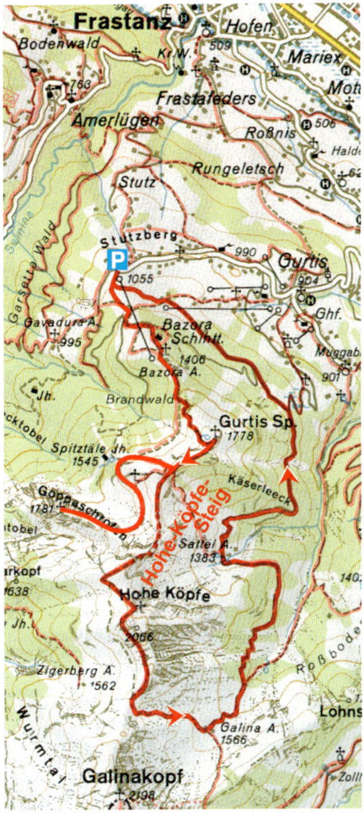

Ausgangspunkt: Von Feldkirch über Frastanz nach Gurtis, 904 m; der höchstgelegene Ausgangspunkt liegt am Ende der westwärts führenden Straße auf Bazora, ca. 1050 m (Parkplatz hinter der Schranke).
Gehzeiten: Bazora – Gurtisspitze 2½ Std.; Gurtisspitze – Nordgipfel Hohe Köpfe 2 Std.; Abstieg bis Galinasattel 1½ Std.; von hier zur Sattelalpe 2 Std., zum Parkplatz 1½ Std.; Gesamtgehzeit der Rundtour 9 – 10 Std. Goppaschrofen zusätzlich 2 Std.
Anforderungen: KS2-B. Anstrengende Tagestour mit spannender Wegstrecke über kurze, aber reichlich exponierte, nur z.T. gesicherte Bänder. Schwindelfreiheit und Trittsicherheit unerlässlich.
Höhenunterschiede: Parkplatz auf Bazora – Gurtisspitze 728 Hm, von hier zum Nordgipfel 150 Hm, viele Gegensteigungen. Länge der gesicherten Strecken ca. 400 m.
Stützpunkt: Im Abstieg während der Almperiode Getränke auf der Sattelalpe, 1383 m.

Die drei Hohen Köpfe fallen gegen Westen durchwegs in latschenbestandenen Steilflanken, ostwärts hingegen in teils senkrechten, wildzerklüfteten und zersplitterten Felsabbrüchen ab. Die kurzen klettersteigmäßig gesicherten Passagen führen über verwegene Bänder durch den nördlichen Teil dieser Abbrüche. Der restliche Teil des Hohe-Köpfe-Steiges führt durch die Latschenhänge der Westseite. Die sehr lange, nur selten begangene Rundtour ist kein Tipp für jedermann! Nur Individualisten werden an diesem Marathon wirklich Freude haben. Die überraschend wechselnden landschaftlichen Eindrücke, die erstaunlichen Fernblicke und einige unerwartet wilde Felsszenerien füllen einen vollen Tag, der nur dann befriedigend ausklingt, wenn man am Rückweg einige Orientierungsprobleme meistert.

Exponiertes, gesichertes Band in der Ostflanke der Hohen Köpfe.

Aufstieg: Gleich hinter dem Gatter Hinweistafel, hier links ab und in steilen Kehren am Rande der breiten Skiabfahrtswiese hinauf bis zur Bergstation des Schlepplifts und zur nahen Bazoraalpe, 1406 m. Von nun an stets durch dichten Wald steil in Serpentinen empor bis zum Sattel unter der Gurtisspitze, 1778 m; der kurze Gipfelabstecher lohnt sich unbedingt. Ein schönes, fast ebenes Wegstück durch lichten Wald führt bis zum Spitzwiesele, ca. 1700 m, einem weiten, grasigen Sattel. Hier beginnt der Hohe-Köpfe-Steig südwärts zunächst sehr mühsam in der Westflanke eines Vorkopfes anzusteigen und führt dann kurz hinab zu einem kleinen Sattel. Es folgt ein reichlich exponiertes Wegstück durch den abenteuerlichen, brüchigen Abbruch der Ostseite, einige sehr schmale, abdrängende Bänder sind seilgesichert. Zuletzt sehr steil zum Grat und auf der Westseite durch Latschenhänge bis zum Gipfelkreuz des Hohe-Köpfe-Nordgipfels. Abstecher Gopppaschrofen, leicht.
Abstieg: Südwärts in die Latschen der Westflanke hinab und unter Umgehung des – weglos ersteigbaren! – höchsten Gipfels, 2066 m, quer durch dessen Westflanke und hinab bis zum Galinasattel (Ziegerbergsattel), 1884 m. Der steile Abstieg zur Galinaalpe, 1566 m, erfordert im unteren Teil etwas Orientierungssinn, ebenso der Anfang des weiteren Abstiegs über die kaum erkennbaren Wegspuren. Interessant der Wegabschnitt bis zur Sattelalpe, 1383 m, von wo die Hohen Köpfe eine äußerst imposante, dolomitische Felsszenerie bilden. Nun zuerst auf eindrucksvollem Fußweg hinab bis zur breiten Schotterstraße. Hinter einem Eisengatter sofort links ab auf die zunächst sanft ansteigende Straße und auf dieser fast eben hinüber bis zur Bergstation eines zweiten Schleppliftes und bald zu jenem Skiabfahrtshang, über den man aufgestiegen ist.

3 Liechtensteiner Höhenweg auf die Schesaplana, 2965 m

Anstrengende Zweitagestour in grandioser Hochgebirgslandschaft

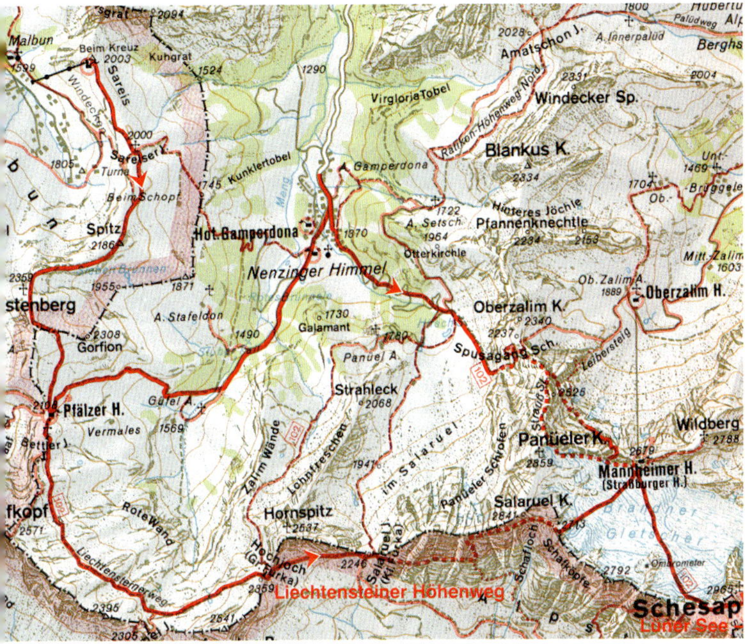

Ausgangspunkte: a) Von Vaduz (Liechtenstein) über verschlungene Bergstraßen ins Hochtal Malbun, Talstation des Sesselliftes zum Sareiser Joch, 1599 m.
b) Von der Strecke Bludenz – Feldkirch zweigt in Nenzing eine Schotterstraße, für Kfz gesperrt, zum Almrevier Nenzinger Himmel, 1370 m, ab (Busverkehr).
c) Östlich vom schweiz. Landquart liegen Grüsch/Pardisla und Schmitten; von hier auf steiler Bergstraße bis Seewis, 947 m. Nordwärts Richtung Valser Tobel und nach langem Anstieg zur Schesaplanahütte, 1908 m.

Gehzeiten: Bergstation Sessellift am Sareiser Joch – Pfälzer Hütte 1½ – 2 Std. (von Malbun über das Vaduzer Tal zu Fuß zur Pfälzer Hütte 2¼ Std.), Pfälzer Hütte – Mannheimer Hütte (Liechtensteiner Höhenweg) 4½ – 5 Std. (in umgekehrter Richtung 3½ – 4½ Std.); Nenzing – Nenzinger Himmel zu Fuß 4 – 5 Std.; Nenzinger Himmel – Pfälzer Hütte 2 – 2½ Std.; Nenzinger Himmel – Mannheimer Hütte 4½ – 5 Std.; Übergang Nenzinger Himmel – Malbun über das Sareiser Joch 2½ – 3 Std. (in umgekehrter Richtung bei Sesselliftbenützung kürzer).

Anforderungen: KS2-D. Alle Anstiege sind hochalpin und erfordern neben Trittsicherheit sehr viel Ausdauer, für die Klettersteigpassage ist Schwindelfreiheit unerlässlich. Bei guten Bedingungen technisch problemlos, bei Nebel guter Orientierungssinn erforderlich, v.a. am Gletscher.

Höhenunterschiede: Malbun – Pfälzer Hütte 500 Hm; Sareiser Joch – Pfälzer Hütte 93 Hm; Nenzinger Himmel – Pfälzer Hütte 738 Hm, Pfälzer Hütte – Schafloch-sattel 600 Hm (viele Gegenanstiege); Länge der Klettersteigpassage ca. 300 m.

Aufstiegshilfen: Sessellift in Malbun zum Sareiser Joch, 1600 m – 2015 m.

Stützpunkte: Pfälzer Hütte, 2108 m, am Bettlerjoch, an der Grenze Österreich/ Liechtenstein, bew. Mitte Juni bis Ende September, ✆ 0041/75/2633679; Mannheimer Hütte, 2679 m, am Nordrand des Brandner Gletschers, bew. Anfang Juli bis Mitte September, ✆ A-0664/5775094.

Hinweis: Fahrrad von Nenzing zum Nenzinger Himmel verboten – nur Busverkehr!

Der landschaftlich großartige Höhenweg entlang des Rätikon-Hauptkammes, vom liechtensteinischen Malbun durch die österreichischen und schweizerischen Grenzberge, vom Latschengürtel bis ins ewige Eis, bietet eine unglaubliche Fülle sich stetig steigernder Eindrücke. Die Höhepunkte dieser Tour sind zweifellos die ausgesetzte, teils in den Fels gesprengte Klettersteigpassage unterhalb des Schaflochsattels, die schimmernden Firnfelder des Brandner Gletschers und natürlich der schier endlos weite Rundblick vom gutmütigen Gipfel. Selbst Ausdauernde benötigen für die gewaltige Strecke mit Rückweg zwei volle Tage; der Sonnenuntergang auf einem der nahen Hüttenfelsen, das frühe Morgenlicht auf dem Weg zum Gipfel sind die atmosphärischen Glanzpunkte dieses unvergesslichen Bergerlebnisses.

Aufstiege: a) Von Malbun mit dem Sessellift auf das Sareiser Joch, 2015 m, mit noblem Berglokal; bizarre Felsnadeln und Felstore und andere wilde Erosionsgebilde in der Südflanke des letzten, nordseitigen Gratgipfels sind der erste faszinierende Eindruck. Eine aussichtsreiche, beschauliche Wanderung führt in 1½ – 2 Std. zur viel besuchten Pfälzer Hütte. Weiter über österreichisches Gebiet auf luftigen Grasbändern durch die Nordostflanke des Naafkopfes, nördlich unter dem Barthümeljoch vorbei in 1½ Std. hinüber zur Großen Furka, 2359 m. Hier tritt man auf schweizerisches Gebiet und quert unter dem Hornspitz ostwärts zur Wegteilung südlich unterhalb des Salarueljochs (hier nordwärts zum Nenzinger Himmel, südwärts zur Schesaplanahütte). In Serpentinen erreicht man schließlich das Joch selbst (Kleine Furka, 2246 m). In der Südflanke geradeaus ostwärts weiter gegen den Schafberg. In Serpentinen über öde Schuttreißen auf den Grathöcker, wo sich ein beklemmender Blick in die schaurigen Nordwände des Panüeler Kopfes auftut. Über zunächst fast ebenes Schutt- und Firngelände weiter ostwärts in die Flanke. Bei der folgenden Weggabelung links, nordwärts empor und in steilen Kehren unter den »Schwarzen Sattel«. Wenig ansteigend in die Südflanke des Salaruelkopfes bis zum Beginn des Klettersteiges: Ein teilweise künstlich aus dem senkrechten Fels herausgehauenes Band, ausgesetzt, aber ausreichend gesichert, führt eindrucksvoll auf einen Aussichtsplatz oberhalb des Schaflochsattels, 2713 m. Hier betritt

Künstlich erweitertes Band im senkrechten Fels unterhalb des Schaflochsattels.

man wieder österreichischen Boden, vor einer monumentalen Arena aus Schnee, Eis und Felszinnen; im Osten bäumen sich Gesteinsschichten wie Blätterteig zur Gipfelpyramide der Schesaplana auf.

Zunächst ostwärts in die Sattelmulde hinab, über den sanft abfallenden Gletscher nordostwärts an den Gletscherrand und über Felsstufen zur Mannheimer Hütte. Nach der obligaten Übernachtung in der Hütte empfiehlt sich unbedingt der problemlose Anstieg über den Gletscher und den breiten Südrücken auf die Schesaplana; der Abstieg vom Gipfel zu einem der Talorte erfordert einen vollen Tag.

b) Vom Nenzinger Himmel zunächst südwestwärts, bei der Wegverzweigung westwärts (rechts) zur Pfälzer Hütte, dann weiter wie Aufstieg a).

c) Vom Nenzinger Himmel zunächst südostwärts in Richtung Mannheimer Hütte, bei der ersten Wegverzweigung nach links, südwestwärts ab und dann, ein kurzes Stück später, auf einem der beiden Anstiege entweder zur Großen Furka (nach rechts, über die Panüelalm) oder zur Kleinen Furka (nach links), an den Jochen weiter wie Anstieg a).

d) Von der Schesaplanahütte entweder zur Kleinen Furka oder, noch direkter, unter dem Schafloch fast unmittelbar an den Beginn der Klettersteigpartie; beide Anstiegsvarianten sehr steil und mühsam.

Abstiege: Wie Aufstiege a) – d); vom Schesaplanagipfel führen ostwärts mehrere Wegvarianten: ins Seetal/Brandnertal nach Bludenz, ins Rellstal nach St. Anton im Montafon, ins Gauertal nach Schruns.

4 Gesicherter Steig auf den Saulakopf, 2517 m

Bequeme, problemlose Tagestour auf einen stillen Aussichtsgipfel

Ausgangspunkt: Brand, 1035 m, im Brandnertal südlich Bludenz, von hier 6,5 km zur Talstation der Lünerseebahn, 1564 m, großer Parkplatz.
Gehzeiten: Lünersee – Saulakopf und zurück 4 Std., bei Abstieg zur Heinrich-Hueter-Hütte und Rückweg über die Lünerkrinne 6 Std., Talstation – Bergstation Lünersee-Seilbahn zu Fuß ¾ Std.
Anforderungen: KS1-B. Problemlose Bergwanderung mit drahtseilgesicherten Passagen in leichtem Fels. Bei Seilbahnauffahrt kurze Tagestour; auch ohne Seilbahnbenutzung nicht zu anstrengend. Ausreichend Trittsicherheit und Schwindelfreiheit erforderlich; auch für Klettersteig-Anfänger und Kinder geeignet.
Höhenunterschiede: Talstation – Bergstation 410 Hm, Lünersee – Saulakopf 540 Hm. Höhe der gesicherten Passage ca. 100 Hm.
Aufstiegshilfen: Lünerseebahn, einspurige Seilschwebebahn, 1564 m – 1979 m.
Stützpunkte: Am Ausgangspunkt Douglasshütte, 1979 m, bew. Pfingsten bis Mitte Oktober, ✆ A-05559/206. Bei Kombination mit Zimbajochsteig: Heinrich-Hueter-Hütte, 1766 m, bew. Mitte Juni bis Mitte Oktober, ✆ A-05556/76570.
Hinweis: 2007 beginnt der Bau eines anspruchsvollen Klettersteigs durch die Ostwand des Saulakopfes: Einstieg auf ca. 2000 m etwa 300 Hm oberhalb der Heinrich-Hueter-Hütte, Klettersteighöhe 500 Hm, KS 4/5-C.

Der Lünersee hoch über dem Brandnertal ist Ausgangspunkt einer Reihe beliebter Hochgebirgswanderungen – von nirgendwo erreicht man die Schesaplana so schnell und problemlos wie von hier. Einen richtigen, scharfen Klettersteig sucht man im Umkreis dieses idyllischen Hochgebirgssees zwar vergebens, für Anfänger reicht's aber allemal: Der felsige Saulakopf bietet maßvoll luftige, ausreichend gesicherte Passagen, die jeder halbwegs Geübte begehen kann. Die Seilbahnerschließung und das vergleichsweise dichte Hüttennetz ermöglichen einen bequemen Aufstieg mit mehreren – bei »Bedarf« auch sehr langen – Abstiegsvarianten und interessante Kombinationsmöglichkeiten mit anderen Touren. Wen die nur vierstündige Mindestbegehungszeit vom Lünersee zum Gipfel und zurück nicht auslastet, dem empfiehlt sich der Abstieg zur Heinrich-Hueter-Hütte; bei Nässe sind die lehmigen steileren Stellen dieses Weges extrem rutschig. Nach gemütlicher Einkehr geht man den landschaftlich reizvollen Rückweg über die Lünerkrinne an.

Aufstieg zum Saulakopf: Der bequemste Zustieg zur Douglasshütte ist die fünfminütige Seilbahnauffahrt. Sportbeflissene wählen den guten Pfad über die harmlose, gut gesicherte Felspassage »Böser Tritt«. Von der Douglasshütte über den Staudamm, an dessen Ende südwärts ab auf den Saulasteig. Kurz etwas bergab und schließlich mäßig steigend quer durch die steile Flanke des Nordgipfels des Schafgafall, an einigen Stellen mit Stahlseilen gesichert. Man erreicht in knapp 1 Std. das weitläufige, ebene Saulajoch, 2065 m. Ein bizarrer Baumstrunk trägt den Wegweiser »Saulakopfsteig«. In steilen Kehren über den schottrigen Südrücken bis zum Felsan-

Die gutmütige Südseite des Saulakopfes vom Saulajoch.

satz, hier nach links zum gutmütigen, felsigen Südwestrücken. Durch leichten Fels, an drei Stellen drahtseilgesichert, geht es problemlos über den gut gangbaren Steig in 1 Std. vom Joch bis zum Gipfelkreuz. Der Nordgipfel ist in weiteren 10 Minuten problemlos zu erreichen.

Abstiege: a) Rückweg wie Aufstieg, Abstieg zum Joch nur auf dem Anstiegsweg.

b) Länger, aber reizvoller ist der Rückweg über die Lünerkrinne. Vom Saulajoch steigt man zunächst nordostwärts durch den Latschengürtel in knapp 1 Std. zur Heinrich-Hueter-Hütte ab, zur gemütlichen Mittagsrast. Von hier führt der landschaftlich sehr reizvolle Aufstieg bis zur 2155 m hohen Lünerkrinne, ein großartiger Blick hinab auf den Lünersee belohnt die keineswegs großen Mühen des 400-Höhenmeter-Anstiegs, den man in 2 Std. bewältigt. Ein aussichtsreicher Weg führt in 1 Std. zurück zur Douglasshütte. Wer länger bummeln möchte, kann natürlich den ganzen Lünersee umrunden und an der idyllisch gelegenen Lünersee-Alpe nochmals einkehren; Gehzeit 1½ Std. länger!

Burtscha A.
1431
Bludenzer TVN Haus
Zalum Mahder
Klampera A.
1634
Parpfienzsttl. (Fareag)
Äußere-Parpfienz A.
1620
1746
Zugswald
924
Tschapina
1035
Matätschrüfi
Taleu (Burtschakopf)
Nonnen A.
1639
Daleu W.
Waldweg
Kloster Maiensäß
Valbona K.
1714
Tantermaus
1822
Jh.
1271
Schliefwaldtobel
1002
Hocheggweg
Känner B.
2099
Parpfienz A.
1516
Galaferda
133
Sarotla Tal
Nonnen Alpe
Eggen
1270
Studa
Wasen W.
Zwölfer K.
2271
Wh. Niggenkopf
1589
1007
Wasen Sp.
2009
Zwölfer J.
2351
Schafgufel
Golm
1611
Palüd H.
Mühledörfle
1356 Kellenegg
Brand
Brandner Tal
1994
Gufer
Schedlerhof
Sarotla H.
(Pfarrer-Gunz-H.)
1611
Gottvater
2438
Eisernes Tor
Tschapina
Rothorn
Jh.
Palüd-Maiensäß
Gada
1037
Brugga
Sarotla Hörner
2192
Gr. Valka
Wildberg
2372
Zimbajoch-Steig
Isatäli
Steintäli
2443
Zalimweg
1493
Mittelberg
Rätikon-Höhenweg Nord
1638
Jh.
Zimbajoch-Steig
2557
5
Zimba
2643
Vand
Innertal
2551
2387
Motta K.
2176
Brandner Mittag Sp.
Kanzler Täli
Heinr. Hueter H.
1765
Sonnenlagant A.
Ob.
Unt.
1326
Saula K.
2517
4
Saulakopf-Steig
Voralpe Vilifau
Vilifau A.
1531
Unt. Schattenlagant A.
Seetal
1745
Ob.
Schattenlagant A.
Saula J.
2065
Saulajochsteig
Gipsköpfleweg
1490
Alpengnt. Rellstal
1483
Schattenlagant H.
Gipsköpfle
1975
P
1565
2393
Schafgafall
Alpe Lün
Böser Tritt-Steig
2414
Böser Tritt
Douglass H.
Lünerweg
Zaluanda B.
2728
Alpe Lün
1979
2155
2314
Freschlua K.
Zirmen K.
Seekopf
2806
2698
Lünerkrinne
1700
Unt. Zaluanda A.
2835
2318
102
2437
Totalphtt.
Lüner See
(1970)
Zaluanda K.
1824
Ob. Zaluanda A.
Tote Alpe
Roßberg
2452
Ombrometer
Lünersee A.
Alpavera
2380
2556
2437
Kanzel J.
Zollhtt.
Verajöchli
Rätikon-Höhenweg-Nord
2330
Schweizertorweg
102
Zollhtt.
Gr. Zernet
Kanzelköpfe
Gamslücke
Cavelljochweg
2551
2137
Öfakopf
2191
Zerneu

5 Gesicherter Steig über das Zimbajoch, 2387 m und Klettersteig über die Neyerscharte, 2360 m

Rätikonlandschaft vom Hochwald bis an den Fuß der Kletterfelsen

Ausgangspunkt: a) Brand, 1035 m, im Brandnertal südlich Bludenz, von hier 6,5 km zur Talstation der Lünerseebahn, 1564 m, großer Parkplatz.
b) Vandans, 648 m, im Montafon.
Gehzeiten: Douglasshütte – Heinrich-Hueter-Hütte 2 Std., Vadans – Heinrich-Hueter-Hütte 3¼ Std. (mit »Wanderbus Rellstall« 1 Std.), von hier über das Zimbajoch zur Sarotlahütte 3 Std., von hier ins Tal 2 Std.; Gesamtgehzeit: vom Lünersee bis Brand 7 Std., umgekehrt 9 Std.
Anforderungen: KS1-B. Trittsicherheit und ausreichend Schwindelfreiheit erforderlich; auch für Anfänger mit guter Kondition geeignet, für Geübte ohne jegliche Zusatzausrüstung problemlos.
Höhenunterschiede: Bei Seilbahnauffahrt und Aufstieg vom Lünersee ca. 730 Hm, bei Aufstieg von Brand oder Vadans ca. 1700 Hm (mit »Wanderbus Rellstall« ca. 900 Hm); Höhe der gesicherten Strecken am Zimbajoch auf beiden Seiten ca. 150 Hm, an der Neyerscharte 240 Hm.
Aufstiegshilfen: Lünerseebahn, einspurige Seilschwebebahn, 1564 m – 1979 m.
Stützpunkte: Am Ausgangspunkt: Douglasshütte, 1979 m, bew. Pfingsten bis Oktober, ✆ A-05559/206; in der Mitte: Heinrich-Hueter-Hütte, 1766 m, bew. Mitte Juni bis Mitte Oktober, ✆ A-05556/76570; im Abstieg: Sarotlahütte, 1611 m, bew. Mitte Juni bis Ende September, ✆ mobil A-0664/ 9652995.
Hinweis: Vom Saulajoch lohnt sich der Aufstieg auf den → Saulakopf.

Das kühne Felshorn der 2643 m hohen Zimba gilt als das alpine Wahrzeichen des Montafon. Drei ausgeprägte Grate und drei Wände geben diesem beliebten Kletterziel eine ausgeprägte, signifikante Gestalt. Zum Fußpunkt des Normalanstieges – dem Zimbajoch unter dem Westgrat – führt der viel begangene Zimbajochsteig. Der von beiden Seiten steile Aufstieg ist maßvoll luftig und an den exponierteren Stellen mit Stahlseilen gesichert. Keineswegs ein Klettersteig im heutigen Sinne, aber für Anfänger dennoch ein lohnendes Ziel, vor allem wegen des landschaftlichen Rahmens. Eine empfehlenswerte Tagestour ergibt sich vom Lünersee über das Saulajoch, von dort hinab zur Heinrich-Hueter-Hütte; von hier Aufstieg über die Südseite auf das Zimbajoch, Abstieg über die Nordseite zur urigen Sarotlahütte und hinab bis nach Brand. In umgekehrter Richtung viel anstrengender! Ein »echtes« Klettersteigerlebnis bietet der 2003 gesicherte Übergang über die Neyerscharte an der Ostseite der Zimba.

Übergang zur Heinrich-Hueter-Hütte: Im Allgemeinen empfiehlt sich die 5-minütige Seilbahnauffahrt zur Bergstation, direkt an die Douglasshütte angebaut; großartige Lage am Lünersee. Hierher auch zu Fuß auf gutem Weg über die harmlose, gut gesicherte Felspassage »Böser Tritt« in 1½ Std. Vom östlichen Ende des Lünersee-Staudamms geht es nordwärts kurz bergab auf den → Saulajochsteig. Dieser teilweise gesicherte Steig führt in anregender Wegführung auf teilweise luftigen Bändern in knapp 1 Std. auf das Saula-

Der Zimbajochsteig (Serpentinen in Bildmitte) führt an den Westfuß der wilden Zimba.

joch, 2065 m, eine sehr weitläufige grasige Senke zwischen Saulakopf und dem Nordgipfel des Schafgafall. Jenseits geht es zunächst leicht, später steil fallend durch Latschen hinab zur Heinrich-Hueter-Hütte am Südfuß der Zimba.

Zimbajochsteig: Von der Heinrich-Hueter-Hütte führt ein steiler Serpentinenpfad zunächst an den Felsfuß und nun auf längeren Strecken drahtseilgesichert über harmlose, aber luftige Felsbänder bis auf das Zimbajoch, prächtige Aussicht ins Brandnertal. Der Abstieg führt wieder in steilen Kehren hinab durch das riesige Nordkar, das sich in der Mitte felsig verengt. Eine Reihe von Seilsicherungen und eine kurze Leiter machen die mäßig luftige Passage gut gangbar. Der Steig führt nun durch die östliche Flanke des Kares bis zu der romantisch gelegenen Sarotlahütte auf der letzten Talstufe unter dem Nordfuß der Zimba.

Klettersteig über die Neyerscharte: Auf dem südseitigen Anstieg zum Zimbajoch zweigt auf 1970 m ein mit Steindauben markierter Pfad ostwärts ab. Unter den Südwänden entlang gehts über eine grüne Kuppe hinweg bis zum Einstieg bei einem markanten Felsturm. Solide Seile von 480 m Gesamtlänge ziehen über 240 Höhenmeter empor, nur wenige kurze Stellen sind ungesichert. An der Neyerscharte, benannt nach dem Erstbesteiger der Zimba, setzt die berühmte Ostgrat-Kletterroute an. Hiert geht es gut gesichert durch eine Rinne nordwärts hinab ins Kar Steintäli und zur Sarotlahütte.

Abstieg nach Brand: Nach den steilen, öden Karen ist der schattige Waldweg neben dem rauschenden Sarotlabach ein wohltuender Ausklang. Ein bequemer Fußweg führt vom Punkt »Im Hof«, ca. 960 m, der Lichtung einer ehemaligen Alpweide, längs des Ostufers des Alvier taleinwärts bis Brand; hier Busverkehr bis Talstation Lünerseebahn.

Rückweg nach Vandans: Von der Sarotlahütte in 2 Std. zur Postautohaltestelle Tschapina (Tunnelausgang), 900 m; von hier Bus nach Bludenz und zurück nach Vandans; 2. Auto in Tschapina vorteilhaft.

6 Bergführer-Übungsklettersteig im Brandnertal

Sportklettersteig für Anspruchsvolle und für extreme Fanatiker

Ausgangspunkt: Brand, 1035 m, im Brandnertal südlich Bludenz, von hier 6,5 km zur Talstation der Lünerseebahn, 1564 m, großer Parkplatz.
Gehzeit: Zustieg 10 Min., 3 Sektionen zu je 10 – 20 Min. Kletterzeit jeweils für Auf- und Abstieg; Gesamtgehzeit für alle 3 Sektionen 1 – 2 Std. (nach Können).
Anforderungen: KS4/5/6-0. Drei Sektionen mit steigendem Schwierigkeitsgrad – von steilem über senkrechten bis zu überhängendem Fels; bei freier Kletterei von IV bis VII+! Oberste Sektion nur für absolute Könner! Abstiege »ebenbürtig«, Querverbindungen ebenfalls schwierig. Von ganz oben kein Ausstieg möglich.
Höhenunterschiede: Zustieg 70 Hm, 1. Sektion 40 Hm, 2. Sektion 20 Hm, 3. Sektion 20 Hm (insgesamt 80 Hm).
Hinweise: Nicht empfohlen werden können der Kötzle-Klettersteig (nicht gewartet) am Schesaplanamassiv mit weglosen Zugängen von Sonnenlagant bzw. von der Mannheimer Hütte sowie der Klettergarten am Seekopf oberhalb des Lünersees.

Am Übungsklettersteig im Brandnertal.

Der 1998 angelegte Bergführer-Übungsklettersteig (früher »Nüssle«) erlaubt Klettersteigtraining bis zum extremsten Fels – je höher, desto schwieriger! Auf den Einbau von Leitern wurde verzichtet. Beste Absicherung entschärft die Risiken: Bohrhaken, Abseilstände, stabile Trittstifte und Ketten sind dicht gesetzt. Zwei gesicherte Quergänge zu den Abstiegsrouten helfen, Gegenverkehr zu vermeiden. Wer sich erstmals nach oben wagt, sollte ein Seil mitnehmen, um sich abseilen zu können – sofern er die Abseiltechnik beherrscht!
Der bezeichnete Zustieg zum Wandfuß befindet sich südlich von der Talstation der Lünerseebahn und ist rot markiert. Den Aufstieg sollte man an der rechten Wandseite beginnen. Die Schwierigkeiten steigen dramatisch – im obersten Teil hängt der Fels stark über! Wer hierher vordringt, braucht neben reifer Technik enorme Armkraft. Eine Umkehr ist jedoch jederzeit möglich, die Quergänge ermöglichen einen vorzeitigen »Ausweg«. Abstieg am besten in den leichteren, linksseitigen Routen.

7 Via Örfla, Via Kessi und Via Kapf auf die Kapfwand, 1153 m

Düsterer Orkus und zwei luftige 100-m-Vertikalen

Ausgangspunkt: Götzis, 445 m, Autobahnausfahrt und Bahnhof; Zugang zu Örfla gleich hinter dem Schwimmbad am östl. Ortsrand, ca. 470 m. Zugang zu Kessi und Kapf an der Spallenlücke, 1027 m, 6 km östl. oberhalb Götzis.
Gehzeiten: Örfla 2 – 3 Std., Kessi bzw. Kapf je 2 Std. Insgesamt bequeme Tagestour.
Anforderungen: Jeweils KS4/5-0; Örfla feuchte und glitschige Stellen, bei Hochwasser unpassierbar. Kessi und Kapf sehr exponiert. Kessi 95 Hm Wandhöhe, 160 m Kletterlänge; Kapf 105 Hm Wandhöhe, 150 m Kletterlänge; reine Kletterzeiten je 1 Std. Für Zustiege Trittsicherheit erforderlich, unbeschildert und unmarkiert.
Höhenunterschiede: Örfla 230 Hm, Kessi bzw. Kapf je 126 Hm.
Stützpunkte: Spallenhof, 1042 m; Alpengasthof Millrütte, 1105 m; Berghof, 940 m; an Wochenenden auch Götzner Naturfreundehaus, 1120 m (Nächtigung); Privatunterkünfte in Götzis und Meschach, 756 m, Kirchweiler oberhalb Götzis.

Blick aus dem Kessiloch.

Geheimtipp für Klammliebhaber und Steilwandsucher: die Felsabenteuer bei Götzis (seit 2001). Es beginnt mit einem aufregenden Gang durch die düstere Örflaschlucht. Man quert streckenweise 20 m über gurgelndem Wildwasser und hangelt sich über glatt polierte, leicht ausbauchende Felswände, bis man dem Orkus über eine zerklüftete 30-m-Wand entsteigt. Die sehr luftigen Klettersteige bieten das ideale Kontrastprogramm. Die 100 m hohe Kapfwand aus Schrattenkalk kann auf 2 Routen durchstiegen werden. Solide Sicherungen mit Stahlseil und Trittstiften erlauben an Bändern und Standplätzen genussvolle Tiefblicke auf das Rheintal und den fernen Bodensee. Ein Felswunder ist das »Kessiloch« – eine grandios-schaurige Gletschermühle.
Örfla: Vom Schwimmbad am Bach entlang durch die noch zahme Örflaschlucht (Meschatleweg). Nach der Meschatlebrücke noch ca. 35 m links den Bach entlang, dann diesen überqueren; Steilstufe und große Blöcke. Auf Trittspuren weiter rechts am Bach entlang, z. T. auch im Bachbett bis zum Einstieg; die Sicherungen beginnen rechts oben auf einem Band. Nach dem Ende der Seile schlüpft man unter einem Klemmblock durch und gelangt

links über den Bach zu den nächsten Seilen. Etwa 40 m vor dem Wehr und der Bogenbrücke nach rechts über den Bach. Das Finale ist eine 30 m hohe Steilwand – trotz Stahlseil und Trittbügeln ein echter Kraftakt. Für den Rückweg wählt man den Meschatleweg oder einen der anderen Abstiegswege.

Via Kessi und Via Kapf: Von der Spallenlücke über Güterweg (Schranke) ca. 100 m zum Beginn des Kapfweges (Sitzbank), dann 10 m nach rechts. Nun quert man absteigend auf Trittspuren unter der Westseite der Kapfwand bis zu einem der beiden Einstiege in ca. 1040 m Höhe. Von den Ausstiegen ist der Gipfel des Kapf auf dem Normalweg über der Südostseite bequem zu erreichen. Der Abstieg führt auf diesem Weg in 20 Min. zur Spallenlücke zurück. – Empfehlung: auf dem Normalweg bis zum Ausstieg der Kessi, diese im Abstieg begehen, anschließend die Kapf im Aufstieg und zum Gipfel. – Die Kessi quert den unteren Ausgang des Kessilochs in die Wand; in diese gigantische Gletschermühle mit glatt poliertem zylindrischem Schacht von 3 m Durchmesser kann man von unten 6 m gesichert emporsteigen und dann den Himmel wie aus einem Brunnenschacht heraus sehen. Am höchsten Punkt des Schachtes Abseilhaken.

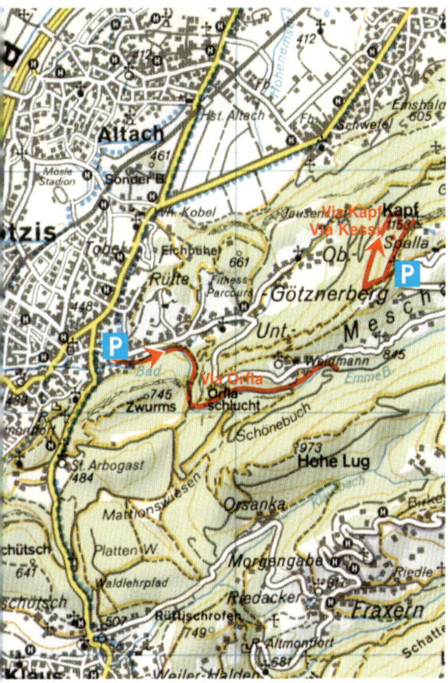

In der 100 m-Vertikale der Via Kapf.

8 Übungsklettersteig »Francesco Tarmann« auf den »Hängenden Stein«, ca. 600 m

Idealer Trainingsfels für Fortgeschrittene

Ausgangspunkt: Nüziders, 540 m, bei Bludenz. Naturdenkmal »Hängender Stein«, 535 m, Parkplatz zwischen Ludesch und Nüziders.
Gehzeit: Zustieg 5 Min., Aufstieg 10 Min.; Gesamtgehzeit ca. ½ Std.
Anforderungen: KS4-0. Aufstieg schwierig, Abstieg mäßig schwierig und auch als Aufstiegsroute zu empfehlen.
Höhenunterschied: 70 Hm.
Hinweise: Auskunft ÖAV-Büro Bludenz, ✆ A-05552/62639; ÖAV-Landesalpinreferent Hansjörg Klotz, Nüziders, ✆ A-05552/68743. Zum Bergführer-Übungsklettersteig im Brandnertal nur ½ Std. Fahrzeit.

Das Naturdenkmal »Hängender Stein« bei Nüziders.

Der Übungsklettersteig befindet sich am »Hängenden Stein«, einem mächtigen Felsklotz aus Dolomit, der inmitten von Föhrenwald in trockener, sonniger Südlage liegt. Das 1998 neben dem Klettergarten befestigte, 170 m lange Stahlseil ermöglicht fast ganzjähriges Üben auf den beiden Varianten, auf denen der Genießer den Fels im Auf- und Abstieg umrundet.

Auf- und Abstieg: Von der Tafel »Naturdenkmal« führt eine kleine Brücke über den Radweg, wenige Schritte nach links und 20 m empor zum Einstieg (Hinweistafel). Nach 25 m Seil teilen sich die Routen. Linksseitig geht es scharf und steil zur Sache. Nach 70 Höhenmetern kehrt das Seil um und führt sanfter durch teilweise rasendurchsetzten Fels wieder hinab. Weniger Geübten empfiehlt sich ein Aufstieg auf der einfacheren rechten Seite.

9 Über Binnelgrat und Valüragrat auf den Hohen Freschen, 2004 m

Über interessante Gipfelgrate auf einen beliebten Aussichtsberg

Ausgangspunkt: Von Dornbirn Pkw-Zufahrt nach Ebnit, 1088 m, dort Parkplatz bei der Kirche.
Gehzeiten: Ebnit – Hoher Freschen über Binnel- oder Valüragrat jeweils 3½ – 4 Std.; Gesamtgehzeit: ca. 7 Std.
Anforderungen: KS2-B. Ausgefüllte Tagestour; ausreichend Schwindelfreiheit und Trittsicherheit an beiden Graten erforderlich. Bei Nässe gefährlich, bei Vereisung dringendst abzuraten.
Höhenunterschied: Ebnit – Hoher Freschen 916 Hm, mit Gegenanstieg 1100 Hm; Höhe der gesicherten Passagen ca. 150 Hm.
Stützpunkte: Bei Abstieg nach Süden: Freschenhaus, 1846 m, bew. Juni bis Mitte Oktober, ✆ mobil A-0664/3528509.
Sehenswert: Rappenloch- und Alplochschlucht.

Der Hohe Freschen hat gegensätzliche Gesichter: Die grasige Südabdachung neigt sich erstaunlich flach und weit bis in die Alpregion hinab. Gegen Norden hingegen bricht diese Gipfelwiese auf drei Seiten mit wildzerfurchten und zersplitternden Schluchten und Flanken aus dunklem Schiefer über 600 m tief ab. Genau von Norden her zieht der Binnelgrat schnurstracks und immer luftiger bis zum Gipfelkreuz; eine Reihe von Seilsicherungen erleichtert den spannenden Aufstieg auf schmalem Pfad über splittrigen Fels. Der von Westen heraufziehende Valüragrat wird unter dem Gipfel so steil, dass der hier – ohne Sicherungen – angelegte Steig in die Nordflanke ausweichen und auf den Binnelgratsteig herangeführt werden muss. Die zentrale Lage dieses viel besuchten Aussichtsberges zwischen dem rätoromanischen Walgau und dem alemannischen Rheintal sorgt für eine umfassende Rundsicht.

Aufstieg über Binnelgrat: Unterhalb der unteren kleinen Straßenkehre südostwärts hinab ins Tal der Dornbirner Ache und auf Fußweg 27 im Wald taleinwärts. Auf einer Forststraße eben in einen Talschluss mit Wasserfall

und seltsamen Felsverwerfungen. In weitem Linksbogen über eine Geländestufe und zur nahen Achrainalpe, danach rechts weiter. Knapp unter dem Hauptkamm verlässt der Pfad die Waldgrenze. In grasigem Gelände geht es an den letzten steilen Aufschwung heran. Bei einem Marterl beginnt der letzte steile Teil des Grates, der längs ausreichender Sicherungen vorsichtig erstiegen wird.
Abstieg über Valüragrat: Auf dem Binnelgrat abwärts bis zum Abzweig links, westwärts auf den Valüragrat. Zunächst reichlich exponiert auf sehr schmalen, bröseligen Bändern quer durch die Nordflanke hinüber zum Grat und weiterhin vorsichtig hinab zu den ersten Latschen. Weniger aufregend hinab bis zur Valorsalpe, 1302 m, und bald darauf zum gemeinsamen Anstiegsweg beider Grate.
Abstieg über Südseite: Landschaftlich sehr schön ist der bequeme Abstieg zum Freschenhaus. Von hier über den Saluverweg zur Unteren Saluveralpe, 1565 m, und über einen überraschend schönen Wegabschnitt längs des rauschenden Garnitzenbaches hinab in den stimmungsvollen Talgrund der Garnitzenalpe, 1272 m. Auf Fahrweg auf die Furkajochstraße und in wenigen Minuten zum idyllischen Gasthof Bad Innerlaterns, 1147 m. Das Problem der Rückfahrt mit zweitem Kfz muss bei diesem Abstieg gelöst sein!

Familienverband in geordnetem Aufstieg am Binnelgrat.

10 Klettersteig über die Südflanke auf den Kleinen Litzner, 2783 m (Dr.-Ernst-Scheib-Steig)

Kurze rassige Felsroute auf den »Hüttengipfel«

Ausgangspunkt: Galtür, 1584 m, im Paznauntal oder Partenen, 1051 m, im Montafon. Von beiden Talorten auf guten Passstraßen zu den Parkplätzen am oberen Ende des Vermunt-Stausees, 1747 m, oder am Madlener Haus, 1986 m, letzterer etwas unterhalb der Bieler Höhe, 2036 m (Passhöhe der Silvretta-Hochalpenstraße).
Gehzeiten: Von den Parkplätzen zur Saarbrücker Hütte je 2 – 2½ Std., Gipfelaufstieg 1 Std.; Gesamtgehzeit: 5 – 6 Std.

Anforderungen: KS3-C. Sehr kurzer, rassiger Gipfelklettersteig im Rahmen einer schönen Hüttenwanderung.
Höhenunterschied: Vermunt-Stausee – Saarbrücker Hütte 791 Hm, Madlener Haus – Saarbrücker Hütte 600 Hm, zum Gipfel 245 Hm, davon 120 Hm Klettersteig.
Stützpunkte: Saarbrücker Hütte, 2538 m, bew. Mitte Juni bis Ende September, ✆ A-05558/4235.
Tipp: Schiffsrundfahrt am Silvretta-Stausee!

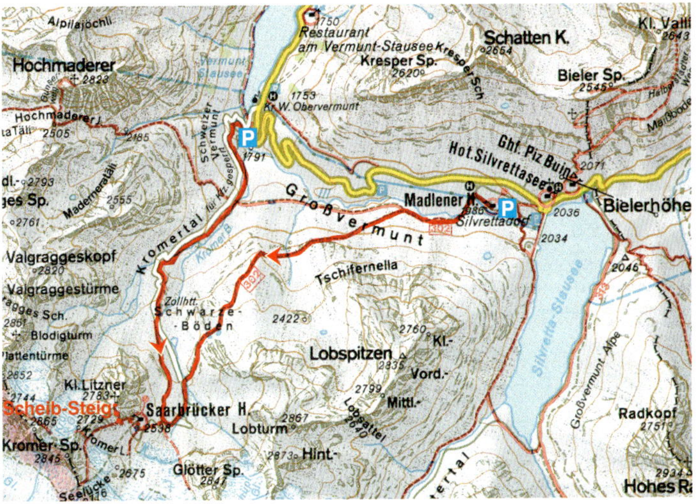

Eine Urgebirgslandschaft von melancholischer Schönheit erlebt man am Zustieg über die Tschifernella: Blockhalden, Gletscherschliffe, rauschende Bäche und glucksende Rinnsale. Wie eine Gralsburg ist die Saarbrücker Hütte an den felsigen Fuß des Kleinen Litzner hingemauert, davor ein geschlossener halbrunder Gletscherkranz unter felsigen Gipfelketten. Eine echte Überraschung ist der kurze, aber rassige Klettersteig durch die steile, in viele Felsrippen und Blockrinnen gegliederte Südflanke des Hütten-

Steinbock unter dem Einstieg: Dr.-Ernst-Scheib-Steig auf den Kleinen Litzner.

gipfels, erst 1988 angelegt. Eine »dolomitisch« wirkende Schlüsselstelle schreckt Wanderer wirksam ab und eröffnet dem Routinier ein amüsant-prickelndes, wenn auch zu kurzes Abenteuer am Stahlseil. Man erschrecke nicht, wenn direkt unter dem Klettersteig mächtige Steinböcke mit gewaltigen Hörnern auftauchen!

Aufstieg: Ab dem Madlenerhaus, westlich etwas unterhalb des Silvrettasees, zieht der Weitwanderweg 302 nach längerem Anstieg streckenweise fast eben über das gestufte Hochplateau der Tschifernella. Nach Queren des Bachlaufs und abermals steilem Aufstieg über alte überwachsende Moränenkämme steht man auf der Terrasse der Saarbrücker Hütte mit ihrer südseitig grandiosen Schnee- und Eisarena. Der Zustieg zum Mini-Klettersteig zweigt vom Weg zur Tübinger Hütte rechts ab und zieht in steilen Serpentinen über den Hang an eine der senkrecht ins Kar abbrechenden Felsrippen heran. Vom Einstieg führt das erste Stahlseil zügig zur Schlüsselstelle – hier überraschend an wenigen Stiften über den glatten, fast senkrechten Felsfuß herum zu einem schaurig steilen Kaminchen, das man mit Spreizschritten am vertikal hochgespannten Seil erklimmt. Technisch problemlos ziehen nun die Seile durch eine der Felsrinnen bis an den luftigen, aber gutmütigen Grat aus kompaktem Fels. Wenige Seillängen zum Gipfel – atemberaubender Tiefblick auf die Hüttenterrasse, unerwartete Rundumsicht.

Abstieg: Wie Aufstieg; wer sich nicht voll ausgelastet fühlt, findet im Umfeld reichlich alpine Betätigungsmöglichkeiten auf hochalpinen Pfaden.

11 Klettersteig auf die Greitspitze, 2871 m

120 Höhenmeter Nordwand-Nervenkitzel

Ausgangspunkt: Ischgl, 1377 m, Talstation der Fimbabahn.
Gehzeiten: Bei Benützung der Seilbahnen insges. 3 Std., reine Kletterzeit 1 Std.

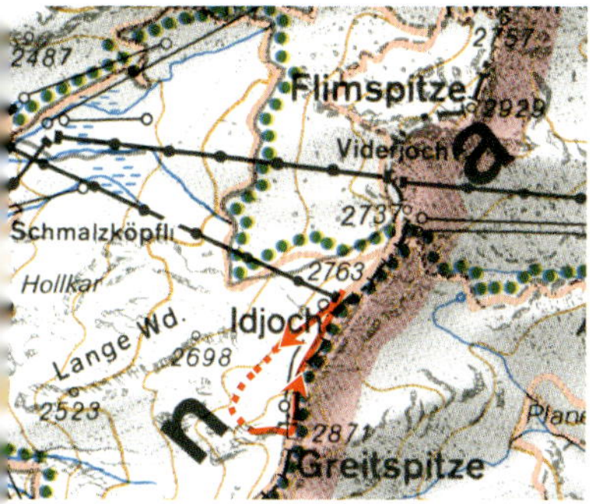

Anforderungen: KS5-B. Streckenweise äußerst luftig; sparsam, aber technisch solide gesichert; durchgehendes Stahlseil, Trittstifte.
Höhenunterschiede: Höhe des Klettersteigs 120 Hm.
Aufstiegshilfen: Fimbabahn, 6er Gondel-Einseilumlaufbahn zur Bergstation Idalpe 1380 m – 2307 m, anschließend Idjochbahn, 8er Sessellift, 2300 m – 2739 m.
Stützpunkte: An der Bergstation der Fimbabahn (Idalpe, 2307 m) großes Restaurant.
Hinweis: Im Pistengelände ist fast jedes Ziel mit Mountainbike erreichbar – vom Tal bis zum Seilbahngipfel der Greitspitze ca. 3 – 4 Std. Klettersteig-Ausgangspunkt für Mountainbiker: Bergstation der Idjochbahn. Mountainbike-Führer im Verkehrsamt gratis erhältlich.

Die Skimetropole Ischgl erhielt im Jahr 2000 auch einen richtigen Klettersteig. Zwischen planierten Abfahrts- und Lifttrassen, Trümmerhalden mit riesigen labilen Blöcken und einigen morbiden, brüchigen Felsgebilden gibt es auf der österreichischen Seite einige kompakte, feste Felswände, eine davon ist die Nordwand der Greitspitze (Westgipfel). Hier wurde aus dem senkrechten, glatten Fels der Wandmitte klettersteigtechnisch das Höchstmögliche herausgeholt. Das Ergebnis ist ein zwar kurzes, aber sehr rassiges Felsabenteuer mit 2 Quergängen und 2 Direttissimi in der Vertikale – alles in perfekter Sicherungstechnik nach Ötztaler Vorbild. Seit 2003 existiert eine leichtere Gratvariante.
Zustieg: Von der Bergstation der Idjochbahn wenige Schritte zur Talstation des Schleppliftes auf die Greitspitze (Ostgipfel), hier rechts hinab auf Abfahrtstrasse 12. Wo diese Trasse steil nach rechts hinab abbiegt, geht man geradeaus weiter und auf Pfadspuren unter den Geröllhalden bis unter den am tiefsten herabreichenden Felssporn des Westgrates, den man nun ansteuert.
Klettersteig: Vom Einstieg kurz über den geneigten Fels des untersten Wandsporns empor. Das Seil leitet in die glatte senkrechte Nordwand in den unteren Quergang und nach wenigen Tritten in die 1. Direttissima. In der selben glatten Wand wiederholt sich alsbald diese Mutprobe – der 2. Quergang führt sogar ein paar Schritte bergab. Am Ende der 2. Direttissima erreicht man den Grat – nordseitig kompakter Fels, südseitig brüchiges Ge-

stein. Das Seil leitet nun schnell und sicher zum großen Gipfelkreuz.
Abstieg: Wenige Schritte perfekt gesicherter Touristenweg über den Grat, dann zum etwas höheren »Hauptgipfel« – ein schmaler Streifen Originalgelände mit Grenzstein am höchsten Punkt ist noch naturbelassen, den planierten Rest des Gipfelfragmentes nehmen die beiden Bergstationen der Skilifte ein. Bequem auf Schlepplifttrasse zur nahen Bergstation der Idjochbahn. Es gibt noch einen kurzen und leichteren Klettersteig zur Flimspitze.

Die Führe zieht durch die senkrechte Nordwand, doch es gibt ausreichend Tritthilfen.

12 Heilbronner Weg und Hohes Licht, 2651 m

Langer hochalpiner Höhenweg, gewaltige Felsszenerie, wenig Eisen

Ausgangspunkte: a) Oberstdorf im Allgäu, 815 m, Bahnhof, von hier 12 km nach Einödsbach, 1114 m; Pferdewagenverbindung, u.U. Pkw bis Faistenoy oder Bus bis Birgsau, Fahrrad erlaubt.
b) Lechleiten, 1541 m, im hinteren Lechtal, Parkplatz am Holzgauerhaus, 1512 m.
Gehzeiten: Einödsbach – Rappenseehütte 3½ Std., Lechleiten – Rappenseehütte 2½ Std., Rappenseehütte – Große und Kleine Steinscharte – Östliche Bockkarscharte 3 – 3½ Std., Östliche Bockkarscharte – Kemptner Hütte 2¼ Std., Abstiege vom Grat zum Waltenberger Haus 1 Std., Waltenberger Haus – Einödsbach 1½ Std.; Gesamtgehzeit ab Einödsbach: 9 – 9½ Std. (mit Hohem Licht 10 – 10½ Std.)
Anforderungen: KS2-D. Hochalpiner Höhenweg, auch bei Übernachtung auf der Rappenseehütte anstrengend, sonst sehr anstrengend. Droht Wetterumschwung, bei nächster Gelegenheit absteigen! Schwindelfreiheit und Trittsicherheit erforderlich, bei Schnee nur für sehr Geübte.
Höhenunterschiede: Einödsbach – Rappenseehütte 978 Hm, Lechleiten – Rappenseehütte 660 m, Rappenseehütte – Hohes Licht 560 Hm, Rappenseehütte – Heilbronner Weg bis Östliche Bockkarscharte insges. 600 Hm Steigungen; Länge des Heilbronner Höhenweges ca. 5 km.
Stützpunkte: Rappenseehütte, 2091 m, bew. Mitte Juni bis Mitte Oktober, ✆ D-08322/700155; Waltenberger Haus, 2083 m, bew. Mitte Juni bis Anfang Oktober, ✆ D-08322/700156; Enzianhütte, 1780 m, privat, im Sommer bew., ✆ mobil D-0170/7931655.

Der berühmte Heilbronner Weg wurde schon 1899 eröffnet und gilt seither als »Klassiker« unter den Höhenwegen der Nördlichen Kalkalpen. Er führt in

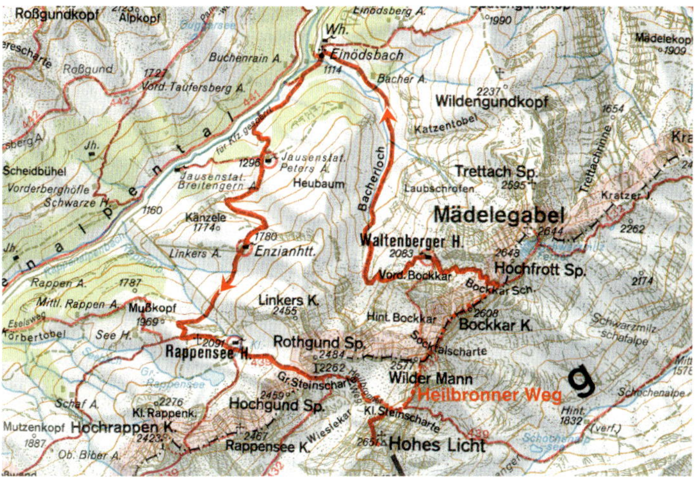

hochalpiner Felsszenerie über den höchsten Kamm der Allgäuer Alpen, quert Bänder, Platten und Blockfelder, Gipfel, Grate und Scharten, bewegt sich dabei aber stets in der Nähe des wildzerklüfteten, jäh nach Norden abbrechenden Gratverlaufes. Das Hohe Licht, mit 2651 m der zweithöchste Gipfel im Allgäu, kann leicht als morgendlicher Auftakt miterstiegen werden. Der nur streckenweise gesicherte Wegverlauf erfordert zwar keine besonderen alpinen Fähigkeiten, bei Schlechtwettereinbruch, Nebel oder Vereisung kann die Tour für Unerfahrene jedoch sehr ernste Probleme aufwerfen. Als Tagestour vom Tal aus ist die Überschreitung nur sehr Trainierten anzuraten. Die folgende Wegbeschreibung führt von Südwest nach Nordost und wird in dieser Richtung auch am häufigsten begangen, da die sehr hoch gelegene und große – trotzdem meist überfüllte! – Rappenseehütte ein idealer Ausgangspunkt ist.

Aufstiege zur Rappenseehütte: a) Beim Gasthaus in Einödsbach beginnt der gut bezeichnete Hüttenweg, der zunächst zum Steg über den Abfluss des Bacherlochs, auf 1093 m, hinabführt und jenseits durch Wald wieder emporsteigt. Nun über die Petersalp, 1296 m, in 2½ Std. zur bewirtschafteten Enzianhütte, 1780 m. In Kehren empor und links über steile Rippen auf den Sattel am Seebichl, hinter dem sich die Hütte verbirgt.

b) Vom Holzgauerhaus in Lechleiten führt ein leichter, bezeichneter Weg in ½ Std. nordöstlich zunächst zur Lechleitner Alpe, 1783 m. Nun den östlichen Hang des breiten Sattels »Am Schänzle« hinauf und zum höchsten Punkt der »Schlosswand«, 1876 m; von hier eben hinüber zur oberen Biberalp. Hinab in den tiefen Mutzentobel, um die Westhänge des Rappenköpfles herum zur Schafalp. Mäßig steigend hinauf in die breite Mulde, durch die der Abfluss des Rappensees herabkommt. Die Südhänge des Mußkopfes hinauf und hinüber zum Sattel, 1919 m, wo man auf den Aufstieg a) trifft. Der nur teilweise drahtseilgesicherte Mutzentobel ist bei Regen, Nässe oder Schneefall ausgesprochen gefährlich!

Gipfelanstieg und Gratüberschreitung: Von der Rappenseehütte zunächst zur Großen Steinscharte, 2262 m, dann durch ein schutterfülltes Kar und eine drahtseilgesicherte Rinne bis zur Wegverzweigung am Hohen Licht. Der nur ½-stündige Aufstieg auf den 2651 m hohen Gipfel ist bei guten Wetterverhältnissen wegen der großartigen Aussicht unbedingt zu empfehlen (von der Hütte 1¾ Std.). Wieder zurück zur Weggabelung, an welcher der eigentliche Heilbronner Weg beginnt. Durch den engen Felsspalt des Heilbronner Törls und über plattige Felsen, die besonders im Frühsommer Vorsicht verlangen, in ½ Std. zur Kleinen Steinscharte, 2541 m. Nun über den Grat hinüber auf die Südostseite. Über eine 15 m hohe Eisenleiter den Gratabbruch des Steinschartenkopfes empor und in wenigen Minuten zum Gipfel, 2615 m. Nun weiter am Grat, dann über Geröll und Fels am Wilden Mann, 2577 m, rechts vorbei. Von der Socktalscharte, 2446 m, ist im Notfall ein steiler Abstieg zum Waltenberger Haus in 1 Std. möglich.

Im abwechslungsreichen Gratverlauf folgen Bockkarkopf, 2608 m, und Westliche Bockkarscharte. An der Östlichen Bockkarscharte, 2504 m, endet der eigentliche Heilbronner Weg; der weitere, sehr schöne Höhenweg zur Kemptner Hütte hat keinen Klettersteigcharakter, ist jedoch die erlebnisreichste Abstiegsmöglichkeit (zweite Nächtigung empfehlenswert).
Abstieg: Von der Östlichen Bockkarscharte leitet ein gut bezeichneter Steig nordwärts zuerst durch Felsen, dann durch Schutt oder Schneefelder in Kehren steil hinab zum Waltenberger Haus. Von dort führt ein steiler Weg, in den nassen Felspassagen drahtseilgesichert, über das wilde Bacherloch und an der Bacheralp, 1174 m, vorbei in 1½ Std. wieder zurück nach Einödsbach.

Unterwegs in einer breiten Scharte am Heilbronner Weg.

13 Mindelheimer Klettersteig über die Schafalpenköpfe, 2320 m

Pfiffiger Klettersteig über rassigen Grat, langwierige Zustiege

Ausgangspunkte: a) Oberstdorf im Allgäu, 815 m, Bahnhof, von hier 17 km Straße ins Rappenalptal (Schwarze Hütte, 1242 m), Pferdewagenverbindung bis Einödsbach, 1114 m, u.U. Pkw bis Faistenoy oder Bus bis Birgsau, 949 m (von dort noch 7 km Straße), Fahrrad erlaubt.
b) Mittelberg im Kleinwalsertal, 1218 m, Gasthof Schwendle, hier Parkplatz.
Gehzeiten: Zur Mindelheimer Hütte:
a) Von Birgsau durch das Rappenalptal 4 Std.; von der Schwarzen Hütte nur 2½ Std. (von der Rappenseehütte über Mutzentobel, Biberalpe und Schrofenpass 3 – 4 Std.).
b) Von Mittelberg durch das Wildental über die Hintere Wildenalp 3 Std., durch das Gemsteltal über die Hintere Gemstelalp 4½ Std.
Zur Fiderepasshütte: a) Von Mittelberg, Ghf. Schwendle, durch das Wildental 2½ Std.
b) Von den Bergstationen der Fellhornbahn oder der Kanzelwandbahn über die Kühgundalpe je 2 Std.
c) Von der Talstation der Fellhornbahn markierter Fußweg in Richtung Kanzelwandhaus bis zur geteerten Alpstraße, auf dieser empor bis zum Schlappoldhöfle,von hier über Warmatsgundalpe und Kühgund 3¾ Std.
d) Mit der Söllereckbahn zum Berghotel »Schönblick«, von hier über Söllereck, Schlappoltkopf, Fellhorn und Kühgundalpe 4½ Std.
e) Von der Bergstation der Kanzelwandbahn über Schüsser, Hochgehrenspitze und Hammerspitze 3 Std. (nur für sehr Versierte!) Klettersteig von Hütte zu Hütte 3 – 3½ Std.
Gesamtgehzeit: 8 – 12 Std.
Anforderungen: KS3-C. Technisch anspruchsvolle Gratüberschreitung mit sehr luftigen Passagen, ausreichend gesichert. Völlige Trittsicherheit und Schwindelfreiheit erforderlich. Lehmige Stellen bei Nässe gefährlich!
Höhenunterschiede: Zur Mindelheimer Hütte von der Schwarzen Hütte im Rappenalptal 820 Hm, von Mittelberg 910 Hm. Zur Fiderepasshütte von Mittelberg 870 Hm. Länge des Klettersteiges ca. 2,4 km, zahlreiche Gegenanstiege.
Stützpunkte: Mindelheimer Hütte, 2058 m, bew. Mitte Juni bis Anfang Oktober, ✆ D-08322/700159; Fiderepasshütte, 2065 m, bew. Pfingsten bis Mitte Oktober, ✆ mobil A-0664/3203676.
Aufstiegshilfen: Ggf. Kanzelwandbahn im Kleinwalsertal, 1130 m – 1968 m, oder Fellhornbahn im Rappenalptal, 910 m – 2000 m.

Die 1975 eröffnete, anspruchsvolle Eisenführe über die drei Schafalpenköpfe, ein Teilstück des Großen Allgäuer Höhenweges, zieht durch den wildzerklüfteten Fels des unübersichtlichen Grates, mitunter zwischen grasigen Steilflanken, bei gutem Wetter im Anblick des felsstarrenden Allgäuer Hauptkammes. Es ist eine Route, die ständig ihr Gesicht wechselt und fortwährend für Überraschungen sorgt. Hinter jedem Felstürmchen kann ein Spalt gähnen oder ein unerwartetes Steilwandl aufragen oder der Blick über eine abschüssige Platte ins Leere gleiten. Leitern und Klammern, Seile und Stifte, Brücken und Stege sind mit Sorgfalt, vor allem aber mit Phantasie und Lust an der Sache gesetzt: Man muss sich aber konzentrieren auf diesem Weg, besonders bei »Gegenverkehr«. Der Mindelheimer hat keine

»naturgegebene« Einbahnregelung, hier ist die Überschreitung in beiden Richtungen gleichermaßen sinnvoll und üblich. Wären nicht immer wieder dieses Gras und die lehmigen, nach Regen triefendnassen und glitschigen Pfadspuren an den Gratbuckeln, man könnte sich – besonders wenn Nebel die Sicht ins Tal verhüllt – glatt um 1000 m höher wähnen, irgendwo an den Felszinnen der Dolomiten.

Gratüberschreitung: Die Hüttenzustiege sind durchwegs mühsam, doch ist der Weg von Mittelberg zur Fiderepasshütte wohl noch der einfachste. Vom Fiderepass in ½ Std. in die Saubuckelscharte und nach rechts zu den Nordabstürzen des Nördlichen Schafalpenkopfes, 2320 m. Zwei hohe Leitern und Drahtseile entschärfen den steilen Aufstieg in die Scharte neben dem Gipfel. Auf der Südseite über einen gesicherten Felshang und eine weitere Leiter auf den flachen Grat, eine luftige Eisenbrücke führt über eine kleine, aber tiefe Felsscharte. Abstieg durch eine Scharte auf die Südostseite. Dann kurz vor der Mulde ein Steilstück westwärts empor, nun über Eisenbügel eine 20 m hohe senkrechte Wand sehr luftig hinab. Der folgende Steilanstieg auf den Mittleren Schafalpenkopf, 2301 m, ist der schönste, luftigste und schwierigste Abschnitt. Durch einen kleinen Kamin geht es eine steile Felspassage hinauf, die auf einer schrägen Trittleiter an steile, gesicherte Felswände hinüberleitet. Über eine kurze Eisenbrücke und schroffe Felspartien erreicht man den Gipfel. Ein grasiger Serpentinenpfad führt

Unterwegs am Mindelheimer Klettersteig, südlicher Teil.

150 m in die nächste Mulde hinab. Der Anstieg zum Südlichen Schafalpenkopf ist gut gesichert und führt eher harmlos zum Gipfel, 2275 m. Nun wahlweise in Serpentinen abwärts oder südwestlich des Pfades durch eine sehr steile, gesicherte Felsrinne auf den grünen Gratbuckel hinab. Zum Ausklang führt der Weg nochmals zum Gipfelkreuz am Kemptner Köpfle empor.
Abstieg: Wie Anstiege.

14 Hindelanger Klettersteig über den Westlichen Wengenkopf, 2235 m

Luftiger Klettersteig über scharfen Grat, Aufstiegshilfen bis zum Einstieg

Ausgangspunkt: Oberstdorf im Allgäu, 815 m, Bahnhof, Talstation der Nebelhornbahn mit Parkplatz.
Gehzeiten: Klettersteig vom Nebelhorn zum Großen Daumen in beiden Richtungen je 4 Std.; Rückweg vom Gr. Daumen über das Koblat auf Wanderweg 3 Std.; vom Gr. zum Kl. Daumen etwa 1 Std.; Gesamtgehzeit: 7 Std. (Zu Fuß bis zum Gipfel 4 – 5 Std.)
Anforderungen: KS3-C. Teilweise anspruchsvolle Gratüberschreitung mit luftigen Passagen; ausreichend, doch nicht überall gesichert. Die drei Abstiegsmöglichkeiten vom Grat geben einen guten Sicherheitsspielraum bei Schlechtwettereinbrüchen. Lehmige Wegstellen bei Nässe gefährlich! Fels stark abgetreten! 2003 Generalsanierung.
Höhenunterschiede: Bei Seilbahnauffahrt unerheblich. Klettersteigelänge ca. 3,5 km, zahlreiche Gegenanstiege.
Aufstiegshilfen: Nebelhornbahn von Oberstdorf zur Bergstation, 815 m – 1929 m, von dort Seilbahn zum Nebelhorn, 1929 m – 2224 m.
Stützpunkte: Restaurant »Höfatsblick«, 1929 m, an der Bergstation der Nebelhornbahn, priv., keine Nächtigung, ✆ D-08322/3600512; Edmund-Probst-Haus, 1925 m, bew. Mitte Dezember bis Mitte Oktober, ✆ D-08322/4795; Gipfelhütte am Nebelhorn, 2224 m, priv., ✆ D-08322/3600514.
Hinweis: Gut zu verbinden mit dem Klettersteig über die → »Hohen Gänge«.

Blick vom Hindelanger Klettersteig zum Nebelhorn.

Der 1973 – 1978 ausgebaute Klettersteig verbindet das Nebelhorn mit dem Großen Daumen über jenen wildzerklüfteten Felsgrat, aus dem die beiden Wengenköpfe als markanteste Pfeiler emporragen. Seilbahn und Gipfellift erübrigen jegliche Hüttenanstiege und Übernachtungsprobleme. Trotzdem ist der überlaufene Hindelanger Klettersteig kein Unternehmen für Ungeübte; die Sicherungen beschränken sich auf das Notwendige, und der Abgrund unter vielen ungesicherten, schmalen Gratpartien erfordert absolute Schwindelfreiheit. Für den Geübten ist dieser Höhenweg jedoch ein vergleichsweise müheloser Leckerbissen; es ist ein genussvolles Turnen von Grat zu Gipfel, von Gipfel zu Scharte, stets gewürzt von großartigen Panorama-Blicken. Die Möglichkeit zu mehrmaligem Abstieg vom Grat und der problemlose Rückweg entschärfen das Schlechtwetterrisiko.

Gratüberschreitung: Von der Gipfelstation über den ersten Gratbuckel zum Einstieg und über die luftige Leiter auf die erste markante Zinne. Nach der ersten Gratsenke folgt gutmütiges Gehgelände, ein Seil führt schließlich eine harmlose Felsstufe hinab auf einen fast ebenen grasigen Gratbuckel. Eine kurze, prickelnde Felspassage über ein schmales Gratstück verlangt etwas Kletterfertigkeit (I, II). Auf den Westlichen Wengenkopf folgt harmloseres Gratgelände und eine gesicherte Felsscharte, dann ein luftiges Gratstück, zunächst ungesichert. Zwei Leitern senkrecht hinab und längs einer senkrechten glatten Wand luftig hinüber zum nächsten grasigen Gratstück; an dessen tiefster Stelle erste Abstiegsmöglichkeit ostwärts zum Koblat. Bald folgt die längste Leiter, schräg über eine Verschneidung empor. In stetem Auf und Ab wechseln nun schmalere, gesicherte Gratpartien und breiteres Gehgelände. Nach der Turnerei über einen wildzerklüfteten Grat überrascht eine exponierte Passage über eine Leiter hinab. Über eine schmale Gratflanke auf ein tief eingeschnittenes, grasdurchsetztes Joch. Jenseits gut gesichert wieder empor. Ein zweites grasiges Joch, etwa in der Mitte des Weges, ermöglicht den problemlosen Abstieg zum Koblat. Nochmals über eine steile, lange Leiter und ein Felstürmchen. Unter dem nächsten Joch entzückt der erste smaragdgrüne, kleine Bergsee, ein weiterer Abstieg über eine senkrechte Leiter begeistert mit Tiefblicken auf zwei weitere Seen im öden Kargelände. Über einen letzten Grat zur Leiter auf den Östlichen Wengenkopf, 2206 m, und hinab zum tiefsten Punkt des Grates. Auch hier ist ein wegloser, aber leichter Abstieg zum Koblat möglich. Der nächste Gratturm wird über eine überraschend rassige Sicherung erklommen und über ein schmales Felsband ungesichert verlassen.

Über dem Laufbichelsee Wegweiser zum Abstieg (Giebelhaus – Edmund-Probst-Haus). In 20 Minuten gelangt man, leicht steigend, auf die grasige Kuppe des Großen Daumen, 2280 m. Für Unermüdliche bietet sich noch die Gratüberschreitung bis zum Gipfel des Kleinen Daumen, 2190 m, an, in der ersten Hälfte auf breitem Grat, in der zweiten Hälfte hinter der Wegkreuzung im Joch wesentlich schmaler.

Luftige Strecke am Hindelanger Klettersteig.

Abstieg: a) Vom Großen Daumen zurück zum flachen Joch mit Wegweiser (Giebelhaus – Edmund-Probst-Haus) und auf idyllischem Wanderweg, vorbei an den stillen Bergseen, zurück zur Bergstation der Nebelhornbahn.
b) Von der Scharte zwischen Großem und Kleinem Daumen westwärts hinab und über die Haseneckalpen ins Rettenschwangtal. Auf Fahrstraße (für Kfz gesperrt) nach Bad Oberdorf und Hindelang.
c) Von der Scharte zwischen Großem und Kleinem Daumen ostwärts hinab zum Engeratsgundsee und auf Wanderwegen nach Hinterstein.
d) Wer die → »Hohen Gänge« mitnehmen will, steigt zunächst wie bei Abstieg b) bis zur Oberen Haseneckalp, 1690 m, ab und kurz darauf auf schmalem Pfad wieder zur Rotspitze empor oder er folgt vom Kleinen Daumen einfach dem direkten Steig zur Heubatspitze. Weiter wie Tour 15.

Hindelang
Bad Oberdorf
Hohe Gänge
15
Hindelanger Klettersteig
14
Breitenberg
Rotspitz
Gr. Daumen
Kl. Daumen
Nebelhorn
Edm. Probst H.
Hinterstein
Imberger Horn
Schwarzenberg H.
Hengst
Giebel
Iseler

15 Hohe Gänge zwischen Rotspitz, 2033 m, und Breitenberg, 1887 m

Harmlose Verlängerung des Hindelanger Klettersteiges

Ausgangspunkt: Von Hindelang, 825 m, südwärts ins Ostrachtal bis zum Weiler Bruck und dann noch 300 Meter bis zum Elektrizitätswerk.
Gehzeiten: Bruck – Rotspitz 3¾ Std., Rotspitz – Breitenberg 1½ – 2 Std., Breitenberg – Bruck 3 Std. (im Aufstieg 3¾ Std.); Gesamtgehzeit: 8½ Std. (Als Abstieg vom Hindelanger Klettersteig vom Nebelhorn bis Hinterstein 9 – 9½ Std.!)
Anforderungen: KS2-B. Vom Ostrachtal aus wenig schwierige, stellenweise luftige Tagestour, als Verlängerung des Hindelanger Klettersteiges sehr lange Abstiegsvariante.
Höhenunterschied: Bruck – Rotspitz ca. 1220 Hm; Länge des z.T. gesicherten Grates bis zum Breitenberg ca. 3,5 km.
Aufstiegshilfen: Keine, bei Abstieg vom → Hindelanger Klettersteig siehe Tour 14.
Stützpunkt: Keiner, im Abstieg mitunter Getränkeausschank auf der Unteren Älpenalpe, 1308 m.
Hinweis: Als Abstieg vom → Hindelanger Klettersteig verlängert sich dessen Mindest-Gesamtbegehungszeit von 4 Std. auf fast 10 Std.; vom Großen Daumen zum Breitenberg ca. 500 Hm (direkte Verbindung ca. 150 Hm). Vom Endpunkt in Hinterstein muss die Rückfahrt mit zweitem Kfz organisiert sein!

Der wildzerklüftete Verbindungsgrat zwischen Rotspitz und Breitenberg, schon seit 1973 mit 200 Metern Stahlseil gesichert, kann auch Anfängern als kurzweiliges Tagesunternehmen empfohlen werden. Der relativ wenig begangene Steig ist wesentlich problemloser zu begehen als der berühmte neuere → Hindelanger Klettersteig, zu dessen »Abstiegsvariante« er nun degradiert scheint. Die »Hohen Gänge« werden aber als bescheidenere selbständige Tour ihre Liebhaber behalten oder finden.

Aufstieg zum Rotspitz: Beim Denkmal für Prinzregent Luitpold über die Brücke und in Richtung Retterschwangtal auf den Fahrweg, der nach rechts führt und vom Jägersteig abgelöst wird. Nach ca. ¾ Std. trifft man auf einen weiteren Fahrweg, dem man etwa 10 Minuten folgt, um bei einer Wegtafel nach links in den Hochwald einzubiegen. Ein Waldsteig zieht steil und mühsam in 1 Std. zur Häbelesgundalp empor, wo sich der Weg verzweigt. Zum Rotspitz nach rechts und in vielen Kehren zu dem Sattel am Nordgrat des Gipfels empor; nun kurzweiliger an Seilsicherungen über Fels und Gras zum Gipfelkreuz.

Gratüberschreitung: Auf bezeichnetem Steig in die erste Scharte südöstlich des Gipfels, dann beim Schild »Rettenschwanger Tal – Haseneck« auf Steigspuren links den Grat empor und über Gras und leichte Schrofen zur grasigen Heubatspitze, 2002 m. Erst wo der Grat nach Norden umbiegt, beginnt der eigentliche Klettersteig: Mehrere Gratzacken werden in lustigem Auf und Ab, mal südlich, mal nördlich des Grates an Drahtseilen überwunden. Die Kletterei endet schließlich ½ Std. vor dem latschenbestandenen Breitenberg.

Abstieg: Vom Breitenberg bezeichneter Abstieg zur Älpenalpe und weiter auf schattigem Waldweg in den Talgrund. Am Waldrand folgt man dem Wegweiser »Oibelesweg – Haidachringweg«, der teils durch Auenlandschaft, am westlichen Ufer der Ostrach zum Ausgangspunkt zurückführt; nur während der letzten Minuten, kurz nach dem Wehr, folgt man der Straße.

Auf den Hohen Gängen zwischen Rotspitz und Breitenberg.

16 Bäumenheimer Weg auf den Hochvogel, 2592 m

Formschöner Berg mit alter Klettersteigroute

Ausgangspunkt: Von Reutte ins Lechtal bis Stanzach, von hier westwärts ins Hornbachtal bis Hinterhornbach, 1101 m.
Gehzeiten: Hinterhornbach – Bäumenheimer Weg – Hochvogel 4 – 5 Std., Abstieg über Fuchsensattel 3½ – 4½ Std.; Gesamtgehzeit: ca. 8 Std.
Anforderungen: KS2-C. Lange, anstrengende Tagestour, Bäumenheimer Weg im oberen Teil sehr steinschlaggefährdet. Große Vorsicht bei Hartschnee im Kalten Winkel (evtl. Leichtsteigeisen)!
Höhenunterschiede: Hinterhornbach – Hochvogel ca. 1500 Hm; Höhe des Klettersteiges ca. 500 Hm.
Stützpunkte: Im Abstieg ggf. Abstecher zum Prinz-Luitpold-Haus, 1846 m, bew. Anf. Juni bis Mitte Okt., ✆ D-08322/700154.

Der seit alters her berühmteste Berg des Allgäus war wohl schon Kaiser Maximilian bekannt: Sein Jagdbuch nennt bereits im Jahre 1500 ein südlich unter dem Gipfel gelegenes Einstandsgebiet von Gems- und Steinwild und bezeichnet es als »Undervogl«. Der Aufbau des Felsstockes in mehreren relativ niedrigen Stufen, die durch zahlreiche schuttbedeckte Felsbänder unterbrochen sind, lockt trotz des sehr brüchigen Gesteins seit jeher auch die Kletterer. Der nur stellenweise, jedoch ausreichend gesicherte und durchwegs gut bezeichnete »Bäumenheimer Weg« ist für erfahrene und einigermaßen schwindelfreie Klettersteigliebhaber dank der herrlichen Tiefblicke ins Hornbachtal und der großartigen Felsszenerien eine sehr lohnende Tour, die mit dem Abstieg durch das Fuchskar zu einer abwechslungsreichen Überschreitung verbunden werden kann.
Aufstieg zur Schwabegg-Privathütte: Vom Gasthof »Adler« 20 Minuten durch Wald bis zu einem Zaun, dann durch Wiesen zum alten Haus Nr. 21; nach zweimaligem Queren einer Fahrstraße schwenkt man in eine dritte ein, die man kurz darauf rechts abzweigend verlässt. Bald kreuzt man eine weitere und stößt nach 20 Minuten zum letzten Mal auf eine Fahrstraße, die man um eine Kurve verfolgt, um dann in die Latschen einzubiegen (Bezeichnung). Nun mäßig steil zur Schwabegg-Privathütte, 1699 m.
Gipfelanstieg: Von der Hütte mäßig steil durch Latschen, bis sich der Weg bei der letzten Latschenstaude verflacht und am Fußpunkt des vom Nord-

Im Aufstieg zum Hochvogel.

ostgrat herabziehenden Bergrückens zur Abzweigung Bäumenheimer Weg – Normalweg auf 1977 m Höhe führt. Nach links ins Roßkar, das man fast eben durchwandert. Am Südgrat wendet sich der Steig nach rechts, den Felsen zu, und führt in eine von der Ostschulter herabziehende Geröllschlucht, die aber bald wieder nach rechts verlassen wird. Über die östliche Begrenzungsrippe hinauf zu einem Zweiggrat, in dem die Schlucht endet. Weiter nach rechts zur nächsten, mächtigen Felsrippe und über Bänder und Rinnen gesichert empor zu den Gipfelfelsen. Kurz vor dem Gipfel nach links in eine schuttgefüllte Einbuchtung, von hier geradeaus weiter zum Gipfelkreuz.

Abstieg: Über einige Blöcke des Nordwestgrates und in zahlreichen Kehren westwärts unschwierig hinab; die sog. »Schnur«, ein bequemes, felsüberdachtes Band, das an der Südwestseite der Schulter vorbeileitet, bietet eine kurze landschaftliche Überraschung. Von der Scharte, die man nun bald erreicht, lädt die Kreuzspitze, 2367 m, zu einem kurzen Abstecher ein. Nun vorsichtig über das abschüssige Firnfeld im Kalten Winkel, ostwärts hinab ins weite Fuchskar und über Schutt und Schneefelder bis ins Trümmerfeld des Salzbodens, ca. 1890 m, hinab; hier Gegenanstieg von ca. 150 m Höhe, der durch Schrofen auf den Fuchsensattel, 2039 m, emporführt. Am Sattel senkt sich der Weg nach Süden ins Kuhkar, nach nochmaliger Gegensteigung von etwa 55 m Höhe zur Weggabelung mit dem Bäumenheimer Weg empor; von hier wie im Aufstieg zurück nach Hinterhornbach.

17 Rote Flüh, 2108 m, und Friedberger Klettersteig zum Schartschrofen, 1968 m

Zwei kurze Klettersteige, herrliche Landschaft, lange Zustiege

Ausgangspunkte: a) Südseite: Nesselwängle, 1136 m, im Tannheimer Tal;
b) Ostseite: Roßschläg, 820 m, zwischen Pflach und Musau im Lechtal südlich Füssen, Parkplatz am Gasthaus »Zur Bärenfalle«;
c) Westseite: Grän, 1138 m, im Tannheimer Tal, Talstation Gondelbahn.
Gehzeiten: a) Nesselwängle – Gimpelhaus 1½ Std., Gimpelhaus – Rote Flüh 1¼ Std., Rote Flüh – Schartschrofen in beiden Richtungen etwa 1 – 1½ Std.; Gesamtgehzeit: Nesselwängle – Rote Flüh und zurück 5 – 6 Std., mit Schartschrofen 2 – 3 Std. länger;
b) Roßschläg – Otto-Mayr-Hütte 2¾ Std., von hier zum Schartschrofen etwa 1½ Std.; Gesamtgehzeit: Roßschläg – Rote Flüh und zurück 8 Std., mit Schartschrofen 1½ Std. länger;
c) Grän – Füssener Jöchl zu Fuß 2 Std., Füssener Jöchl – Schartschrofen 1¼ Std.; Gesamtgehzeit: 6 Std., mit Roter Flüh 2 – 3 Std. länger.
Anforderungen: KS2-B. Bei guten Verhältnissen problemlose, aber sehr lange Tagestourvarianten.
Höhenunterschiede: Zur Roten Flüh von Nesselwängle 970 Hm, von Roßschläg 1300 Hm, von Grän 1000 Hm, mit Gegenanstiegen über Schartschrofen ca. 1100 Hm; Höhe der Klettersteige: Judenscharte – Rote Flüh 140 Hm, Gelbe Scharte – Rote Flüh 290 Hm; Gelbe Scharte – Schartschrofen 150 Hm.
Aufstiegshilfen: Gondelbahn von Grän zum Füssener Jöchl, 1205 m – 1818 m.
Stützpunkte: Südseite: Gimpelhaus, 1659 m, privat, bew. 01.05. bis 02.11., ✆ A-05675/8251; Ostseite: Musauer Alm, 1290 m, privat, bew. Ostern bis 20.10., ✆ A-0676/3423236. Am Ende der Fahrstraße nebeneinander: Füssener Hütte, 1535 m, privat, bew. Anf. Mai bis Mitte Okt., ✆ mobil A-0676/3423221; Otto-Mayr-Hütte, 1528 m, bew. Anfang Mai bis Ende Oktober, ✆ A-05677/ 8457. Westseite: Restaurant »Sonnenalm« an der Bergstation der Gondelbahn Grän – Füssener Jöchl, 1818 m, während des Bahn-Betriebs bew., keine Übernachtung, ✆ A-05675/ 5129.
Hinweis: Zustieg von Osten mit MTB verkürzbar (für Kfz gesperrte Forststraße).

Seit dem Bau des Friedberger Klettersteiges 1974 zählt die Überschreitung vom lifterschlossenen Füssener Jöchl über Läuferspitze, Haller Schrofen, Schartschrofen bis zur Roten Flüh zu den beliebtesten Unternehmungen in diesem Gebiet – klettersteigtechnisch nicht gerade atemberaubend, aber landschaftlich reizvoll und aussichtsreich. Ein Wochenende auf einem der zahlreichen Stützpunkte ermöglicht viele interessante Wegkombinationen und sehr lohnende andere Gipfelbesteigungen auf leichten Kletterpfaden. Das gesicherte Wegstück Rote Flüh – Schartschrofen ist in beiden Richtungen ein sehr empfehlenswertes, kurzweiliges Unterfangen.
Aufstieg von Musau zum Schartschrofen: Auf gesperrter Schotterstraße bis zur ersten Brücke über den Saba-Bach, hier auf dem linken, kürzeren und schöneren Aufstiegsweg entlang des Baches bis zur Musauer Alm. (Mit Mountainbike rechts über die Forststraße.) Auf Fahrstraße bis zur Füssener

Hütte, 1535 m. Der markierte Steig 413/414 zweigt beim Kriegerdenkmal oberhalb der Hütte links ab (rechts geht es aufs Füssener Jöchl). Bald steil in die Kare empor. Das Gipfelkreuz am Schartschrofen vor Augen, entscheidet man sich nun für eine der beiden möglichen Aufstiegsvarianten: Bequemer ist der Aufstieg nach rechts, zum Hallergernjoch, 1853 m; von hier auf bequemem Steig durch die teilweise von Latschen bestandene, breite und ziemlich flache Nordabdachung des Schartschrofens bis zum Gipfelkreuz. Den Klettersteig durch den Südabbruch des Schartschrofens erlebt man bei dieser Wegvariante nur im Abstieg zur Gelben Scharte, die man auch, allerdings sehr steil, direkt von der Füssener Hütte aus angehen kann. Der Weiterweg von der Gelben Scharte zur Roten Flüh wird nun im Aufstieg erlebt. Ein Abstieg auf demselben Wege ist zu empfehlen. Ausdauernden steht noch ein weiterer Abstieg offen: Von der Roten Flüh hinab zur Judenscharte und durch die Kare unter den Wänden des Gimpel ostwärts bis zur Nesselwängler Scharte, 2007 m. Von hier sehr steiler Abstieg durch das Kar zwischen Gimpel und Kellespitze ins Raintal hinab; bei Vereisung oder harter Schneelage gefährlich, bis tief in den Sommer steile Schneefelder!

Aufstieg von Grän zum Schartschrofen: Von der Talstation der Gondelbahn bei Grän, 1205 m, über die südlich der Lifttrasse liegende Skipiste bequem in 2 Std. zum Füssener Jöchl, 1818 m. Sehr lohnend ist von hier der kurze Aufstieg zur Läuferspitze, 1956 m. Ein steiler Pfad führt zuletzt auf den schmalen felsigen Nordgrat, der an dickem Stahlseil problemlos erklommen wird; guter Einblick in den weiteren Wegverlauf. Man steigt kurz zum Weg ab, der zum Raintal hinabführt und hält sich im weiteren Verlauf an den

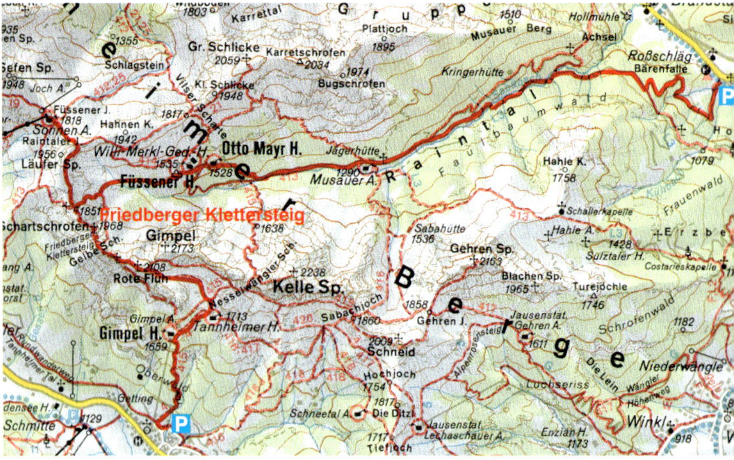

Der Schartschrofen von der Südseite – hier zieht der listige Klettersteig empor.

Pfad, der über den Haller Schrofen, 1934 m, zum Hallergernjoch, 1853, hinabführt; der weitere Weg ist beim Aufstieg von Musau beschrieben. Auch hier ist ein Abstieg auf gleichem Weg zu empfehlen; vom Hallergernjoch kann man jedoch in die Westflanke des Haller Schrofens absteigen und auf Weg 413 über die Gessenwanger Alpe, 1581 m, zur Jausenstation »Adlerhorst« hinabwandern; von dort wahlweise zwei Abstiegsmöglichkeiten zum Ausgangspunkt.

Aufstieg von Nesselwängle zur Roten Flüh: Westlich der Kirche (Parkplatz am westlichen Ortsrand) führt eine Straße kurz aufwärts bis zum Hotel »Berghof«. Kurz über eine Bergwiese bis zu einem Fahrweg. Der Hüttenweg zweigt nach wenigen Schritten ab und führt sehr steil in Kehren durch Jungwald zum Gimpelhaus. Der Aufstieg zur Roten Flüh führt von hier über Wiesenpfade und Waldstücke in weitem Linksbogen in das weite, zuletzt ziemlich steile Kar. Die kleine Einsattelung zwischen dem Südwestgrat des Gimpel und dem nordöstlichen Felsausläufer der Roten Flüh heißt Judenscharte. Etwas westlich davon beginnt das kurze, harmlose Klettersteigstück über den Felsfuß der Roten Flüh; Drahtseile und in den Fels gehauene Stufen leiten in 15 Minuten auf den flacheren Rücken und zur Gipfelkuppe.

Übergang Rote Flüh – Schartschrofen: : Zumeist felsig, teilweise etwas ausgesetzt und nur stellenweise gesichert von der Roten Flüh zur Gelben Scharte. Der Klettersteig von hier zum Gipfel des Schartschrofens heißt »Friedberger Klettersteig«; das Drahtseil im Südabbruch des Schartschrofens wurde 1974 eingebaut. Zunächst den grasigen Westrücken hinab zur senkrechten Südwand des Gilmenkopfes, hier steigt man an guten Eisenklammern ein kurzes Stück über fast senkrechten Fels problemlos in die Gelbe Scharte ab. Nun ungesichert auf den schmalen, felsigen Schartschrofengrat, die luftigsten Stellen sind gesichert, die ungesicherten überschreiten niemals den I. Grad. Trotzdem erfordert der Gang über diesen Grat ein gewisses Maß an Trittsicherheit und Schwindelfreiheit, da die Felsen zu beiden Seiten des Gratrückens senkrecht abstürzen.

Abstiege: Am besten zum jeweiligen Ausgangspunkt.

18 Arlberger Klettersteig über die Weißschrofenspitze, 2752 m

Rassige Traumroute über atemberaubend luftigen Felsgrat

Ausgangspunkt: St. Anton am Arlberg, 1300 m (Bahnhof jenseits der Rosanna), Talstation der Galzigbahn, Parkplatz.
Gehzeiten: Gratüberschreitung von Station Vallugagrat bis Bergstation Kapall 4 – 6 Std., in Gegenrichtung 5½ – 7½ Std.
Anforderungen: KS4/5-C. Die sehr luftige Überschreitung erfordert absolute Schwindelfreiheit und viel Routine an den mitunter sehr schwierigen Stahlseilpassagen. Im Abstieg Steinschlaggefahr.
Höhenunterschied: Bei Aufstieg von West nach Ost etwa 500 Hm Zwischenanstiege, bei Aufstieg von Ost nach West zusätzlich etwa 420 Hm Aufstieg von Kapall-Bergstation zur Weißschrofenspitze.
Aufstiegshilfen: Im Aufstieg Seilschwebebahnen »Galzigbahn« und »Vallugabahn« (2007 wegen Umbau kein Betrieb), 1300 m – 2646 m, 1. Fahrt 8.20 Uhr; im Abstieg Sessellift vom Kapall bis Mittelstation Gampen, 2333 m – 1850 m, dort umsteigen in Schienenbahn und Abfahrt bis zum Ausgangspunkt (letzte Talfahrt 15.45 Uhr), Betriebstage erkunden.
Stützpunkt: Am Ende des Abstiegs: Restaurant am Kapall, 2333 m, keine Nächtigung, ✆ A-05446/2352532.

Anlässlich ihres 50jährigen Bestehens stifteten die Arlberger Bergbahnen 1988 diesen großartigen Eisenweg, der die Station Vallugagrat und die Bergstation des Kapall-Sesselliftes über den luftigen Weißschrofenkamm verbindet. Bei einer Gesamtlänge von 2,8 km und einer Gratlänge von 1,7 km überwindet man etwa 500 Höhenmeter Zwischenanstiege, ermüdende

Anstiege entfallen. Man kann also seine ganze Kraft und seine Aufnahmefähigkeit für die Schönheit der Bergwelt auf den zerklüfteten Grat mit seinen wilden Türmen und Scharten konzentrieren. Kraft und Konzentration braucht man allemal, und zwar ausreichend. Routine sollte man ebenfalls mitbringen, denn die zwei Kilometer straff gespanntes Stahlseil führen streckenweise buchstäblich zwischen Himmel und Abgrund dahin! 500 Haken wurden geschlagen und 1050 Seilklemmen montiert; auf künstliche Tritthilfen wurde weitgehend verzichtet, dafür sind drei Notabstiege möglich. Erfreulich ist auch der meist kompakte Fels am Grat, nur selten trifft die Führe auf den bröseligen Dolomit.

Zustieg: Von der Seilbahnstation Vallugagrat ostwärts leicht bergab über Kare und quer über einen Firnhang, der mitunter beinhart ist und zeitraubend umgangen werden muss. In ½ Std. erreicht man über das Valfagehrjoch, 2543 m, den Einstieg in ca. 2600 m Höhe, am ersten Turm des Weißschrofenkammes.

Gratüberschreitung: Schon der 1. Turm gibt einen Vorgeschmack auf das Kommende: Im Abstieg geht's 20 Meter fast völlig senkrecht in die erste Scharte hinab – für Verängstigte gibt es hier nordseitig einen ersten Notabstieg. Der 2. Turm wird südseitig bis zu einer Felslücke gequert. In den Steilaufschwung auf die Knoppenjochspitze wurde die »Schlüsselstelle« gelegt: eine atemberaubende Querung mit spärlichen Tritten in teilweise völlig senkrechtem, aber gut gegliedertem Fels, der an einer Stelle sogar überhängend ins Kar abstürzt. Nun immer noch sehr steil am Führungsseil mit viel Armkraft etwa 50 Höhenmeter durch die Südwand und über den schmalen, luftigen Grat auf den Gipfel der Knoppenjochspitze, 2680 m. Nach dieser anspruchsvollen Strecke geht es zwar steil, aber doch wesentlich einfacher über den Grat in die etwa 50 Meter tiefer gelegene, scharf eingeschnittene Scharte unter dem Lorfekopf, hier 2. Notabstieg südseitig. Längs der gut gegliederten Schneide übersteigt man den Lorfekopf, 2689 m, und gelangt über einen fast senkrechten Abbruch und eine enge Rinne schwierig in die Lorfescharte; hier 3. Notabstieg nach Süden. Nun einfach über die Lisunspitze, 2667 m, in den nächsten verkarsteten Sattel. Luftig, aber einfach zu einer phantastischen Plattenschneide empor, die beidseits steil abbricht. Über sehr scharfe Türmchen und Zacken, die sog. Haizähne, in sehr anspruchsvoller Seilführung über den Lisungrat hinweg, höchster Punkt 2684 m. In stetem Auf und Ab stets luftig und spannend auf einen Vorkopf, 2694 m, und schließlich in letztem Kraftakt zum großen Gipfelkreuz der Weißschrofenspitze, 2752 m.

Abstieg: In der Südflanke über eine schwach ausgeprägte Rippe gut gesichert bis zu einem steilen Wandabbruch hinab. Eine dunkle, glatte Wand wird am Seil gequert. Eine etwas unangenehme, schottrige Reiße wird ungesichert abgestiegen. Eine letzte Folge von Seilen führt über bequeme Felsbänder weiter hinab bis zum Felsfuß, ca. 2500 m, von wo ein Serpentinenpfad über Schotter und Grashänge bis zur Bergstation Kapall hinabführt.

Luftiger Aufstieg am Arlberger Klettersteig.

19 Klettersteig auf das Karhorn, 2416 m

Mäßig schwierige Route über breiten Grat

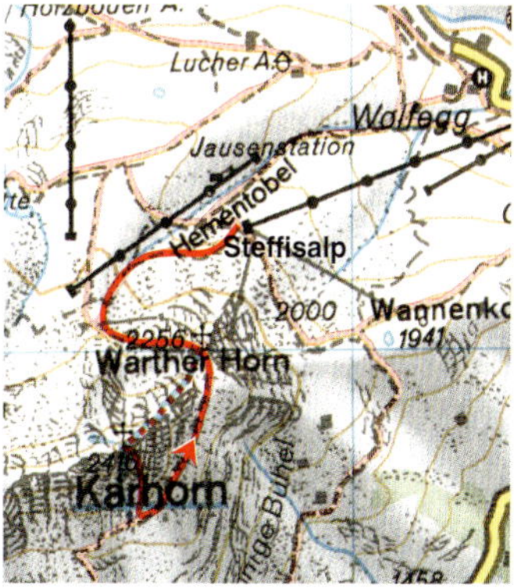

Ausgangspunkt: Warth am Arlberg, 1494 m, Talstation des »Steffisalp-Express«, 1515 m.

Gehzeiten: Bergstation – Einstieg ¾ Std., Klettersteig 1½ – 2 Std. Abstieg und Rückweg zur Bergstation 2½ Std., Gesamtgehzeit 5 Std.

Anforderungen: KS3-C. Klettersteiglänge 600 m, sonst meist Gehgelände; durchgehende Seilsicherung von 500 m Länge, wenige Tritthilfen; teils brüchiges Gestein.

Höhenunterschiede: Bergstation – Karhorn 530 Hm, Höhe Klettersteig 250 Hm.

Aufstiegshilfen: »Steffisalp-Express«, Umlaufbahn mit 4er-Gondeln, 1515 m – 1884 m, Betriebszeiten 9.00 – 12.15 Uhr 13.30 – 15.30 Uhr (✆ A-05583/3601).

Das Karhorn ist der östlichste Hauptgipfel des imposanten Felskammes zwischen den Skiparadiesen am Hochtannbergpass und in Lech. 2002 wurde ein mäßig schwieriger Klettersteig über den Nordostgrat angelegt – eine pfiffige Route mit herrlichen Ausblicken, sorgfältig, aber nur im nötigen Umfang gesichert. Am Gipfel herrliche Rundsicht: Zugspitze im Osten, Wildspitze im Südosten, Seehorn (Silvretta) im Süden und Säntis im Westen.

Zustieg: Von der Bergstation des Gondellifts führt ein gut bez. Pfad durch Alpweiden empor, umgeht links das Warther Horn und führt zwischen diesem und dem großen Nordkar des Karhorns auf das Warther Joch, 2193 m; von hier wenige Schritte zum Einstieg, 2200 m.

Klettersteig: Nach einer kurzen Seillänge etwas Gehgelände, bevor es am ersten steilen Felswandl richtig zur Sache geht. Das Seil zieht abwechslungsreich den breiten, zerklüfteten Grat empor, quert kleine kecke Felszacken und Scharten, klettert über gutmütige Wandln. Vor dem Gipfel verflacht der Gratrücken und bald erreicht man in schrofigem Gehgelände den Abstiegsweg und nach wenigen Schritten weiter das Gipfelkreuz.

Abstieg: Der Normalweg führt direkt über den steilen Südgrat hinab, auch hier brüchiges Gestein, einige Stellen I, 2 Stellen kurz gesichert, Trittsicherheit und Schwindelfreiheit erforderlich. Am Wandfuß führt ein schöner Steig weitgehend flach um den gesamten Ostabfall des Karhorns herum bis zurück zum Warther Joch. Der kurze lohnende Abstecher auf das Warther Horn, 2256 m, erweitert den Tiefblick nach Norden, Auf- und Abstieg vom Joch ca. ½ – ¾ Std. Rückweg zur Bergstation wie im Aufstieg.

20 Augsburger Höhenweg über den Dawinkopf, 2968 m

Ernste hochalpine Zweitagestour in gewaltiger Felsszenerie

Ausgangspunkt: Grins, 1006 m, oberster Parkplatz nahe des Schwimmbades; von Landeck-West 3,6 km, von Pians 2 km.
Gehzeiten: Grins – Augsburger Hütte 3½ – 4 Std.; Augsburger Höhenweg in beiden Richtungen je 8 – 10 Std.; Abstieg Ansbacher Hütte – Flirsch oder Schnann je 2½ – 3 Std.; Gesamtgehzeit 14 – 17 Std.!
Anforderungen: KS3-E, II. Sehr ernst zu nehmender hochalpiner Höhenweg, absolute Trittsicherheit, ausreichend Schwindelfreiheit und viel Ausdauer erforderlich, keine Tagestour! Bei Schlechtwetter problematisch. Bei Schneelage nur mit Seil, Pickel und gegebenenfalls Steigeisen. Stellenweise sehr hohe Steinschlaggefahr. Parseierspitze über Südostwand II, über Ostgrat II und III (nur in Seilschaft). Gatschkopf unschwierig. Nicht für Ungeübte!
Höhenunterschiede: Grins – Augsburger Hütte 1274 Hm, Flirsch – Ansbacher Hütte 1219 Hm, Schnann – Ansbacher Hütte 1196 Hm, Augsburger Hütte – Parseierspitze 751 Hm; Länge des Höhenwegs von Hütte zu Hütte etwa 20 km!
Stützpunkte: Augsburger Hütte, 2289 m, bew. Anfang Juli bis Ende September, ✆ mobil A-0664/1431009; Ansbacher Hütte, 2376 m, bew. Anf. Juli bis Ende Sept., ✆ A-0664/1431009, ✆ (Tal) A-05442/66713; Augsburger Biwakschachtel (Roland-Ritter-Biwak), 2604 m, in der Parseierscharte, 4 Notplätze ständig offen, Wasser unmittelbar südwestlich der Wegscharte.
Sehenswert: Pians und Grins besitzen historische Ortsbilder, vor der Kirche von Grins steht das vielleicht großartigste schmiedeeiserne Grabkreuz im Alpenraum.

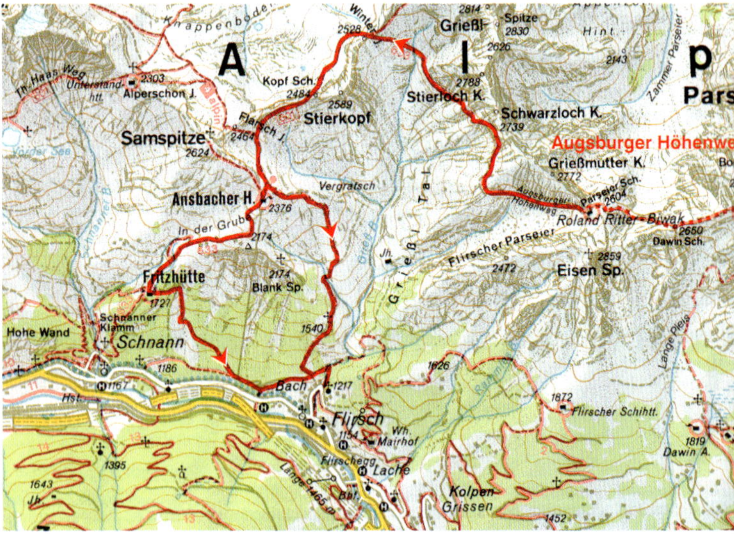

Die hochalpine Verbindung zwischen Augsburger und Ansbacher Hütte, der sogenannte Augsburger Höhenweg, ist die »Traumstraße« der Lechtaler Alpen und einer der großartigsten Höhenwege der Nördlichen Kalkalpen. Der höchste Gipfel, die Parseierspitze, kann als Ausgangs- und Endpunkt der Tour von sehr Klettertüchtigen bestiegen werden. Durch die Länge des Weges, vor allem aber durch Steinschlag- und Vereisungsgefahr, Schneefelder und steile Eisrinnen ist dieser Steig anspruchsvoll – bei Gewitter, Sturm oder Schneefall kann die Sache sehr ernst werden. Die Biwakschachtel ist eine wichtige Hilfe in kniffligen Situationen. Die Überschreitung ist nur mit Nächtigung auf einer der beiden Hütten durchführbar und nur für sehr erfahrene und geübte Bergsteiger zu empfehlen, am besten von Ost nach West!

Aufstieg zur Augsburger Hütte: a) Die Hütte unter dem Gatschkopf ist auf dem steilen, bezeichneten Steig 634 durch das Tal des Gasillbaches zu erreichen.
b) Der östliche Zugangsweg über den Oberen Stafel und den Lärchirücken ist wenig gebräuchlich. Zunächst ist ein relativ ausgedehntes Latschenfeld zu queren. Kurz vor der Hütte wird der Steig dann recht rassig: Zunächst leitet ein Seil an einer Felswand entlang in erdigem Gelände sehr steil hinauf, dann folgen unmittelbar aufeinander zwei lange Leitern.

Höhenweg: Von der Augsburger Hütte den Aufstiegsweg kurz zurück bis ins Kar unter der Gasillschlucht. Mühsam auf Steigspuren empor bis zum Felsfuß und an Seilen und Klammern zunächst geradewegs hinein in die Felsschlucht. Der gesicherte Steig weicht bald nach rechts auf breite, flache und gutmütige Felsbänder aus und erreicht die Scharte unterhalb der Parseierspitze (Gipfelanstieg siehe nachfolgenden Abschnitt).

Über ein Schneefeld hinweg, zunächst feucht und glitschig, aber gesichert zu einem Joch, dann über einen schrofigen Grat hinüber in die Südflanke und mittels Drahtseil luftig empor zum Dawinkopf, 2968 m, dem höchsten Punkt des Grates (dritthöchster Gipfel der Nördlichen Kalkalpen!). Von hier über den Nordgrat (oft vereist!) spärlich gesichert hinab und über eine riesige Schneewechte hinweg an Drahtseilen in die Südflanke des Oberen Schwarzen Kopfes. Eine schöne, aussichtsreiche und unschwierige

Felsquerung führt auf einen flachen, breiten Gratrücken, der zur Dawinscharte, 2650 m, absinkt. (Hier einziger empfehlenswerter Notabstieg nach Süden zur Dawinalp oberhalb Strengen/Grins; Steigspuren.) Man steht nun vor den Felsbastionen des Eisen- und Feuerkopfes, deren Steilwände immer bedrohlichere Formen annehmen. Die bevorstehende Querung der Nordabstürze ist durch Steinschlag, brüchiges Gestein, steile Eisrinnen und Schneefelder die gefährlichste Passage des ganzen Weges. Zunächst auf schmalem, glitschigem Band, teilweise drahtseilgesichert, leicht bergab bis zu einer Felsquelle, das Marterl hier erinnert drastisch an die extreme Steinschlaggefahr. Der Steig weicht nun in die Gegenflanke eines nordwärts ausgreifenden Felsspornes aus und führt über das Gelbe Schartl steil und steinschlaggefährdet, jedoch gesichert zu einer steilen Eisrinne hinab. (Für die Querung ist Pickel oder Seilsicherung anzuraten.) Weiter bergab auf ein harmloseres Schneefeld, dann quer über ein Kar und einen schrofigen Hang steil, doch gefahrlos in Serpentinen empor. Quer über ein weiteres blockgefülltes Steilkar; unschwieriges, jedoch bröseliges und feuchtes Gelände.
Auf der Parseierscharte, 2604 m, trifft man überraschend auf die Roland-Ritter-Biwakschachtel, 1976 per Hubschrauber »eingeflogen«! (Der von hier südwärts führende Notabstieg ist im unteren Teil, durch wildes Tobelgelände hindurch, sehr schwierig zu finden, daher dringend abzuraten.) Die zweite Hälfte des Weges ist vergleichsweise ein Spaziergang. Vom Biwak ins Kar südwärts hinab und bald nach rechts in die Grasflanke. Nun langsam steigend in großem Bogen empor in die blockdurchsetzte Südwestflanke. Das wilde felsige Tobelgelände, von Großmutte-, Schwarzloch- und Stierlochkopf abstürzend, wird auf einem fast ebenen Felsband problemlos gequert, einige Tobel spenden reichlich Wasser. Eine schuttgefüllte Rinne führt schließlich auf ein Schneefeld hinunter. Weiter über einen schottrigen Sporn tief hinab und wieder hinauf zu einer kleinen Scharte, dann wieder eine schottrige Steilrinne hinab. Eine sanfte Wegstrecke führt hinab ins Murmeltierparadies des obersten Grießtales. Der eigentliche Klettersteig klingt hier beschaulich aus: Am Winterjöchl, 2528 m, erreicht man den Weitwanderweg 601 (Wegabzweigung zur Memminger Hütte), der in gemütlicher Wegführung über die Kopfscharte, 2484, in leichtem Auf und Ab zur Ansbacher Hütte führt.
Aufstieg zur Parseierspitze: Unverwüstliche werden – am Ende oder am Anfang des Weges – die Parseierspitze, 3036 m, »mitnehmen« wollen.
a) Die reichlich mit Schutt erfüllte Schrofenflanke der Südostwand steigt 200 Meter hoch aus dem Grinser Ferner auf. Im Ostteil folgt man einer verblassten Markierung über Felsstufen und Trümmerwerk etwa in Falllinie des Gipfels, wobei man in der Wandmitte etwas nach links ausweicht, und erreicht nach etwa 1 Std. den Gipfel (Steinschlaggefahr, II, Seilschaft anzuraten).

Am Augsburger Höhenweg: Querung des Grinner Ferners unter der Parseier Spitze.

b) Nicht steinschlaggefährdet, jedoch wesentlich schwieriger ist der Ostgrat, den man unmittelbar aus der verfirnten Patrolscharte, 2846 m, angeht; dem ersten, leicht überhängenden Turm weicht man rechts aus und nimmt im Mittelstück den III. Grad in Kauf (nur in Seilschaft!).

Variante über Gatschkopf: Anstelle des anspruchsvollen Klettersteiges durch die Gasillschlucht können Gipfelsammler auch den leichteren Umweg über den Gatschkopf, 2945 m, wählen. Der Hüttenberg der Augsburger Hütte ist von der einen Seite ein riesiger Schuttmugel, von Norden jedoch mit gefährlichen Abstürzen gesegnet.

Er ist auf bezeichnetem Steig in 1½ Std. von der Hütte zu erreichen, von der Patrolscharte in wenigen Minuten.

Abstieg: Über die Fritzhütte, 1727 m (im Sommer bew.), oder östlich davon durchs Griestal hinunter nach Flirsch, 1154 m; beide Wege sind bezeichnet und führen zunächst über weite Wiesenhänge und dann durch Hochwald steil hinab.

21 Imster Klettersteig auf den Maldonkopf, 2630 m

Meisterwerk des Klettersteigbaus in rassiger Route

Ausgangspunkt: Imst, 828 m, Bahnhof.
a) Vom Ortskern gut beschildert nach Hochimst, 1050 m, Talstation der Imster Bergbahnen, großer Parkplatz.
b) Von Imst in Richtung Hahntennjoch, nach ca. 2 km in einer scharfen Rechtskehre Straßenabzweig einer 5 km langen Schotterstraße bis zum kleinen Parkplatz vor der Obermarkter Alm, ca. 1550 m. Diese Forststraße darf bis auf Widerruf vor 8 Uhr und nach 17 Uhr befahren werden. (Auskunft einholen!)
Gehzeiten: Bergstation Alpjoch – Muttekopfhütte ½ – ¾ Std. Abstieg, Parkplatz Obermarkter Alm – Muttekopfhütte 1½ Std., Muttekopfhütte – Einstieg ½ Std., Einstieg – Maldonkopf 2 Std., Abstieg zur Hütte 1½ Std.; Gesamtgehzeit: bei Liftbenützung 5½ Std., ab Obermarkter Alm 6½ Std.
Anforderungen: KS5/6-C. Betont sportlich-verwegene Führe, nichts für Anfänger. Viel Armkraft und Schwindelfreiheit unerlässlich. Im Abstieg Steinschlaggefahr.
Höhenunterschiede: Alpjoch – Muttekopfhütte 115 Hm Abstieg, Parkplatz Obermarkter Alm – Muttekopfhütte 385 Hm, Muttekopfhütte – Maldonkopf mit kurzem Zwischenabstieg ca. 720 Hm; Höhe des Klettersteigs 430 Hm, im Abstieg 100 Hm.
Aufstiegshilfen: Sessellift von Hochimst über Mittelstation Untermarkter Alm bis Bergstation Alpjoch, 1050 m – 2050 m; 1. Fahrt um 9 Uhr, Auskünfte über Betriebszeiten: ✆ A-05412/663220 oder 633240.
Stützpunkte: Muttekopfhütte, 1934 m, bew. Mitte Juni bis Anfang Oktober, ✆ mobil A-0664/1236928; ggf. auch Imbiss an der Latschenhütte, 1623 m, ✆ mobil A-0663/859424 oder an der Mittelstation, 1491 m.
Hinweis: Bei Nächtigung auf der Muttekopfhütte ideal zu verbinden mit dem gesicherten Steig auf die → Vordere Platteinspitze.

Der 1989 fertig gestellte Imster Klettersteig und der ein Jahr jüngere Arlberger Klettersteig sind derzeit wohl das beste, was hinsichtlich Rasse und Klasse dem Klettersteigfreund nördlich des Inns geboten wird. Die Routenführung über die Südwestkante bis zum Maldonkopf ist ein Meisterwerk: Ein kräftiges Seil zieht fast durchwegs über Rippen, Kanten und Grate und vermeidet Rinnen und Schluchten. Der feste, raue Kalk ist weitestgehend naturbelassen, Verankerungen und Seile sind bombenfest. Die technischen Schwierigkeiten nehmen im Laufe des Aufstiegs zu; die Schlüsselstelle liegt schon nahe dem Gipfel und wurde erst nachträglich durch einige Trittbügel erleichtert. Die Route ist streckenweise atemberaubend und bleibt bis zum letzten Meter spannend; ein betont sportliches, ausgiebiges Klettersteigvergnügen mit relativ kurzen Zustiegen. Für trainierte Könner eine herrliche Tagestour mit mehreren alpinen »Anschlussmöglichkeiten«.
Zustieg zur Muttekopfhütte: a) Von der Bergstation führt quer durch die steil abbrechende Nordwand des Alpjochs der gesicherte Drischlsteig (»Rudolf-Schock-Weg«) zur Muttekopfhütte hinab; bei Nässe rutschig.
b) Vom Parkplatz Obermarkter Alm steigt man, vorbei an der Latschenhütte,

Die Schlüsselstelle des Imster Klettersteiges, seit einem tödlichen Unfall mit Tritthilfen ausgestattet.

auf schönem, gutem Weg zu der schon von weitem sichtbaren Hütte an.
Aufstieg: Von der Muttekopfhütte nordwärts auf steilem Pfad zum grasigen Guggersattele, ca. 2100 m; von hier überblickt man fast die gesamte Route – so man sie kennt. Zunächst ein kurzes Stück in Richtung Scharnitzsattel, bald jedoch rechts ab, über eine meist trockene Bachrinne und auf bezeich-

neten Pfadspuren steil hinauf zum Einstieg, ca. 2210 m. Das Stahlseil führt zunächst über eine kantenartig ausgeprägte Rippe des Südgrates empor, die immer steiler wird; die steile Querung eines kleinen glatten Pfeilers über gähnender Tiefe fordert einiges an seelischer Belastbarkeit, ebenso einige fast senkrechte und fast trittlose Wandstellen. In halber Höhe verflacht zunächst die untere Gratrippe, doch die folgende erfordert abermals eine verwegene, luftige Routenführung. Am eigentlichen Südgrat abwechslungsreiches Felsterrain und kurzer, mit Ketten gesicherter Abstieg in eine Scharte in etwa 2500 m Höhe; hier bezeichneter Abstieg ins Engelkarle. Nun geht's ein letztes Mal scharf zur Sache: Über eine glatte Steilwand zieht ein Seil schräg hinüber zur Schlüsselstelle – eine fast 15 m hohe Vertikale, ungesichert VI – auch nach Einbau von Trittbügeln neben dem Seil ein beachtlicher Kraftakt. Anregend bis zum letzten Felszacken geht's weiter zum luftigen Gipfel.
Abstieg: Seit 2006 löst eine sicherere Route den stark steinschlaggefährdeten alten Weg über den Ostgrat ab (diesen bitte nicht mehr benützen!). Nach einem Rückweg von etwa 100 Metern die Felsaufschrift »Neu Abstieg« beachten und über steile Platten mit Tritthilfen ins Engelskarle, hinab zu einer letzten engen Felsrinne mit Überhang, an dem man sich an einem letzten Seil buchstäblich herablässt – mit Steinschlaggefahr im Nacken: den Abstieg vom Grat daher mit den Nachfolgenden absprechen!
Nun leitet ein schmaler Pfad steil durch Gras und Latschen um den Südfuß des Maldonkopfes herum zum Wegabzweig unter dem Guggersattele. Der übrige Abstieg hängt vom Anstiegs-»Verfahren« ab.

22 Gesicherter Steig auf die Vordere Platteinspitze, 2562 m

Gutmütiger kurzer Klettersteig auf lohnenden Aussichtsberg, überraschendes geologisches Szenarium

Ausgangspunkt: Siehe Tour 17.
Gehzeiten: Untermarkter Alm – Vordere Platteinspitze 3 Std. (Abstieg 2½ Std.); von der Muttekopfhütte verkürzt sich der Aufstieg um ½ Std.
Anforderungen: KS1/2-B. Der kurze, gesicherte Anstieg auf den Gipfel ist problemlos und nicht exponiert, auch für Anfänger.
Höhenunterschied: Untermarkter Alm – Vordere Platteinspitze 1070 Hm; Höhe des Klettersteiges ca. 150 Hm.
Aufstiegshilfen: Sessellift bis zur Mittelstation Untermarkter Alm, 1050 m – 1491 m (bis Bergstation Vorderes Alpjoch, 2050 m, bei Auffahrt zur Muttekopfhütte, im Übrigen siehe → Imster Klettersteig).
Stützpunkt: Siehe → Imster Klettersteig.
Hinweis: Bei Nächtigung auf der Muttekopfhütte ideal zu verbinden mit dem → Imster Klettersteig.

Der → Imster Klettersteig ist für geübte Ferratisten mittlerweile zu einem Mekka der Stahlseilwege geworden; er ist auch für Könner technisch ein scharfer »Prüfstein« in des Wortes wahrstem Sinne; bei unsicherem Wetter dringendst abzuraten. Ein gutes, ruhiges Ausweichziel für schwächere Partner oder unsicheres Wetter und ein Zusatzziel für ein Wochenende auf der gemütlichen Muttekopfhütte ist die Vordere Platteinspitze. Der kurze, problemlose Klettersteig in der Südostflanke wird über einen geologisch sehr interessanten Zustieg erreicht: An der ersten Scharte im Grat überrascht ein Wald wilder Türme und Zacken aus braunrotem, brüchigem Konglomeratgestein, wie ein morbides Fragment vom hellen Kalkfels abgesplittert.
Aufstieg: a) Von der Mittelstation Untermarkter Alm auf breitem Fahrweg in 20 Minuten zur Latschenhütte, 1623 m. Nahe der Latschenhütte zweigt vom Hüttenweg ein bezeichneter Weg nach rechts ab und führt mäßig steil durch den Wald zu den weiten, offenen Platteinwiesen oberhalb der Almwiese; bei einem großen Kreuz eindrucksvoller Tiefblick auf Imst und das Inntal. Ein steiler Anstieg über grasiges Gelände führt zu einem Felsentor, hinter dem sich die seltsame Szenerie der dunklen Konglomerat-Türme aufbaut. Hinter der Scharte im breiten Gratrücken beginnt ein luftiger Pfad durch die Südostflanke. Kurz vor dem scharfen Ostgrat beginnen die Seilsicherungen, die über mäßig steilen Fels und flache Rinnen auf den Vorgipfel – mit Gipfelkreuz – leiten; zum Hauptgipfel wenige Meter Kletterfels.
Abstieg für Sesselliftfahrer: a) Wie Aufstieg.
b) Bei den Platteinwiesen zweigt ein Weg zur Muttekopfhütte ab. Dieser Platteinsteig führt fast eben durch den Latschengürtel hinüber zur zentral gelegenen Muttekopfhütte. Von hier kann man nach gemütlicher Brotzeit auf dem Drischlsteig mäßig ansteigend zur Bergstation Vorderes Alpjoch, 2050 m, hinübersteigen und per Sessellift zu Tal fahren.

Harmlose Felsrinne am Felsfuß der Vorderen Platteinspitze.

23 Tiroler Weg auf die Plamorder Spitze, 2982 m

Der schönste Urgesteins-Klettersteig Tirols

Ausgangspunkt: Nauders, 1394 m, von hier 2 km südwärts zur Talstation der Bergkastelbahn, 1405 m, großer Parkplatz.
Gehzeiten: Bergstation Bergkastelbahn – Einstieg 1½ Std., Einstieg – Gipfel 2 – 2½ Std.; gesamter Abstieg etwa 3 Std.; Gesamtgehzeit: bei Bahnbenützung 6 – 7 Std. (Aufstieg von Nauders zu Fuß 3 – 3½ Std.!)
Anforderungen: KS4/5-D. Sehr rassige und luftige Passagen an teilweise steilem und trittarmem Granit. Nicht für Anfänger! Das Urgestein dieser Region wird schon bei geringster Nässe gefährlich schlüpfrig und »seifig«. Die Aufstiegsrippe auf die Plamorder Spitze liegt extrem nordseitig, trocknet nach Regen nur langsam und neigt zudem zu Vereisung; diese Umstände sind unbedingt zu bedenken. Bei Vereisung wird dringend abgeraten.
Höhenunterschiede: Bergstation Bergkastelbahn – Plamorder Spitze 809 Hm; Höhe des Klettersteigs: Aufstieg 372 Hm, Abstieg ca. 150 Hm.
Aufstiegshilfen: Bergkastelbahn, Seilschwebebahn mit 4-Personen-Gondel, 1405 m – 2173 m (erste Fahrt 9.00 Uhr).
Stützpunkte: Keine! An der Bergstation Restaurant, bew. während des Bahnbetriebs, keine Übernachtung, ✆ A-05473/87327.
Sehenswert: Nauders; Schloss, romanische Kapelle, schönes Ortsbild.
Hinweis: Gut zu verbinden mit dem → Goldsteig auf Bergkastelspitze.

Nauders, ein beschauliches, stilles Wanderparadies im alpinen Dreiländereck Österreich – Italien – Schweiz, ist auch ein Ziel für Klettersteig-Fans. 1985 wurde hier ein rassiger Klettersteig eröffnet, der ideale Voraussetzungen erfüllt. Der Zugang ist durch eine Kabinenbahn erheblich verkürzt, der verbleibende Weg zum Einstieg führt in der zweiten Hälfte durch ein völlig unberührtes Labyrinth von Felsblöcken, das den ganzen Zauber des Urgesteins verströmt; die absolute Stille im urweltlichen »Goaßloch« wird nur durch das Gurgeln unterirdischer Rinnsale und den gelegentlichen Warnpfiff der Murmeltiere belebt. Schon das erste Seil des Klettersteiges zeigt, dass hier Meister am Werk waren, die ganze Arbeit geleistet haben – hier gibt es keine mühseligen Passagen durch Schutt und keinerlei »eisensparende« Strecken durch steinschlaggefährdete Rinnen, hier geht's vom Kar bis zum Gipfel auf bombenfestem Granit über Rippen und Grate! Schneidig und luftig und spannend bis zum letzten Meter! Am Gipfelgrat steht man auf der österreichisch-italienischen Grenze und genießt einen Rundblick von dramatischen Dimensionen – bis hinab zum Reschensee, wo die Surfer, fast 1500 m tiefer, an schönen Tagen ihre lautlosen Schleifen durch das tiefblaue Wasser ziehen. Auch der Abstieg ist anfänglich mit kühnen Effekten gewürzt.

Aufstieg: Von der Bergstation folgt man zunächst der Schlepplifttrasse südwärts bis zu deren Bergstation in 2460 m Höhe, hier weitere deutliche Weghinweise und ein kurzes Wegstück über flache Wiesen. Dem eintönigen Pistenaufstieg über den rundlichen Bergkastelboden folgt nun ein

Das Paradestück des Tiroler Weges: Abstecher auf eine Felsnadel.

landschaftlich großartiger Gang durch das Blockwerk des Nauderer Goaßlochs (italienisches Staatsgebiet); die Markierung führt weglos durch die riesige Blockhalde auf jene Felsrippe zu, die vom Gipfel der Plamorder Spitze am tiefsten in das Kar der Nordflanke herabreicht. Am letzten steilen Wegstück zum Wandfuß folgt man deutlichen Pfadspuren bis zum Einstieg,

2610 m. Schon das erste Seil zieht eine sehr direkte Linie durch den steilen, aber festen Granit des langen Felssporns – ohne Sicherungen eine Kletterroute des oberen III. Grades und eine gute Eignungsprüfung für den weiteren Aufstieg. Es folgen zwar leichtere Passagen, in halber Höhe aber wiederum sehr scharfe Grate und fast senkrechte, trittarme Wandstellen. Die gesamte Route ist durchgehend mit einem hervorragend befestigten Stahlseil gesichert, Leitern gibt es nirgends, und nur an drei sehr schwierigen Stellen findet sich ein bescheidener Stahlstift als Tritthilfe. Etwa in halber Wandhöhe ist ein äußerst luftiger »Abstecher« auf eine kühne Felsnadel möglich (etwa 10 m Höhe, schwierigstes »Paradestück«!). Das Seil erreicht den Grat etwas östlich des Gipfels und zieht nun unschwierig zum großen Gipfelkreuz.

Abstieg: Die Sicherungen führen zunächst westwärts über steile Felsstufen den Grat hinab. Das Seil zieht nun über eine völlig glatte, senkrechte Plattenfolge in der Nordseite hinab, nur ein schmaler Riss bietet hier eine Tritthilfe für den linken Schuh! Vom Fuße dieser atemberaubenden Wandstelle zieht ein Band wieder westwärts auf breiteres, flaches Gratgelände in der Südflanke bis zu einer Einsattelung. Hier kurz empor, einen Blockgrat entlang und hinab in die Nordflanke. Eine steile Pfadspur, zum Teil gesichert, führt in Serpentinen etwas ostwärts zu einer langen Geröllrinne, in der man auf Wegspuren in losem, zum Teil erdigem Geröll und Schutt problemlos bis zum Fuß des Kars absteigt oder »abfährt«. Der weitere Rückweg folgt der Aufstiegsmarkierung durch das Nauderer Goaßloch.

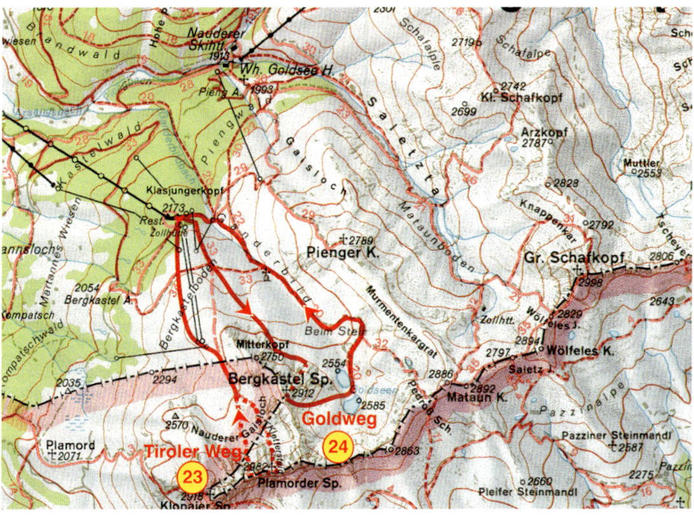

24 Goldweg auf die Bergkastelspitze, 2912 m

Urgesteins-Klettersteig mit extremer Schlüsselstelle

Ausgangspunkt: Nauders, 1394 m, von hier 2 km südwärts zur Talstation der Bergkastelbahn, 1405 m, großer Parkplatz.
Gehzeiten: Bergstation Bergkastelbahn – Einstieg 1½ Std., Einstieg – Gipfel 2 Std., gesamter Abstieg 2½ – 3 Std.; Gesamtgehzeit: 6 – 7 Std. (Aufstieg von Nauders zu Fuß 3 – 3½ Std.!)
Anforderungen: KS5-D. Im Wesentlichen wie beim benachbarten → »Tiroler Weg« auf die Plamorder Spitze, Schlüsselstelle jedoch noch viel schwieriger! Manche Haken sind ausgerissen; z.T. brüchiges Gestein!

Höhenunterschiede: Bergstation Bergkastelbahn – Bergkastelspitze 739 Hm; Höhe des Klettersteigs ca. 300 Hm.
Aufstiegshilfen: Bergkastelbahn, Seilschwebebahn mit 4-Personen-Gondel, 1365 m – 2173 m (erste Fahrt 9.00 Uhr).
Stützpunkte: Keine! An Bergstation Restaurant, bew. während des Bahnbetriebs, keine Übernachtung, ✆ A-05473/87327.
Sehenswert: Nauders; Schloss, romanische Kapelle, schönes Ortsbild.
Hinweis: Gut zu verbinden mit → Tiroler Weg auf die Plamorder Spitze.

Die Bergkastelspitze erhielt 1990 über eine wildzerklüftete Felsrippe der abweisenden Nordseite einen ähnlichen Klettersteig wie die benachbarte Plamorder Spitze 1985. Vom Einstieg geht's noch relativ unschwierig an gut verankertem Stahlseil über die etwas brüchige, von Gras und Erde durchsetzte Gratrippe empor. Erst in der Mitte bäumt sich die Rippe zu einem bedrohlichen Turm auf. Die schauerliche Schlüsselstelle – ungesichert sicher ein »alpiner VIer« – ist mit einigen Trittstiften besteigbar gemacht. Gewandtheit ist hier wichtiger als rohe Kraft, aber absolute Immunität gegen den gähnenden Tiefblick ist allemal nötig! Die senkrechte, zu einem kleinen Teil sogar leicht überhängende, aber kompakte Wandstelle erfordert jedoch auch Besonnenheit, hier will jeder Griff und Tritt überlegt sein. Nach einem etwas beruhigenderen Felsgang über den nur mäßig steilen oberen Teil der Rippe folgt nochmals eine kurze Kraftprobe über senkrechten Fels.
Aufstieg: Von der Bergstation folgt man zunächst dem gut bezeichneten, beliebten Wanderweg zu den Goldseen, bis ein Wegabzweig nach rechts zum Klettersteig weist. Der Einstieg liegt am Fuße der dritten ausgeprägten Felsrippe der abweisenden Nordseite und wird über eine markierte Pfadspur schräg empor durch das steile Kar erreicht. Man folgt dem Stahlseil bis zu dem berüchtigten Turm – hier späht so mancher vergeblich nach einer »Umgehung« – das Stahlseil leitet nach einem weiten Spreizschritt über eine tiefe Felskluft geradewegs in die Vertikale! Ist dieser Kraftakt mit Mut und Besonnenheit gemeistert, kann man dem Kommenden beruhigt entgegensehen und schafft gewiss auch die letzte Vertikale am Grat.
Mittlerweile ist man längst in Sichtweite des Gipfelkreuzes und erreicht bald unschwierig den Hauptgrat, der von Westen her mit vielen Zacken und Türmchen zum Gipfel emporzieht. Nun in kurzer, einfacher Blockkletterei, stets ausreichend gesichert, zum Gipfel.

Abstieg: Der alte Normalweg ist auf den ersten 30 Abstiegsmetern – einer erdigen, bei Nässe schmierigen Querung – gesichert. Der weitere, steile Abstiegsweg über Schrofen und Steilwiesen ist gut markiert und führt direkt an das Ufer des unteren Goldsees – ein unbeschreiblich schöner Rastplatz. Der weitere Rückweg zur Bergstation folgt problemlos dem Talverlauf.

»Flaches« Wegstück oberhalb der Schlüsselstelle.

25 Klettersteig Panoramablick auf die Hintere Karlesspitze, 3160 m

Leichte Beute für 3000er-Sammler

Ausgangspunkt: Parkplatz am Ende der Kaunertaler Panoramastraße, 2750 m; von Feichten, 1298 m, 27 km Mautstraße (20,- Euro/PKW im Jahr 2007, Postbusverkehr).
Gehzeiten: Zustieg und Rückweg je ½ Std., Kletterzeit 1½ – 2 Std.; Gesamtgehzeit bei Liftbenützung 2½ – 3½ Std.; Zustieg vom Parkplatz zu Fuß 1¼ Std.
Anforderungen: KS3-B; hochalpin, aber kurz, Seilbahnnähe. Brüchiges Gestein, unsolide Verankerung der Stahlseile.
Höhenunterschiede: Bergstation Wiesejaggl-Lift – Hintere Karlesspitze 150 Hm, mehrere kurze Gegenanstiege. Vom Parkplatz zur Bergstation Wiesejaggl-Lift 260 Hm.
Aufstiegshilfen: Doppelsessellift »Wiesejaggl«, 2750 m – 3010 m.

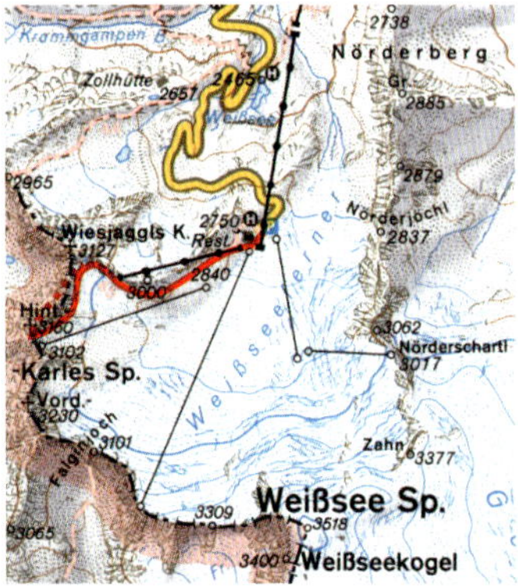

Das Panorama hält, was der Name verspricht – ein Kranz von 3000ern und ewigem Eis umgibt den zackigen Grat, bei dem schon der Einstieg über 3000 m hoch liegt. So malerisch die dunkle Silhouette mit ihren Türmchen und Scharten ist, so trügerisch ist das vom Zahn der Zeit zerfressene Urgestein: brüchig und bröselig. Trotz dieser Tücken hat man eine technisch nur mäßig schwierige Route über den Grat hinweg mit Stahlseilen ausgestattet, leider mit unsoliden Verankerungen, die teilweise schon ausgebrochen sind. Fazit: Landschaftlich traumhafte Führe im Rahmen eines sommerlich brachen Skiparadieses, leicht und schnell erreichbar – eine gefährliche Verlockung für alle, die dem Gestein und den »Sicherungen« blind vertrauen!
Zustieg: Mit dem Doppelsessellift oder in gut 1 Std. zu Fuß zur Bergstation, 3010 m; von hier auf bequemem Weg zum Einstieg in ca. 3050 m Höhe vor dem ersten rundlichen Rücken.
Klettersteig: Das Stahlseil zieht eine interessante Route quer über mehrere Gratzacken und Scharten, ein spannendes Auf und Ab und Drunter und Drüber; allerdings mit großer Vorsicht zu genießen: Immer wieder brechen Griffe aus, wackeln labile Platten, schlenkert das schlaffe Stahlseil. Am südlichsten Turm steht ein großes Gipfelkreuz, der kurze Abstieg zum »Dreiländerblick« ist problemlos. Je nach Kletterfertigkeit 1½ – 2 Std. Kletterzeit.
Abstieg: Zum Dreiländerblick führt von der Bergstation eine bequeme Wegtrasse am Rand des Schuttkares östlich unter dem Grat; hier geht's in ½ Std. wieder zurück, streckenweise meist noch im Schnee.

26 Jubiläumsklettersteig »Lehner Wasserfall«

Sportliche Felsattraktion neben Bauernhofmuseum und Wasserfall

Variante Überhang – nur für Athleten.

Ausgangspunkt: Längenfeld, 1177 m, im Ötztal; von hier nach Lehn, 1159 m; Parkplatz südlich des Bauernhofmuseums.
Gehzeiten: Vom Einstieg über den Klettersteig und zurück 1½ – 2 Std.
Anforderungen: KS3/4-0. Rassiger, mäßig schwieriger, kurzer Urgesteins-Klettersteig nahe der Talsohle, tadellos gesichert. Ungeübte ans Seil, ggf. mit Bergführer. Variante Überhang extrem schwierig, gefährlich (3,5 m Höhe). Komplette Klettersteigausrüstung, sonst kein Gepäck.
Höhenunterschied: Einstieg – Ausstieg 370 Hm, davon 180 Hm Klettersteig.
Sehenswert: Bauernhofmuseum von Lehn.
Hinweis: Gut mit dem → Reinhard-Schiestl-Klettersteig zu verbinden (Tour 27).

Das einst weltentlegene Dörfchen Lehn bei Längenfeld ist volks- und heimatkundlich Interessierten durch das »Ötztaler Bauernhofmuseum« seit Jahren ein Begriff. Kompakte Granitfelsen neben dem nahen Wasserfall inspirierten 1991 zum Bau einer Ferrata mit rauschender Geräuschkulisse. Zusammen mit dem 1998 eröffneten Reinhard-Schiestl-Klettersteig in der nahen Burgsteiner Wand ein ideales, talnahes Übungs- und Trainingsziel.
Aufstieg: Zunächst die 14 Kreuzwegstationen bis zur Lourdeskapelle empor. Wenig später verzweigt sich der Weg: Links geht es zu einem »Wasserfall-Aussichtsplatz«, rechts über eine aufwändig konstruierte Hängebrücke über den rauschenden Wildbach hinweg durch den dichten hochstämmigen Wald zum Einstieg. Nach sehr rassiger Overtüre überraschend steil und luftig über die unterste Wandstufe in etwas flacheren Fels. Unter einem gewaltigen Felsüberhang quert die Führe bald schräg empor über glatten Steilfels in Richtung Wasserfall. Eine völlig unerwartete Überraschung bietet kurz unter dem Ausstieg eine extreme Variante, die man üblicherweise links umgeht. Die Variante ist wohl das Kühnste, was bisher klettersteigtechnisch »angelegt« wurde: Über einen ca. 3,5 Meter hohen Überhang führen einige Steigbügel und ein Seil – nur für Bizeps-Fetischisten!
Abstieg: Über steilen Waldweg in ½ Std. zurück zur Ortschaft Lehn.

27 Klettersteig Reinhard Schiestl über die Burgsteiner Wand, 1425 m

200 Höhenmeter Direttissima ab Talsohle, extrem exponiert, kraftraubend

Ausgangspunkt: Längenfeld, 1177 m, im Ötztal; vom südl. Ortsende (Schild) 0,8 km bis Wegabzweig nach Astlehn, kleiner Parkplatz mit Hinweistafel.
Gehzeiten: Zustieg 3 Min., 1½ Stunden Kletterzeit, Abstieg Nord 1 Std., Abstieg Süd (Fahrstraße) 1½ Std. (3,2 km); insgesamt 2½ – 3 Std.
Anforderungen: KS5-0. Rassige, sehr verwegene Urgesteins-Führe, ausreichend gesichert, trotzdem stellenweise große Kraftakte, fast durchwegs äußerst luftig. Komplette Klettersteigausrüstung unentbehrlich; kein Gepäck mitschleppen. Auf trockenen Fels und einwandfreies Wetter achten!
Höhenunterschied: ca. 240 Hm.
Hinweis: Am Vormittag → »Lehner Wasserfall«, am Nachmittag »Reinhard Schiestl« – dann hat man immer Sonne. Nahe dem Nordabstieg neues, großes Thermalbad.

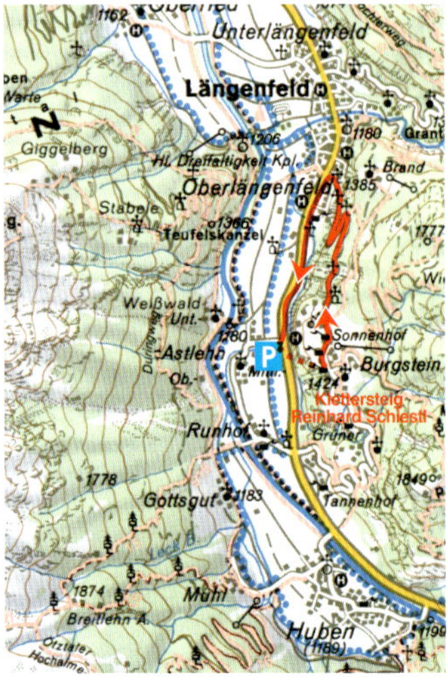

Die sensationell kühne Führe in der fast senkrechten, über 200 m hohen Granitwand ist eine echte Kraft- und Mutprobe; viele »Interessenten« kehren schon beim Anblick des Einstiegs um. Ein durchgehendes 300 m langes Stahlseil, Klammern und sparsam gesetzte Tritthilfen führen den Routinier genussreich empor, wenig Geübte sollten vorher am → Lehner Wasserfall üben, der wesentlich geringere Anforderungen stellt.
Aufstieg: Der »Zustieg« ist unübertroffen kurz: Vom Parkplatz über die Straße, über ein Brücklein und in 3 Min. längs des Baches zum Einstieg. Hier geht's abrupt zur Sache – der Granitfelsen ragt wirklich senkrecht aus dem Rasen empor und in der Einstiegswand folgt bald sogar ein kleiner Überhang. Erst in der Wandmitte gibts einen kurzen Quergang, insgesamt gibt es nur drei »Rastplätze« zum Atemholen und Kräfte sammeln und beim Wandbuch ist noch keineswegs Schluss. Vor dem Finale noch eine letzte Steilstufe, dann steht man – wiederum abrupt – auf einer saftigen Wiese und kann in wenigen Minuten an einem der Gasthöfe von Burgstein von seiner Heldentat schwadronieren.
Abstieg: Über bequemen beschilderten Weg nordwärts nach Längenfeld,

von dort wieder Richtung Süd längs der Straße nach Astlehn. Zum Gasthof Burgstein kann man von Süden her auch mit dem Auto emporfahren – für Eilige mit 2 Autos eine Möglichkeit, Zeit zu sparen. Als Abstieg langweilig.

Einer der drei »Rastplätze« in der schaurigen Burgsteiner Wand.

28 Gelbe Wand – Gesicherter Steig auf Tegelberg, 1707 m, und Branderschrofen, 1880 m

Herrliche Ausblicke, gemütliche Klettersteigstrecken

Ausgangspunkt: Von Füssen, 808 m, Bahnhof, oder Schwangau, 796 m, zur Talstation der Tegelbergbahn, 821 m, großer Parkplatz.
Gehzeiten: Talstation Tegelbergbahn – Tegelberghaus 2¼ Std., Tegelberghaus – Branderschrofen ½ Std., Abstieg Tegelberghaus – Marienbrücke – Ausgangspunkt 3 Std.; Gesamtgehzeit: mit Branderschrofen 6½ – 7 Std.
Anforderungen: KS2-A. Bequeme Tagestour mit leichten Klettersteigpassagen.
Höhenunterschiede: Talstation Tegelbergbahn – Tegelberg 886 Hm, Tegelberg – Branderschrofen 187 Hm. Höhe der Klettersteigstrecke ca. 200 Hm.
Aufstiegshilfen: Tegelbergbahn, Seilschwebebahn, 821 m – 1707 m.
Stützpunkte: Tegelberghaus, 1707 m, privat, fast ganzjährig bew., ✆ D-08362/8980; Restaurant an der Bergstation der Tegelbergbahn während des Bahnbetriebs bew., ✆ D-08362/930431.
Sehenswert: Schloss Neuschwanstein und Schloss Hohenschwangau, Pöllatschlucht.

Die gemütliche Tagestour bietet ungeahnte Gegensätze. Einem stillen Aufstieg durch eine streckenweise überraschend wilde, felsige Szenerie folgt ein Gipfelerlebnis, das vorwiegend von den spannenden Startmanövern der Drachenflieger bestimmt ist. Der Abstieg ist hingegen ein Kunsterlebnis, wie es Bergwanderern selten geboten wird. Schon beim Aufstieg zwingen die großartigen Ausblicke auf die zahlreichen Seen zu wiederholten genussvollen Betrachtungspausen. Nur von wenigen Punkten der Alpen dürften sich jedoch solche Tiefblicke auf ein Märchenschloss bieten wie vom steilen Westsporn des Tegelbergs oberhalb der Pöllatschlucht.

Aufstieg: Östlich des großen Parkplatzes führt ein zunächst asphaltierter, alsbald geschotterter Fahrweg 10 Minuten südwärts empor, bis eine Hinweistafel »Gelbe Wand« vom Normalweg nach rechts in Richtung Piste weist. Nach ½ Std. führt ein Wegabzweig abermals nach rechts in den Wald, quert Wildbäche und zieht aus dem steilen Hochwald in die breite felsige Schlucht zwischen dem Gelbe-Wand-Schrofen und dem Torkopf. Über die schrofige, mäßig steile Felswand links der Schlucht nach links in einen flacheren Schluchtabschnitt, aus dem der Steig, zuletzt über die Skitrasse, zum Tegelberghaus führt. Von hier ½ Std. zum Gipfel des Branderschrofen, 1880 m, der eine umfassende Aussicht bietet; der luftige Westgrat ist gesichert.

Das obere Wegstück – herrlicher Tiefblick auf Forggensee und Bannwaldsee.

Abstieg: Vom Tegelberghaus wenige Minuten westwärts die Pistentrasse hinab, in der ersten Kehre jedoch ab von der Piste und auf schmalem Pfad zu einem trigonometrischen Punkt am Grat. Wenige Meter darunter Hinweistafel auf den Weg zur Marienbrücke. Hier nordwärts hinab auf den ebenen Weg, der sich vom tieferen Wegabzweig an der Piste quer durch den Nordhang zum Westsporn hinzieht. Nun zunächst eben westwärts durch den Hochwald, über ein kurzes Steilstück hinab und weiter fast eben quer durch die bewaldete Nordseite, bis auf die Südseite des Sporns. Auf den schmalen, steilen Westrücken des Sporns, über den man in steilen Kehren – stets die Schlösser Ludwigs II. vor Augen – absteigt. Man überschreitet die historische Marienbrücke hoch über den reißenden Wassern der Pöllat und blickt in die gähnenden Tiefen hinab. Der Rückweg führt zunächst in Richtung Schloss Neuschwanstein, zweigt jedoch kurz davor nach rechts ab und führt in Stufen hinab zur grandiosen Schlucht der Pöllat. An deren Ausgang leiten Weghinweise durch die flache Auenlandschaft zurück zum Ausgangspunkt.

29 Klettersteig auf das Ettaler Manndl, 1633 m

Beliebtes Wanderziel mit kurzem Klettersteig

Ausgangspunkte: a) Ettal, 877, Parkplatz nordöstlich der Klostermauer;
b) Oberammergau, 837 m, Bahnhof, Parkplatz an Talstation der Laberbahn.
Gehzeiten: Von Ettal und von Oberammergau zum Einstieg je 2½ Std., im Abstieg je ½ – 1 Std. kürzer. Von der Seilbahn-Bergstation zum Einstieg ½ Std., Gipfelanstieg ¼ Std.; Gesamtgehzeit: Von Ettal aus 4 Std., von Oberammergau aus über Soilesee 4½ Std., über Laberalm und Laber zu Fuß 5½ Std., mit Seilbahnauffahrt 2½ Std.
Anforderungen: KS2-A. Leichte Tagestour, für den gesicherten Gipfelanstieg Schwindelfreiheit erforderlich. Anfänger und Kinder ans Seil!
Höhenunterschiede: Ettal – Gipfel 756 Hm, von der Talstation der Laber-Seilbahn zum Ettaler Manndl 780 Hm, zum Laber 825 Hm; Höhe des Klettersteigs ca. 50 Hm.
Aufstiegshilfe: Kleinkabinenseilbahn auf den Laber, 850 m – 1675 m.
Stützpunkt: Bergstation,1675 m (ganzjährig bew., keine Übernachtung) der Laberbahn, ✆ D-08822/4770.
Sehenswert: Berühmte Klosterkirche in Ettal. Rundgang durch Oberammergau; Passionsspielhaus tägl. 20-minütige Führung.

Der doppelköpfige Felszacken über dem winzigen Soilesee ist ein viel besuchtes Tagesziel. Die gemütliche Tour lässt sich mit der lohnenden Überschreitung des Labergipfels (Gipfelrestaurant und sehenswerte Gleitschirmfliegerstarts) ausbauen; der lustige kurze Klettersteig auf das »Manndl« selbst eignet sich als Prüfstein für Anfänger und alpine Gaudi für Kinder.

Aufstieg zum Laber und zum Gipfelfelsen: a) Der kürzeste Aufstieg beginnt beim Kloster Ettal und führt zunächst zum Waldrand, dann weiter auf

Die ersten Kletter-Meter am Ettaler Manndl.

Weg 245 aus dem Tiefentalgraben die dicht bewaldeten Südhänge empor. Auf dem stets steileren Waldpfad zum Tiefentaler Sattel, 1335 m; von hier erster Ausblick nordwärts auf den Staffelsee. Bald trifft der Pfad auf den Höhenweg vom Laber zum Manndlfelsen. Nun nach rechts, unter der senkrechten Südwand des »Manndl« zum Einstieg am Südostfuß des Gipfelaufbaues, 1583 m. Der Gipfelanstieg ist über die mäßig steile Südwand in ¼ Std. an durchgehenden Sicherungen (Ketten) leicht und vergnüglich durchzuführen. An Herbstwochenenden oft großer Zulauf!
b) Von der Talstation der Laberbahn führt ein bequemer Weg zunächst 700 m weit bis zur Forststraße, auf ihr bergauf weiter zum Bärenbadflecken. Hier rechts die Wiese hinauf und zur Verzweigung Ettaler Manndl – Laber vor dem idyllischen Soilesee. Der Manndlfelsen ist von hier 1 km entfernt, der »direkte« Aufstieg beginnt am östlichen Seeufer. Der Laber-Aufstieg führt über steile Kehren zunächst zum breiten Sattel im westlichen Gratverlauf, über den der Verbindungsweg Laber – Manndl verläuft (insgesamt 1,5 km).
c) Von der Talstation der Laberbahn zunächst ebenfalls bis zur Forststraße, von dort jedoch geradeaus weiter in den Laberwald und auf steilem Waldpfad über die Laberalm und den Schartenkopf zum Laber, 1675 m, Bergstation der Seilbahn. Von hier auf dem insgesamt 1,5 km langen Höhenweg vom Laber zunächst fast stets bergab bis zur Wegabzweigung nach Ettal. Von dort leicht steigend zum Gipfelfelsen. Bequeme und Eilige überlassen den gesamten Aufstieg der Laber-Seilbahn.
Abstiege: Wahlweise wie Aufstiege.

30 Über Alpspitz-Ferrata und Mathaisenkar auf die Alpspitze, 2628 m

Viel bestiegenes alpines Wahrzeichen von Garmisch

Ausgangspunkt: Garmisch-Partenkirchen, 708 m, Bahnhof, Talstation der Seilbahn auf den Osterfelderkopf (bzw. aufs Kreuzeck), großer Parkplatz.

Gehzeiten: Osterfelderkopf – Alpspitze 2½ – 3 Std.; Abstieg Alpspitze – Mathaisenkar – Hammersbach 4 – 5 Std.; Abstieg Alpspitze – Stuibensee – Kreuzeck 3 – 4 Std.; Hammersbach – Höllentalangerhütte – Mathaisenkar – Alpspitze im Aufstieg 6 – 7 Std.; Kreuzeck – Alpspitze 3 – 4 Std.; Garmisch – Kreuzeck zu Fuß 3 Std.; Gesamtgehzeit Osterfelderkopf – Alpspitze – Mathaisenkar – Hammersbach – Parkplatz: 7½ – 8½ Std.
Anforderungen: KS3-C. Alle Klettersteigrouten nur mäßig schwierig: bei starkem Andrang stellenweise Steinschlaggefahr.
Höhenunterschiede: Kreuzeck – Alpspitze 1000 Hm, Osterfelderkopf – Alpspitze 600 Hm, Hammersbach – Alpspitze 1900 Hm; Höhe der Klettersteige: Alpspitze-Ferrata ca. 550 Hm, Schöne Gänge ca. 100 Hm, Alpspitze – (Falsche) Grieskarscharte 164 Hm, Mathaisenkar ca. 680 Hm, Länge des Nordwandsteigs ca. 500 m.
Aufstiegshilfen: Seilschwebebahn zum Osterfelderkopf, 720 m – 2033 m; ggf. auch Seilschwebebahn zum Kreuzeck,720 m – 1625 m.
Stützpunkte: Am Ausgangspunkt Kreuzeck: Adolf-Zoeppritz-Haus (Kreuzeckhaus), 1652 m, ganzjährig bew., ✆ D-08821/2202; Hochalm, 1703 m, privat, ganzjährig bew., ✆ D-08821/9830; Am Osterfelderkopf Restaurant an der Bergstation, ✆ D-08821/797990; im Abstieg durchs Mathaisenkar: Höllentalangerhütte, 1379 m, bew. Anfang Juni bis Mitte Oktober, ✆ D-08821/8811.
Hinweis: Bei Nächtigung auf Höllentalangerhütte gut zu verbinden mit Klettersteig auf → Zugspitze und → Riffelscharte.

Die »schnelle« Besteigung der Alpspitze über die 1978 angelegte »Alpspitz-Ferrata«, auch Nordwand-Ferrata genannt, gehört zu den beliebtesten und am meisten begangenen Hochgebirgstouren in Bayern überhaupt. Dieser weitgehend problemlose, aber dennoch sehr interessante, leider übermäßig

Die erste Klammern-Reihe der beliebten Alpspitz-Ferrata.

mit Eisen gespickte Klettersteig hat alle anderen Aufstiege auf die Alpspitze an Beliebtheit übertroffen. Mit dem Abstieg ins Mathaisenkar kann die Überschreitung der Alpspitze auch anspruchsvollen Klettersteiggehern als ausgesprochene Genusstour empfohlen werden, während sich Klettersteiganfänger ruhig mit dem Abstieg über Ostschulter und Stuibensee begnügen dürfen. In umgekehrter Richtung – also bei Aufstieg von Hammersbach durchs Mathaisenkar – ist die Tour nur sehr Ausdauernden zu empfehlen.

Gipfelaufstieg: a) Von der Bergstation der Osterfelderbahn führt der Weg, zunächst gemeinsam mit dem Nordwandsteig, in südlicher Richtung unterhalb des Höllentorkopfes vorbei. Die **Alpspitz-Ferrata** zweigt dann ca. 100 Meter nach dem abgespaltenen Turm vom Nordwandsteig ab zum Felsansatz (Hinweistafel) und über mehrere Leitern zur »Stoarösl-Scharte«. Über Rinnen und leichteres Schrofengelände in der breiten Nordflanke bis

in die Höhe des »Herzels«, ab hier zusehends steiler. Über einen steileren Plattenschluss bis auf den Nordwestgrat. Der Steig verfolgt nun den Grat bis zum letzten Gipfelaufschwung und leitet von dort über ein natürliches Band in die Westflanke. Über eine steile, etwas steinschlaggefährdete Rinne zum Gipfelkreuz. Das etwas unterhalb der Gipfelrinne quer durch den westlichen Gipfelaufbau gelegte Drahtseil führt – unter Umgehung des Gipfels – direkt auf den Südgrat.
b) Der kurze **Nordwandsteig** führt nahe dem Felsfuß durch zwei kleine, in den Fels gesprengte Tunnels auf ein teilweise künstlich erweitertes, sehr aussichtsreiches Felsband; bequeme Eisentritte, zuletzt eine lange, flach geneigte Leiter überwinden die geringen Höhenunterschiede ins Oberkar, wo man auf den alten »Normalweg« trifft.
c) Vom Kreuzeck in ½ Std. über die Hochalm zum Hochalmsattel, 1820 m, durchs steile Kar unter den Bernadeinwänden bis zum Fuß der **»Schönen Gänge«**. Luftig, aber unschwierig und gut gesichert über die steile Wand ins Oberkar zur Einmündung des von Ost heraufkommenden, leichteren, aber 1 Std. längeren Weges über die Bernadeinhütte und den Stuibenwald. Im Oberkar auf bezeichnetem Steig in mäßiger Steigung auf die »Schulter« und von dort auf den Ostgrat. Stets den Markierungen folgend in die Nordflanke des Grates oder aber weglos, dafür luftiger und schöner, direkt auf der Gratschneide, in beiden Fällen jedoch aussichtsreich auf den Gipfel.
Abstieg: a) Über den breiten Ostrücken auf dem »Normalweg« hinab zum Nordwandsteig (Rückkehr zum Osterfelderkopf) oder
b) über die »Schönen Gänge« zum Kreuzeck.
c) Der Abstieg durchs **Mathaisenkar** ist zwar der längste, aber weitaus erlebnisreichste Abstieg – ein Klettersteigerlebnis für sich. Der Auftakt ist der halbstündige Abstieg über den sparsam gesicherten Südwestgrat der Alpspitze in leichter, sehr anregender Kletterei (I) bis zur sog. »Falschen« Grieskarscharte. Hier geht westwärts der landschaftlich großartige Klettersteig ins Mathaisenkar ab. Zunächst durch eine mäßig steile Rinne nordostwärts hinab, dann südwärts über geneigte Platten am Fuße einer Steilstufe; hier liegen im Frühsommer die Seile oft noch unter Altschneeresten. (Vorsicht! Notfalls lieber umkehren und durchs Grieskar absteigen.)
Die Sicherungen enden etwa in der Mitte der Felsflanke, Steigspuren mit spärlicher Markierung führen über grasdurchsetztes, brüchiges Gelände an den Felsfuß hinab. Im Schutt bzw. Altschnee des Kares auf Steigspuren westwärts bis zu einem deutlichen Pfad, der bald quer durch die Latschen in großem Linksbogen um den begrünten Kegel herumführt. Auf 1600 m Höhe scharf links westwärts, zuerst in steilen Kehren, später die Hänge schräg links hinab durch Mischwald zur Höllentalangerhütte. Von der Hütte führt der Weg durch die Höllentalklamm nach Hammersbach (vgl. Aufstieg zur → Zugspitze). In ½ Std. zu Fuß ostwärts durch den Ort und über Wiesenwege zurück zum Parkplatz.

31 Klettersteig vom Höllental auf die Zugspitze, 2962 m

Großartiger, langer Klettersteig in hochalpinem Rahmen

Ausgangspunkt: Hammersbach, 753 m (Haltestelle der Zugspitz-Zahnradbahn), großer Parkplatz 400 m vor der Brücke über den Hammersbach.

Gehzeiten: Hammersbach – Höllentalangerhütte 2 – 2½ Std. (über Stangensteig ½ Std. länger), Höllentalangerhütte – Zugspitzgipfel 5 – 6 Std.; Abstiege über die Höllentalangerhütte bis Hammersbach 5 – 7 Std., über die Wiener Neustädter Hütte zum Eibsee 4 – 5 Std., über Zugspitzgatterl nach Ehrwald 4 – 5 Std., über die Knorrhütte zur Partnachklamm 5 – 6 Std.; Gesamtaufstiegszeit: von Hammersbach 7 – 8½ Std.; Gesamtgehzeit: mit Abstieg 12 – 14 Std.

Anforderungen: KS3-D. Ohne Übernachtung auf der Höllentalangerhütte sehr anstrengend, mit Übernachtung oder mit Auffahrt zum Osterfelderkopf und Abstieg zur Hütte weniger anstrengend. Übung, Ausdauer, Trittsicherheit, Schwindelfreiheit und etwas Kletterfertigkeit unerlässlich. Große Gefahren bei Wettersturz und Blitzschlag! Im Frühsommer oft noch tiefer Altschnee in der nordseitigen Klettersteigführe, im Spätsommer beinharter Firn am Gletscher. Randkluft bei Ausaperung tückisch. Verhältnisse im Zweifelsfall telefonisch an der Höllentalangerhütte erfragen.

Luftige Querung am »Brett«.

Höhenunterschiede: Hammersbach – Zugspitzgipfel 2210 Hm! (Höllentalangerhütte – Zugspitzgipfel 1583 Hm); Höhe des Klettersteiges: Leiter – Brett 110 Hm, Höllentalferner – Zugspitzgipfel ca. 600 Hm.

Aufstiegs- und Abstiegshilfen: Für den Aufstieg u.U. Seilschwebebahn von Garmisch zum Osterfelderkopf, 720 m – 2033 m. Im Abstieg ggf. Zugspitz-Zahnradbahn zum Ausgangspunkt, Bayer. Zugspitz-Seilbahn zum Eibsee, Tiroler Zugspitzseilbahn nach Obermoos oberhalb Ehrwald.

Stützpunkte: Höllentalangerhütte, 1379 m, bew. Anfang Juni bis Mitte Oktober, ✆ D-08821/8811; im Gipfelbereich: Münchner Haus, 2957 m, bew. Ende Mai bis Ende September, ✆ D-08821/2901; mehrere Imbissmöglichkeiten.

Hinweis: Ideal zu verbinden mit der Kletterführe von der Zugspitze über den Jubiläumsgrat auf die Alpspitze (II–III). Der Jubiläumsgrat ist kein Klettersteig und nur sicheren Kletterern anzuraten. Die Sicherungen sind bewusst so sparsam gesetzt, dass man korrekt von einer »stellenweise gesicherten Kletterführe« sprechen muss. Bei Gewitter gefährlich. Brüchiges Gestein, viel loses Geröll. Unter dem Hochblassen Steinschlag und vielfach Vereisung. Vorherige Nächtigung im Gipfelbereich der Zugspitze empfehlenswert. Zugspitze – Alpspitze 8 – 9 Std. Von der Alpspitze zur Bergstation Osterfelderbahn in gut 1 Std.

Die Zugspitze, Deutschlands höchster Gipfel, bietet noch in weiterer Hinsicht »Superlative«: Kaum ein anderer hochalpiner Berg wurde so exzessiv erschlossen, verbaut und vermarktet. Zwei Seilbahnsysteme, eine Zahnradbahn, ein Skizirkus fast mit Ganzjahresbetrieb, Gipfelhotels und Restaurants mit allem Komfort, Wetterbeobachtungsstation und hochmoderne technische Anlagen für Funk, Fernsehen und Fernsprechverkehr... Den wenigsten ist bekannt, dass der Klettersteig auf die Zugspitze schon 1893 gebaut wurde – er ist aber nicht nur einer der ältesten, seine dolomitische Rassigkeit ist bis heute unbestritten. Der Steig zieht vom Hochwald bis in die Gipfelregion alle alpinen Register, einige davon lässt er besonders einprägsam und nachhaltig aufrauschen. Ein großes Erlebnis ist allein schon der Zustieg: Die Höllentalklamm, ein düsterer, wildwasserdurchtoster Felsschlund, Tunnelfenster mit atemberaubenden Einblicken in gurgelnde

Wasserorgeln, haushohe Eisberge aus Lawinenresten. Es folgt ein stimmungsvoller Rastplatz, die Höllentalangerhütte im gleichnamigen Talkessel. Eine rassige Klettersteigpassage überwindet die jäh aufragende Felsmauer des abweisenden Talschlusses, einige besonders markante Stellen sind die »Leiter« und das »Brett«. Dem Aufstieg über ein langes Moränenfeld folgt ein kurzer Gang über den Höllentalferner. Eine hervorragend gesicherte, nur mäßig exponierte Route zieht schließlich durch die schneidige Felsflanke bis zum Gipfelkreuz, wo man in den Trubel des Massentourismus gerät.

Aufstieg zur Höllentalangerhütte: a) Von der Brücke (Marienkapelle, Imbisslokal) auf ehemaligem Fahrweg, später auf gutem Steig bis zur Höllentalklamm-Eingangshütte, 1054 m (¾ – 1 Std., Eintrittsgeld; AV-Mitglieder frei). Der Weg durch die Klamm ist 1 km lang und führt lawinen- und steinschlagsicher großenteils durch ausgesprengte Tunnels empor (elektrische Beleuchtung von 7 – 19 Uhr). Nach ½ Std. gelangt man wieder ans Tageslicht; ein breiter Weg führt nun in steilen Kehren in 1 Std. zur Höllentalangerhütte. (Die Höllentalklamm kann auch über den kurz vor der Klamm beginnenden Stangensteig umgangen und auf gewagter Brückenkonstruktion in Schwindel erregender Höhe – 73 Meter über der Klamm – überschritten werden.)

b) Seilbahnauffahrt von Garmisch zum Osterfelderkopf (720 m – 2033 m), kurzer Anstieg auf die Rinderscharte, 2090 m. Abstieg über den gut ausgebauten Rinderschartensteig bis zur Höllentalangerhütte: 700 m Abstieg statt 626 m Aufstieg!

Gipfelaufstieg: Von der Höllentalangerhütte in ½ Std. bis in den hintersten Talgrund, wo sich der Weg gabelt. Geradeaus südwärts und durch einen kurzen gesicherten Kamin auf breite schottrige Bänder. Eine Reihe von Klammern führt 20 Meter sehr steil über glatten Fels empor (»Leiter«). Über weitere gesicherte Bänder zur luftigsten Stelle: Trittstifte und Halteseile führen 40 Meter waagrecht an einer völlig glatten, etwa 55° geneigten Wand entlang (»Brett«). Auf deutlichem Steig steil hinauf in das Höllentalkar zum »Grünen Buckel«; auf Moränengelände folgen das schuttbedeckte untere Eisfeld des Höllentalferners in ca. 2300 m Höhe und das Firnfeld.

Auf Steigspuren in der Mitte des Gletschers empor, nach einer Verflachung nach rechts und zuletzt steil bis an den senkrechten Felsfuß. Bei Ausaperung schwierig über die Randkluft und an einigen Sicherungen auf eine winzige Schotterterrasse (beliebter Brotzeitplatz mit Steinschlaggefahr!). Solide Stahlseile ziehen von nun an durchgehend schräg die Ostwand des gewaltigen vieltürmigen Nordgrates empor – anregend bis spannend, luftig, aber nicht extrem exponiert; kurze senkrechte Wandstellen quert man nur an Trittstiften. Erst auf der Irmerscharte, 2660 m, öffnet sich der Blick nach Westen – fast 1700 m tiefer schimmert der Eibsee! Die folgenden Steilrinnen durch die Nordwand, bestens gesichert, sind im Frühsommer oft voller Altschnee! Man erreicht den Jubiläumsgrat kurz vor dem Ostgipfel mit dem erneuerten Gipfelkreuz. Das Original befindet sich im Heimatmuseum Partenkirchen.

Aufstieg aus dem Höllental zur Zugspitze, kurz unter der Irmerscharte.

Abstiege: a) Wie Aufstieg.
b) Klettersteig über die → Wiener Neustädter Hütte nach Ehrwald (siehe Tour 32) oder zum Eibsee (von der Wiener Neustädter Hütte auf dem Georg-Jäger-Steig weiter; jedoch kurz vor der ehemaligen Mittelstation nach rechts abzweigen; zunächst auf schmalem Pfad quer über die Ehrwalder Köpfe, dann drahtseilgesichert über einen luftigen Felsvorbau, schließlich durch Schutt und Latschen zur »Grenzgasse«; ab hier auf der Trasse der Tunnelfenster-Skiabfahrt bis zum Eibsee).
c) Über das Zugspitzgatterl nach Ehrwald (mit Seilbahn oder auf gesichertem Steig aufs »Platt«, von dort über das Zugspitzgatterl und die Ehrwalder Alm nach Ehrwald).
d) Vom »Platt« über die Knorrhütte durch Reintal und Partnachklamm nach Garmisch (sogenannter Normalweg zur Zugspitze).
e) Mit einer der drei Bahnen zum Eibsee oder nach Ehrwald oder Garmisch.

32 Klettersteig von der Wiener Neustädter Hütte auf die Zugspitze, 2962 m

Die zahmere Variante zum Gipfelaufstieg durchs Höllental

Ausgangspunkt: Von Ehrwald, 994 m, Bahnhof, auf breiter Asphaltstraße 3,6 km zur Talstation der Tiroler Zugspitzbahn in Obermoos, 1228 m, großer Parkplatz.
Gehzeiten: Talstation Obermoos – Wiener Neustädter Hütte 2½ Std., von der Hütte zur Bergstation 2½ Std., von dort zum Ostgipfel ½ Std.; Gesamtgehzeit: zur Bergstation 5 Std., mit Abstieg auf gleichem Weg 9 Std.
Anforderungen: KS2/3-C/D. Deutlich geringere Anforderungen als beim Zugspitzaufstieg durchs Höllental; im oberen Teil besteht bei starker Frequentierung Steinschlaggefahr.
Höhenunterschiede: Talstation Obermoos – Bergstation Zugspitze 1722 Hm; Höhe des Klettersteigs ca. 550 Hm.
Aufstiegshilfen: Tiroler Zugspitzbahn, Seilschwebebahn von der Talstation Obermoos zur Bergstation im Gipfelbereich, 1225 m – 2950 m, Betrieb 8.40 – 16.40 Uhr.
Stützpunkte: Wiener Neustädter Hütte, 2209 m, bew. Mitte Juni bis Mitte September, ✆ A-0676/4770925; im Gipfelbereich: Münchner Haus, 2957 m, bew. Ende Mai bis Ende September, ✆ D-08821/2901; mehrere Imbissmöglichkeiten im Gipfelbereich.
Hinweise: Die Tour ist gut zu verbinden mit dem kurzen gesicherten Aufstieg zum Schneefernerkopf, besonders wenn man nachher mit der Bahn ins Tal zu fahren beabsichtigt; oder als Zugabe vor einem Zugspitzabstieg übers Gatterl oder übers Platt; oder als Spätnachmittagstour nach einer Zugspitzbesteigung vor anschließender Übernachtung auf der Knorrhütte (KS1-B, von der Scharte 165 Hm/40 Mln. Aufstieg; zusätzliche Gesamtgehzeit ca. 1 Std.)

Weniger lang, weniger exponiert und weniger erlebnisreich, bei zweifelhafter Wetterlage jedoch besser kalkulierbar ist dieser österreichische Zugspitzklettersteig – er ist der kürzeste Zugspitzaufstieg überhaupt. Die einst beliebte Seilbahnauffahrt zur Mittelstation ist seit 1991 passé, die neue Seilschwebebahn rauscht ohne Zwischenhalt zum Gipfel. Mehr als 1700 Höhenmeter Anstieg sind also nunmehr zu bewältigen. Bei zweifelhaften Wetteraussichten ist daher dieser landschaftlich ebenfalls großartige Aufstieg schon wegen der kürzeren Gehzeiten und wegen des ständig freien Ausblicks auf die Wetterseite dem Höllentalanstieg vorzuziehen; auch kann er weniger Ausdauernden und weniger Geübten empfohlen werden.

Aufstieg zur Wiener Neustädter Hütte: Von der Talstation auf bezeichnetem Steig teils über die ehemalige Skitrasse, teils durch den Latschengürtel und zuletzt in Serpentinen durch das Gamskar bis zur aufgelassenen Mittelstation unter dem Felsansatz. Auf dem schmalen, mitunter luftigen und stellenweise gesicherten Georg-Jäger-Steig fast eben und mit herrlichen Tiefblicken quer durch die Steilflanke zur Hütte.

Gipfelanstieg: Auf bezeichnetem Steig quer durch das Geröllfeld an das obere nördliche Ende des österreichischen Schneekars zu einem schrägen, sehr weiten, kaminartigen Naturstollen, dem sog. »Stopselzieher«, wo

Das Gipfelkreuz auf Deutschlands höchstem Punkt – mit gesichertem Zustieg.

der eigentliche Klettersteig in ca. 2350 m Höhe beginnt. Nach Durchsteigung des Tunnels zunächst weiter auf Steigklammern und Drahtseilen. Unschwierig, jedoch stellenweise etwas steinschlaggefährdet über Schrofen, Geröll und Felsstufen bis zur ehemaligen Bergstation am Grat in ca. 2810 m Höhe. Von hier auf teils trassiertem, gesichertem Steig nordwärts zum Gipfel.
Abstiege: Wie Aufstieg oder Talfahrt mit Seilbahn.

33 Klettersteig von der Knorrhütte auf den Jubiläumsgrat (Brunntalgrat-Steig) zur Inneren Höllentalspitze, 2741 m

Notabstieg vom Jubiläumsgrat, aber auch lohnender selbständiger Klettersteig mit sehr langem Zustieg

Ausgangspunkte: a) Garmisch-Partenkirchen, 708 m, Bahnhof, Parkplatz am Weg zur Partnachklamm,
b) Ehrwald, 994 m, Bahnhof, Parkplatz an Talstation der Kleinkabinenbahn auf die Ehrwalder Alm.
Gehzeiten: Platt – Knorrhütte 1½ Std. Abstieg; Partnachklamm – Knorrhütte 7 – 8 Std.; Ehrwalder Alm – Knorrhütte 3 Std. (von Ehrwald zu Fuß 6 Std.); Gipfelanstieg 2½ Std.; Gesamtgehzeit: Platt – Knorrhütte – Inn. Höllentalspitze – Knorrhütte – Platt 8 Std.
Anforderungen: KS3-C. Mit Hüttenanstieg vom Tal sehr anstrengend (bei Aufstieg von der Partnachklamm Nächtigung auf Knorrhütte), bei Auffahrt mit Zugspitz-Zahnradbahn Tagestour mit langem Gegenanstieg als Rückweg.
Höhenunterschiede: Zugspitzplatt – Knorrhütte ca. 600 Hm Abstieg, Partnachklamm – Knorrhütte etwa 830 Hm; Ehrwalder Alm – Knorrhütte 560 Hm, Knorrhütte – Innere Höllentalspitze ca. 700 Hm; Höhe des Klettersteigs ca. 650 Hm.
Aufstiegshilfen: Zugspitz-Zahnradbahn von Garmisch, 708 m, oder Eibsee (Talstation 1000 m) zur Bergstation am Zugspitzplatt, 2650 m; ggf. auch Kleinkabinenbahn von Ehrwald zur Ehrwalder Alm, 1108 m – 1502 m.
Stützpunkte: Knorrhütte, 2051 m, bew. Ende Mai bis Anfang Oktober, ✆ D-08821/2905; Reintalangerhütte, 1366 m, bew. Ende bis Mitte Oktober, ✆ D-08821/2903; am Jubiläumsgrat ggf. Notzuflucht in der Höllentalgrathütte, 2684 m (Biwakschachtel mit 6 – 8 Notlagern, stets offen, blitzschlagsicher).
Hinweis: Jubiläumsgrat → Hinweis Tour 31.

Dieser spärlich gesicherte Klettersteig gilt weithin »nur« als Notabstieg vom berühmten Jubiläumsgrat. Er ist aber auch als »selbständige« Klettersteigtour zu empfehlen, insbesondere dann, wenn man sich den anspruchsvollen Gang über den Jubiläumsgrat nicht zutraut. Wer den Brunntalgrat-Steig auch als Rückweg wählt, muss zur Zugspitze 600 m Gegenanstieg in Kauf nehmen.

Zustiege zur Knorrhütte: a) Von der Bergstation Zugspitz-Zahnradbahn bequem in 1½ Std. übers Platt 600 Höhenmeter hinab.
b) Der »klassische«, aber sehr lange Zustieg beginnt an der großartigen

Links Zugspitzgipfel, rechts Innere Höllentalspitze, unten Mitte Restaurant Sonn-Alpin.

Partnachklamm. Dahinter zunächst auf einer öden Forststraße ins Reintal, schließlich auf Fußweg in 3 Std. zur Blockhütte. Von hier in ½ Std. zur wildromantisch gelegenen Blauen Gumpe. Nach gut 5 Std. erreicht man die Reintalangerhütte, 1366 m. Entlang des linken Partnachufers taleinwärts weiter; der Ursprung der Partnach, die aus einer Felsspalte hervorquillt, kann mit 15 Minuten Umweg erlebt werden, wenn man am rechten Ufer aufwärts geht. Bald steil in Kehren weiter ins Brunntal und zu einer Wegteilung. Hier entweder rechts durch Latschen und über eine lange Sandreiße empor oder besser der Sohle des Brunntals folgend und an dessen nördlicher Begrenzung steil zur Knorrhütte am Westfuß des Brunntalkopfes.

c) Bei Seilbahnauffahrt zur Ehrwalder Alm zweigt man von der Fahrstraße schon nach wenigen Minuten nach links ab. An der Pestkapelle vorbei in Kehren zu dem von den Gatterlköpfen herabstreichenden Rücken. Am Feldernjöchl, 2024 m, einen steilen Hang links ein Stück abwärts und dann wieder steil empor, bis man durch eine felsige Passage nach 2 Std. zum Zugspitzgatterl kommt (Grenze). Auf dem hübschen Steig zum Grenzhüttl hinauf, dann in weitem Bogen fast eben in 1 Std. zur Knorrhütte.

Gipfelanstieg: 5 Minuten oberhalb der Knorrhütte führt ein bezeichneter Steig zum Zugspitzaufstieg nach rechts ab und zum Felssporn empor. Hier öffnet sich eine schräg nach rechts emporführende Rinne, die auf grasiges Gelände führt. Schräg rechts über eine breite Schuttrinne zum Grat. Seilsicherungen teils auf dem Grat, teils westlich davon führen in eine Scharte unter dem Gipfel. Aus dieser ostwärts zum Jubiläumsgrat östlich der Inneren Höllentalspitze. Westwärts weiter zum Gipfel.

Abstieg: Wie Aufstieg. Die Überschreitung zur Alpspitze oder Zugspitze erfordert streckenweise Kletterei (siehe Hinweis bei Tour 31).

34 Gesicherter Steig auf die Riffelscharte, 2161 m

Lange Bergwanderung im Vorfeld von Zugspitze und Alpspitze mit kurzer Klettersteigpassage

Ausgangspunkt: a) Hammersbach, 753 m, großer Parkplatz 400 Meter vor der Brücke; b) Eibsee, 974 m, großer Parkplatz vor den Bahnstationen, 1000 m.

Gehzeiten: Hammersbach – Höllentalangerhütte 2 – 2½ Std., Höllentalangerhütte – Riffelscharte 2 – 2½ Std., Riffelscharte – Eibsee im Abstieg 2 Std., Eibsee – Hammersbach über den Unteren Nordsteig 2½ Std.; Gesamtgehzeit: für Überschreitung von Hammersbach aus 8 – 9 Std. (mit Zahnradbahn-Rückfahrt erheblich kürzer). In umgekehrter Richtung: Eibsee – Riffelriss 1½ Std., Riffelriss – Riffelscharte 1½ – 2 Std., Abstieg nach Hammersbach 3½ – 4½ Std.; Gesamtgehzeit: für Überschreitung vom Eibsee 6½ – 7½ Std. (mit Zahnradbahn bis Riffelriss 1½ Std. kürzer).

Anforderungen: KS2-B. Für den Klettersteig Schwindelfreiheit und Trittsicherheit erforderlich. Bei Nebel oder Schneelage Orientierung auf der oberen Hälfte des Ostanstieges u.U. problematisch.

Höhenunterschiede: Hammersbach – Riffelscharte über 1400 Hm; Höhe des Klettersteigs Westseite ca. 200 Hm.

Aufstiegshilfen: Von Eibsee, Stat. 1000 m, kann man mit der Zugspitz-Zahnradbahn bis zur Station Riffelriss, 1639 m, fahren, ebenso nach Hammersbach zurückfahren.

Stützpunkte: Höllentalangerhütte, 1379 m, bew. Anf. Juni bis Mitte Okt., ✆ D-08821/8811.

Hinweis: Bei Nächtigung auf der Höllentalangerhütte gut zu verbinden mit den Klettersteigen auf → Alpspitze und → Zugspitze.

Gemessen an den Klettersteigen zur nahen → Zugspitze und zur → Alpspitze bietet der Übergang über die Riffelscharte nur einen kurzen, durchgehenden Klettersteig – vom Kar des Riffelriss schräg durch die Westwand bis zur Scharte. Diese Bergfahrt ist daher für anspruchsvollere Klettersteiggeher eher als »Ausweichtour« zu empfehlen, etwa wenn noch zu viel Altschnee oder schon zu viel Neuschnee liegt oder wenn bei zweifelhafterem Wetter ein Aufstieg zur Zugspitze oder ins Mathaisenkar nicht angeraten scheint. Für Klettersteiganfänger ist diese Tour schon wegen der großartigen Aussicht und den Tiefblick auf den Eibsee zu empfehlen, und zwar in beiden Richtungen.

Aufstieg: Zur Höllentalangerhütte wie Aufstieg a) bei Tour 31 zur Zugspitze. Von der Höllentalangerhütte zunächst bis in den hintersten Talgrund des Höllentales, bei der Weggabelung Zugspitze – Riffelscharte, ca. 1600 m, jedoch nach rechts, den anfangs spärlichen Bezeichnungen folgend, die felsigen, teils latschenbestandenen Osthänge steil empor. Der Steig führt zu einer kurzen, drahtseilgesicherten Rinne und erreicht nach einer zweiten Drahtseilsicherung weniger steil die begrünte, unterste Mulde des Riffelkares. Bei einer scharfen Linksbiegung des Weges zweigen Steigspuren nach rechts ab (= Schafsteig zum Waxensteinkamm). Der Steig quert hier nach links den Schutt zur oberen Karmulde und führt schließlich unter dem Riffelkopf zur Scharte. Bei gutem Wetter sollte man sich die kurzen Abstecher auf den Riffeltorkopf, 2230 m, oder die Südliche Riffelspitze, 2263 m, gönnen!

Abstieg: Von der Scharte um die Nordseite des Riffeltorkopfes herum wenige Schritte leicht bergan bis zu den ersten Drahtseilen. Über etwas ausgesetzte Felsplatten in 20 Minuten bei herrlichen Tiefblicken auf den Eibsee ins gewaltige Schuttkar unter der Riffelscharte hinab. Nun entweder:

a) Am Fuße der Felsen über Steigspuren im Schutt links abwärts auf den begrünten, weiter unten bewaldeten Kegel, von dem ein Steig zur Station Riffelriss der Zugspitz-Zahnradbahn, 1639 m, führt. Von hier auf bequemem Weg links abwärts zur »Grenzgasse«, wo man auf den Weg von der Wiener Neustädter Hütte zum Eibsee trifft (Skiabfahrtstrasse).

b) Auf dem alten Riffelschartenweg die Riffelreiße hinunter bis zur Zahnradbahn, deren Gleis beim unteren Eingang des Kleinen Tunnels überqueren und durch Hochwald abwärts über die Wiese »Am Wasserbühel« zum Eibsee.

Vom Eibsee nach Hammersbach mit der Zugspitz-Zahnradbahn oder zu Fuß über den Weg 831 (Höhenweg Eibsee – Höllental); schöner Waldweg, sehr lang.

Nächste Seite: Frühsommer auf der Riffelscharte. Rechts unten der Pfad, in Bildmitte der wilde Grat Hohe Riffel – Zugspitze.

35 Hermann-von-Barth-Weg auf die Partenkirchener Dreitorspitze, Westgipfel, 2633 m

Lange Bergwanderung in grandioser Hochgebirgsszenerie, kurzer problemloser Klettersteig

Ausgangspunkte: a) Von Mittenwald oder Seefeld ins Leutaschtal, ca. 1100 m, Ortsteil Oberlochlehen, Zugang 100 Meter westlich des Hauses Nr. 231, Gatter am Waldrand, kein Parkplatz;
b) Klais, 934 m, Bahnhof, auf Mautstraße 6,6 km bis nach Elmau, 1008 m, Parkplatz;
c) Garmisch-Partenkirchen, 708 m, Bahnhof, großer Parkplatz am Olympiastadion.
Gehzeiten: Leutasch – Meilerhütte über das Berglental 4½ – 5 Std., Partnachklamm – Schachen 5 – 5½ Std., Klais – Elmau 1½ Std., Elmau – Schachen 3½ – 4 Std., Schachen – Meilerhütte 1½ Std., Meilerhütte – Dreitorspitzgipfel 2 Std.; Gesamtgehzeit: von Leutasch 10 – 11 Std., von Garmisch 13 – 14 Std., von Elmau 12 Std.
Anforderungen: KS2-C. Nur aus der Leutasch als Tagestour zu empfehlen. Von Garmisch oder Klais (Elmau) nur mit Nächtigung auf der Meilerhütte. Gipfelklettersteig und Abstieg über Söllerpass erfordern ausreichend Schwindelfreiheit. Bei Nebel Orientierungsprobleme auf dem gesamten Leutascher Platt.
Höhenunterschiede: Leutasch – Westgipfel 1570 Hm; Garmisch – Westgipfel 1930 m; Elmau – Westgipfel 1625 Hm; Meilerhütte – Westgipfel 250 Hm; Höhe des Klettersteiges etwa 150 Hm.
Stützpunkte: Meilerhütte, 2375 m, bew. Mitte Juni bis Anfang Oktober, ✆ mobil D-0171/5227897; am Nordsteig Schachenhaus, 1866 m, privat, bew. Anfang Juni bis Mitte Oktober, ✆ D-08821/2996, mobil D-0172/ 8768868.
Sehenswert: Auf dem Schachen steht das 1877 von König Ludwig II. erbaute sog. Königshaus mit dem berühmten Maurischen Saal; nur unter Führung zu besichtigen. Lohnend auch ein Besuch des nahen Schachenpavillons.

Der südlichste, gewaltigste der drei Wettersteinkämme stürzt ins Oberreintal mit mächtigen, fast 1000 m hohen Gratpfeilern ab. Vom weitläufigen Leutascher Platt hin sind die Mauerfluchten hingegen recht niedrig und überschaubar, und etwa von der Mitte dieser südseitigen Wandflucht führt auch die einzige gesicherte Route auf einen Gipfel – zugleich der einzige Normalweg; keine Not herrscht hingegen an klassischen und extremen Kletterführen. Ausgangspunkt aller dieser Routen – vom IIer bis zum VIer – ist die extrem hoch gelegene Meilerhütte, direkt am windgepeitschten Grenzgrat in der Einschartung des Dreitorspitzgatterls. Hier beginnt auch der ehrwürdige Hermann-von-Barth-Weg; schnell und bei guten Verhältnissen auch problemlos ist der kurze Klettersteig überwunden. Ungleich mehr Überwindung kosten hingegen die schier endlosen Zustiege – nur von der Leutasch her ist der Gipfel als Tagestour zu »machen«, von der Nordseite ist der Weg nur mit vorabendlichem Hüttenanstieg zu empfehlen.

Aufstieg zur Meilerhütte: a) Am Ausgangspunkt Leutasch genauestens den roten – nicht blauen! – Markierungen folgen. Man quert zunächst einen anderen Fahrweg. Nun zum Bach, an dessen Westseite ein Fußweg weiterführt und in 10 Minuten in einen weiteren Fahrweg mündet, der nach 15 Mi-

Garmisch-Partenkirchen
Wildenau
Vorder-
graseck
Eckbauer
Bayern H.
Partnachklamm
Hinter-
graseck
Klais
Elmau
Stegreif
Stellwagels K.
1288
Brunstwank
Am schwarzen Schrofen
Kälber H.
1234
Steilen H.
1159
Reinthal
Schindeltal-
schrofen
Ebenwald
Wettersteinwald
Drehmooserwald
Spitzwald
Keilschrofen
1548
Mitter-
klamm
Steilenberg
1770
Wetterstein A.
1464
Kämi K.
Zirbel K.
1989
Hinter-
klamm
Schachentor K.
1957
Schachentor
Botanischer
Alpengarten
Schachen H.
Hirschbichl K.
Frauenalpl Sp.
Wetterstein K.
Wettersteinwand
Rotplatten Sp.
Drei Scharten
Musterstein
Meiler H.
Törlspitzen
Partenkirchener-
-Dreitor Sp.
Oberreintal H.
(F.-Fischer-H.)
H.-v.-Barth-Weg
Leutascher Platt
Öfele K.
2478
Söllerpaß
Söllerrinne
Schützengufel
Hubertushof
Reindlau
Schüsselkar Sp.
Leutascher-
-Dreitor Sp.
Schüsselkarbiwak
Scharnitz Sp.
Teufels K.
Kamplgrat
Pultegg
Puittal
Puitbach
Scharnitz
Erinnerungshütte
Gehren Sp.
Oberer Boden
Plattach
Wang A.
1753
Wetterstein H.
1717
Unteres
Kirchl
Lehnerberg
Lehner
Ahrn
Gasse
Weisses Rössl
Gold. Kreuz
Emmat

Rechts die Meilerhütte am Dreitorspitzgatterl, etwa in Bildmitte der Bayerländerturm.

nuten zu einer Wegkreuzung führt. (Diese Wegverzweigung erreicht man auch, wenn man von Puitbach den für Kfz verbotenen Fahrweg neben der Pension »Dreitorspitze« 650 Meter bis zum Waldrand emporsteigt und von dort etwa ½ Std. den Bezeichnungen folgt.) Ab hier deutlich bezeichneter Wegverlauf; ohne weitere Verzweigung zunächst auf Karren-, später auf Fußweg. An der westlichen Seite der tief eingeschnittenen Berglenklamm, um den latschenbedeckten Ostabhang des Öfelekopfes herum, steil zum Berglenboden empor. Unter den Südwänden des Mustersteins wechselt der Steig die Talseite und führt, zuletzt in steilen Kehren, zur Hütte.

b) Von Elmau über steilen Fahrweg (»Königsweg«) bis zur Wettersteinalm und über guten Steig weiter bis zum Schachen (bis hierher ggf. mit Mountainbike). Ein steiler Steig, streckenweise aus dem Fels gesprengt, führt in erlebnisreicher Szenerie vom Schachen zur Meilerhütte. (Grenzübertritt!)

c) Vom Parkplatz Olympiastadion in Partenkirchen zunächst durch die berühmte Partnachklamm und von hier stets südwärts weiter ins Oberreintal Richtung Oberreintalhütte, 1532 m. Norch vorher links ab und durch das Teufelsgsaß steil empor zum Schachen.

d) Wie c), jedoch bei der Wegteilung hinter der Klamm links empor zum »Königsweg« und von hier zum Schachen.

Gipfelaufstieg: Von der Meilerhütte führt der gut gesicherte Hermann-von-Barth-Weg zunächst etwas abwärts bis an die Plattenabstürze des Bayerländerturmes, dessen unterste Felsabsätze er quert. Kurz abwärts auf das Leutascher Platt, im Schutt sogleich wieder bergauf und in Kehren über die von den Wänden herabziehende Schuttreiße. Nun zu einem schwach ausgeprägten Felssporn, der in Falllinie des Mittelgipfels aus den Wänden hervortritt. Bei einem großen Block mit Farbtupfen beginnt der Klettersteig. Mit Hilfe einiger Steigklammern zunächst sehr steil über den Felssockel empor, dann flacher an Seilsicherungen über Schrofen und plattige Rinnen weiter aufwärts, bis der Steig etwa 80 m unterhalb der Grathöhe nach links leitet. Von hier führen Steigspuren über schuttbedeckte Schrofen links aufwärts auf den Grat, etwas unterhalb des Westgipfels. In der Ostflanke rechts aufwärts und in einigen Kehren zum Gipfel.
Abstiege: Wie Aufstiege; interessant ist auch der steile Felsenabstieg über den Söllerpass, 2211 m, hinab ins Leutaschtal. Nur spärliche Markierungen führen quer über das Karstplateau bis an den jähen Abgrund, ein sehr steiler Abstieg führt hinab ins Puittal, auf den Weg vom Scharnitzjoch. Nun talauswärts hinab ins Puitfeld, 1150 m, und auf Waldweg fast eben zurück zum Ausgangspunkt, 4 – 5 Std. von Gipfel oder Hütte.

Querung am Hermann-von-Barth-Weg; links die Leutascher Dreitorspitze.

36 Klettersteig Crazy Eddy am Fuße des Simmering

Der ultimative »fun on the rocks«

Ausgangspunkt: Silz, 652 m; Bahnhof, Autobahnausfahrt Mötz oder Ötztal. Von der Kirche in Ortsmitte nordwärts zum unübersehbaren Fun-Park (Parkplatz). Zu Fuß in 3 Min. über die Autobahnbrücke, am nördl. Ende der Brücke Beginn des versteckt gelegenen Zustiegweges (rot bez. Baum am Waldrand, 10 m höher Holzschild »Simmering«), Platz für wenige Pkw.
Gehzeiten: Gesamt je nach Können 2 – 3 Std., ggf. »Verweildauer« an der »Spinne«.
Anforderungen: Aufstieg westl. Variante KS4-A, östl. Variante KS3-A. Zweiseilbrücke trotz perfekter Sicherung große Mutprobe – nie allein begehen! Abseilen nur mit Kletterseil und entspr. Technik. Klettermanöver an der »Spinne« KS4/5. Beide »Strickleitern« (Metall) extrem luftig, schwankend, unangenehm »verdrehfreudig«.
Höhenunterschied: Zustieg – Zweiseilbrücke ca. 250 Hm, beide Klettersteigvarianten je ca. 60 Hm, 3 parallele Abseilstrecken je ca. 40 Hm, »Spinne« ca. 9 Hm (Zustieg II), 2 parallele Strickleitern je ca. 11 Hm.
Informationen: Outdoor Bruno Pezzey GmbH, Simmeringstraße 10, A-6424 Silz, Tel. A-05263/5583, A-0664/1001878.

Crazy Eddy nennt sich »Österreichs größter Veranstaltungstempel« für sportliche Events: Canyoning, Rafting, ... Dazu gehört seit 2002 auch ein »normaler« Klettersteig in zwei kurzen Varianten, eine verwegene ca. 40 m lange Zweiseilbrücke über tiefer Felsschlucht, drei Abseilstrecken und eine »Spinne« in Form zweier übereinander in den Fels gespannter Spinnennetze aus dicken Ketten, flankiert von zwei schwankenden Strickleitern.

Aufstieg: Nach 10 Min. Zustieg durch Föhrenwald teilt sich der Steig: blau markiert nach links zum Klettersteig (Hinweistafel) mit zwei Varianten: links steil und rassig, rechts anspruchsloser, beide mit durchgehenden Stahlseilen gesichert, ohne künstliche Tritthilfen, größtenteils Sichtverbindung. Danach kurz gemeinsam weiter bis zum Ausstieg. Ab hier auf teils sehr steilen, abdrängenden Trittspuren und nur an wenigen Stellen gesichert empor bis zum höchsten Punkt – der westl. Verankerung der Zweiseilbrücke.

Abstieg: a) Über die Zweiseilbrücke nur mit perfekter Sicherung und versiertem Begleiter! Drüben über ein Leiterchen hinab und teils gesichert hinüber zur Fahne. Drei Abseilringe ermöglichen Abseilen (40 Hm) zum Wandfuß, wo der rot markierte Steig problemlos weiter hinab führt. Am Felsfuß, neben einem Marterl, spannt sich das Klettergeflecht der »Spinne« in den Steilfels – Gelegenheit zum Herumturnen. Unersättliche können an den Strickleitern ihre Schwindelfreiheit testen – aber Vorsicht: Die labil aufgehängten Leitern können sich beim Besteigen unerwartet und schnell um 180 Grad drehen – dann hängt man im Überhang, mit dem Rücken zur Wand!
b) Wer sich a) nicht zutraut, geht auf dem Anstiegspfad bis zum rot markierten Normalweg oberhalb der Klettersteige zurück und steigt auf diesem ab. Der Pfad führt zum Wandfuß mit der »Spinne« und von dort zur Straße.

37 Seebener Klettersteig und Hoher Gang zum Seebensee, 1657 m

Sportliches, kurzes Nordwandabenteuer – ideal zu erweitern

Ausgangspunkt: Von Ehrwald, 994 m, Bahnhof, von der Ortsmitte 2,5 km Zufahrt ostwärts zur Talstation der Kleinkabinenbahn auf die Ehrwalder Alm, 1110 m, großer Parkplatz.
Gehzeiten: Talstation Seilbahn – Seebenalm 1½ Std., Abstieg zur Ehrwalder Alm 1½ Std., Abstieg über Hohen Gang 2 Std.; Abstieg über Immensteig 2½ Std.; Gesamtgehzeit: mit Lifttalfahrt 3 Std., zu Fuß 4 Std.
Anforderungen: KS5-A. Kurzer, sehr anspruchsvoller Klettersteig, nordseitig, oft feucht, oben lehmig und grasig. Hoher Gang KS1-A, auch für weniger Geübte.
Höhenunterschied: Ausgangspunkt – Seebenalm 470 Hm; Höhe des Klettersteigs über 200 Hm.
Aufstiegshilfen: Im Abstieg ggf. Talfahrt mit Kleinkabinenbahn zur Ehrwalder Alm, 1110 m – 1502 m.
Stützpunkt: Seebenalm, 1575 m; Imbiss, ✆ mobil A-0676/6392590.
Hinweis: Für Ausdauernde mit Klettergewandtheit empfiehlt sich der Aufstieg zur Ehrwalder Sonnenspitze (I – II, spärlichste Sicherungen, wenige Abseilhaken).

Traumszenerie am Seebensee im Süden des Zugspitzmassivs.

Für Trainierte ist die 1990 angelegte rassig-sportliche, wenn auch nur kurze Führe durch die hier über 200 m hohe Wandstufe der Seebenerwände eine scharfe Alternative zu den bisherigen, etwas langatmigen Anstiegen zur Coburger Hütte. Ein Stahlseil zieht mitten durch die breite Felsbarriere empor, die bisher in weitem Bogen umgangen werden musste. Der Zugang ist idyllisch, der Durchstieg betont sportlich und luftig angelegt, der Ausstieg liegt nahe der gemütlichen Seebenalm. In Verbindung mit → Vorderem Tajakopf oder Ehrwalder Sonnenspitze eine höchst anspruchsvolle Tagestour!

Aufstieg zur Seebenalm: Wenige Meter neben Seilbahnstütze 2 Hinweistafel. Zunächst den rauschenden Seebenbach entlang sanft aufwärts. Auf idyllischem Waldweg nach ¾ Std. Rast- und Umkehrplatz für Wanderer. Von hier auf steilem, markiertem Pfad in ¼ Std. zum Wandfuß. Ein sehr steiles, trittarmes Wandstück, ein Seil, keine weiteren Tritthilfen, dazwischen flachere Stücke, so geht's leicht schräg nach rechts empor. Die letzte, glatte »Ausstiegsplatte« ist immerhin mit ein paar Trittstiften ausgestattet. Noch 10 Minuten durch Latschen, dann über den Bach und zur Seebenalm.

Abstiege: a) Am einfachsten sind der bequeme Gang auf der Schotterstraße bis zur Ehrwalder Alm und die Talfahrt per Kleinkabinenseilbahn.

b) Viel interessanter ist der Abstieg über den gesicherten Steig »**Hoher Gang**«. Vor dem Seebensee westwärts von der Straße ab und fast eben durch den Wald zum Wandabbruch. Sicherungen führen über die Steilstufe in den Wald, wo ein Weg bis zur Talstation führt.

c) Der **Immensteig** zweigt auf halbem Weg zwischen Seebenalm und Ehrwalder Alm an einer Lichtung nordwärts ab. Auf einem Waldweg gelangt man bald zu einem Holzgatter. Von hier gesichert über die Seebenwände hinab und über Almwiesen zurück zur Talstation.

38 Vorderer Tajakopf Westkante, 2450 m

Kraftakte an scharfen Felskanten

Ausgangspunkt: Wie Tour 37; Auffahrt zur Bergstation Ehrwalder Alm, 1502 m.
Gehzeiten: Bergstation – Ehrwalder Alm – Einstieg 1¾ Std., Klettersteig zum Gipfel 3 Std., Abstieg zur Coburger Hütte 1¼ Std. Rückweg zur Bergstation 2¼ Std.; Gesamtgehzeit mit Bahnauffahrt 8 Std.; bei Aufstieg von der Talstation über »Hohen Gang« oder »Seebener Klettersteig« (Tour 37) 1½ Std. länger.
Anforderungen: KS5-D. Klettersteig sehr schwierig und anstrengend, wenige künstliche Tritthilfen, z. T. extrem exponiert; nicht für Ungeübte!
Höhenunterschiede: Talstation Kleinkabinenbahn – Bergstation Ehrwalder Alm 390 Hm, von hier zum Einstieg 300 Hm, Klettersteighöhe 650 Hm.
Aufstiegshilfen: Kleinkabinenbahn zur Ehrwalder Alm, 1110 m – 1502 m.
Stützpunkt: Im Abstieg oder für Übernachtung Coburger Hütte, 1920 m, bew. Mitte Juni bis Mitte Okt., ✆ A-06643/254714.
Hinweise: Der zusätzliche Aufstieg vom Tal über den → »Hohen Gang« oder den → »Seebener Klettersteig« würzt und verlängert das Unternehmen! Wer Zeit und Kraft sparen will, kann mit der Kleinkabinenbahn ein Fahrrad zur Bergstation mitnehmen, von dort bis zur Talstation der Hütten-Materialseilbahn am Seebensee radeln und ist alle Sorgen um das Erreichen der letzten Talfahrt der Bahn los.

Nordseitige Querung an der »Westkante«; tief unten der Seebensee.

Der ums Jahr 2000 angelegte Klettersteig machte auch Ehrwald zu einem Pilgerziel der anspruchsvollen Ferratisten: Die Westkante des Vorderen Tajakopfes ist eine ganz scharfe Sache und durchaus mit dem berühmten → Imster Klettersteig zu vergleichen. Ein gutes Dutzend roher Kraftakte in fast senkrechtem Fels, spärliche Tritthilfen, dazwischen leichteres Gelände zum Atemholen; Gratkanten, so scharf wie der First eines Kirchendaches, darunter gähnende Abgründe, und rundherum ein grandioses Felspanorama … Für den Experten eine genussvolle Herausforderung, für den Anfänger abzuraten; in Ehrwald kann man nötigenfalls einen Bergführer engagieren.

Aufstieg: Von der Bergstation Ehrwalder Alm zu Fuß – größtenteils auf schönem, ebenen Fußweg oberhalb der Straße – oder mit Fahrrad auf Schotterstraße zum berühmten Seebener See und weiter bis zur Talstation der Hütten-Materialseilbahn. Noch ein paar Minuten bis zum steilen Hütten-

Die sonnige Seite des Vorderen Tjakopfes, in der Bildmitte zieht die Westkante empor.

zustiegsweg, aber unmittelbar davor links auf schwach ausgeprägten Pfad (bez.) abbiegen und in ¼ Std. empor zum Einstieg in ca. 1800 m Höhe. Schon die erste Felsrippe erweist sich als anspruchsvoll. Zwischen leichterem Gelände, z. T. mit Graspolstern, führt ein solides Stahlseil mehrmals über anstrengende, oft senkrechte Steilstufen mit sehr spärlich gesetzten Trittstiften empor. Die Führe zieht eine scharfe Direttissima über die gezackte Kante, bis man im oberen Drittel ein schmales Kar erreicht. Hier wechselt ein Pfad schräg nach rechts hinüber zur südlicher gelegenen Kante, die zunächst senkrecht aus dem Kar aufragt. Nach einigen weiteren Kraft raubenden Steilstufen verflacht der Fels, die Route führt kurz unterm Gipfel auf den Abstiegsweg am Südrücken und von hier schnell zum Gipfelkreuz.

Abstieg: Am Südrücken steil, aber problemlos und ausreichend gesichert hinab zu einem Sattel; hier gibt es 2 Abstiegsvarianten:

a) Auf sehr steilen Pfadspuren rechts hinab und über endlose Schotterhänge und kleine Felsstufen (z. T. I) zum Drachensee und zur Coburger Hütte. Von hier auf Serpentinenweg durch den Latschengürtel zum Seebensee. Nun auf abgestelltem Fahrrad oder zu Fuß zur Bergstation. Ggf. auch Abstieg ins Tal über → »Hohen Gang« oder → »Seebener Klettersteig«.

b) Wer Zeitgewinn für die letzte Talfahrt der Bahn sucht, kann vom Sattel unter dem Gipfel weglos ostwärts in das breite Brendlkar absteigen, in dessen Mitte der romantische Ludwig-Ganghofer-Weg zum stillen Brendlsee in felsumrahmtem Talkessel herabführt. Aus dieser Idylle führt der Weg steil in Serpentinen nordwärts hinab zum Anstiegsweg, hier rechts zur Bergstation.

39 Klettersteig auf die Südliche Wankspitze, 2209 m

Stille Bergwanderung mit pfiffigem Klettersteig

Ausgangspunkt: Obsteig, 991 m, westlich des 1119 m hohen Holzleithensattels zwischen Nassereith und Telfs. Vom Straßenabzweig 500 Meter westlich des westlichen Ortsende-Schildes auf schmalem Sträßchen 1,7 km zum Alpengasthof Arzkasten, 1151 m.
Gehzeiten: Arzkasten – Lehnberghaus 1¼ – 1½ Std., Lehnberghaus – Stöttltörl 1½ – 1¾ Std., Stöttltörl – Wankspitze ¾ – 1 Std., Abstieg zum Lehnberghaus 1 Std.; Gesamtgehzeit: 5½ Std.
Anforderungen: KS2-B. Klettersteigpassagen mäßig schwierig, Gestein etwas brüchig, am Grat luftige ungesicherte Passagen.
Höhenunterschiede: Arzkasten – Lehnberghaus 403 Hm, Lehnberghaus – Wankspitze 655 Hm; Höhe des Klettersteigs ca. 170 Hm, Länge ca. 600 Meter.
Stützpunkt: Lehnberghaus, 1554 m, privat, im Sommer bew., Übernachtungsmöglichkeit, ✆ A-0676/5344791.

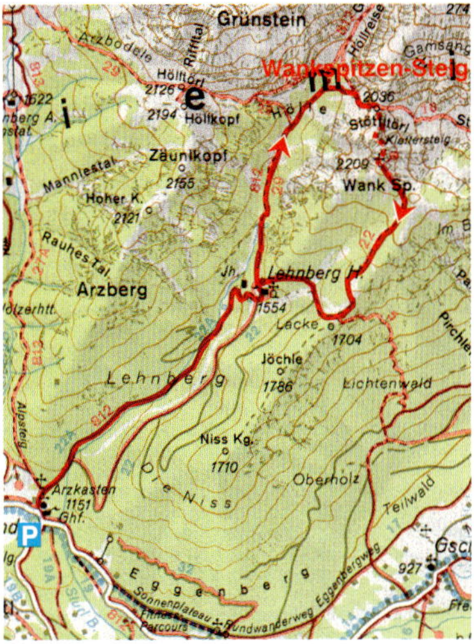

Südöstlich unterhalb der bekannten Grünsteinscharte steigt ein scharfer zersplitterter Grat auf. Hinter mehreren Türmchen, Zacken und Graten ragt auf dem höchsten Punkt dieses kleinen, aber wilden Felsenreviers das Gipfelkreuz der Wankspitze empor. Auf der gutmütigen Südseite führt seit alters her vom Lehnberghaus ein Normalweg für jedermann auf diesen weit nach Süden vorgeschobenen Aussichtsposten der Mieminger Kette. Seit dem Jahre 1985/86 führt ein rassig angelegter, pfiffiger Klettersteig quer durch die Westflanke des Vorgipfels, über den schmalen Grat zum Gipfelkreuz und macht aus der Aussichtswarte Wankspitze auch ein lohnendes, wenngleich nur kurzes Klettersteigvergnügen.
Aufstieg zum Lehnberghaus: Vom Gasthaus Arzkasten auf breiter, geschotterter Fahrstraße etwas eintönig durch die Waldzone bis zum Lehnberghaus. Auch die zunächst westlich des Baches emporführende Wegvariante führt weitgehend auf Forststraßen empor, leitet zuletzt als Pfad zu einer Jagdhütte und von hier ostwärts hinüber zum Lehnberghaus.
Gipfelanstieg: Von der Hütte zunächst links kurz auf flachem Fahrweg weiter bis zu einem kleinen Wasserreservoir. Hier beginnt ein mäßig steiler

Weg durch die Latschenzone der Gamsänger über die 2272 m hohe Grünsteinscharte hinüber zur Coburger Hütte. Etwa auf halbem Anstieg führt ein Wegabzweig rechts zum 2036 m hohen Stöttltörl empor, das man nach etwas mühseligen Serpentinen durch ein Kar erreicht. Südlich oberhalb der breiten Scharte beginnt der Klettersteig mit einem kurzen Steilwandstück, das mit sechs Steigbügeln überwunden wird. Ziemlich dünne, aber gut verankerte Stahlseile leiten nun durch Rinnen und Verschneidungen in interessanter, naturbelassener Wegführung mäßig steil und mäßig exponiert durch die stark gegliederte und zerklüftete Westwand bis zum nördlichen Vorgipfel. Auf dem Grat wird's luftig; Pfadspuren über schottrige, ungesicherte Gratschneiden und Bänder wechseln mit gesicherten Passagen, die den Grattürmen und Zacken rechts und links ausweichen, ab. Es gibt noch einige überraschende Passagen, bis man das schon vom Vorgipfel sichtbare Gipfelkreuz erreicht.

Abstieg: Vom Gipfel geht's auf dem Normalweg über den grasigen, breiten Südrücken problemlos auf Weg 22 hinab, bis man in 1700 m Höhe auf den breiten Weg nach rechts zum Lehnberghaus trifft.

Am Nordgrat der Südlichen Wankspitze.

40 Gesicherter Steig von der Hohen Munde, 2662 m, zum Niedermundesattel, 2059 m

Sehr lange Hochgebirgswanderung über berühmten Aussichtsberg

Ausgangspunkt: Von Mittenwald oder Seefeld in die Leutasch: Ortsteil Moos, 1180 m, Talstation des Sesselliftes, 1200 m.
Gehzeiten: Vom Tal zur Rauthhütte 1½ Std.; von der Hütte zum Ostgipfel 2½ Std., von hier zum Hauptgipfel ¾ Std., Abstieg über Niedermundesattel 5 Std.; Gesamtgehzeit: 9 Std.
Anforderungen: KS2-B. Sehr lang!

Höhenunterschiede: Leutasch – Hohe Munde 1060 Hm, ca. 50 Hm Zwischenabstieg; Länge des Klettersteiges ca. 400 m.
Aufstiegshilfen: Sessellift vom Weiler Moos zur Rauthhütte, 1200 m – 1600 m; erste Fahrt 9.00 Uhr. Betrieb saisonbedingt.
Stützpunkt: An der Bergstation des Sesselliftes Rauthhütte, 1605 m, ganzjährig bew., ✆ mobil A-0664/2815611.

Der östliche Eckpfeiler der Mieminger Kette, von allen Seiten ein ausgeprägter, formschöner und charakteristischer Berg, ragt 2000 m hoch über das Inntal auf und ist daher besonders von der Südseite sehr eindrucksvoll. Die Hohe Munde gilt als großartiger Aussichtsberg und wird vor allem im Spätsommer gerne von Bergwanderern bestiegen, während Extreme ihre Kräfte an der Südostverschneidung oder am Südwestpfeiler messen. Weithin unbekannt und wenig begangen ist der Klettersteig, der vom Hauptgipfel in der felsigen Südflanke des Grates zum Niedermundesattel weiterleitet. Hier überrascht die Hohe Munde, deren Normalweg gemeinhin als ordinärer Hatscher gilt, durch eine dolomitische Felsszenerie, deren gesicherte Querung allerdings nur ein kurzes Klettersteigvergnügen bietet.
Wer lange Anstiege und noch längere Rückwege nicht scheut, wird an den luftigen Felspassagen in einsamer Höhe seine helle Freude haben.
Aufstieg zur Rauthhütte: Mit dem Sessellift oder auf breitem Weg von

Am Beginn der gesicherten Querung unterhalb des Zintergrates.

Moos längs der Skipiste zur Hütte. Von Obern schattiger Waldweg.
Aufstieg: Durch eine anfangs flache, später steilere Grasmulde zum obersten Rand der Wiesen der ehemaligen Moosalm, dem sog. Jöchl. In einer Latschengasse erst auf steilem Pfad nach links zu den freien Hängen des weiten Ostrückens empor. Auf nunmehr deutlichem Steig über freie, grasige Hänge in Serpentinen empor bis zum breiten, schottrigen Ostgipfel, 2592 m (= Signalgipfel). Von hier undeutlicher Pfad durch Felsstufen und Schutt zum »Steinernen Manndl« in der Scharte zwischen den zwei Gipfeln. Über den schmalen Grat mäßig steil zum Hauptgipfel, 2662 m (Westgipfel). Nun den Grat nordwärts leicht bergab, bis links ein Stahlseil in die felsige Südwestflanke hinableitet. Gesichert bis zu einer flachen Felsrinne. Problemlos quert man die zerrissenen Felsabbrüche der Obern Fürleg und des Zintergrates bis zum westlichen Vorgipfel, über glatte Bänder und Felsrinnen hinweg. Diese Route vermeidet die schwierige Überkletterung der gesamten Gratzacken.
Abstieg: Vom Vorgipfel auf breitem Gratrücken bis zum Niedermundesattel, 2059 m. In Serpentinen auf Weg 811 nordwärts hinab durch den breiten Latschengürtel bis auf die (für Kfz gesperrte) Fahrstraße nahe der Tillfußalm, 1382 m, und Gaistalalm, 1366 m. Auf der Straße nach langem Marsch zurück.

41 Mittenwalder Klettersteig und Westliche Karwendelspitze, 2384 m

Genussreicher gesicherter Höhenweg mit grandioser Aussicht

Ausgangspunkt: Mittenwald, 912 m, Bahnhof, Talstation der Karwendelbahn, großer Parkplatz (für »Fußgänger« kleiner Parkplatz östlich der B11).
Gehzeiten: Mittenwald – Karwendelgrube über Mittenwalder Hütte 3½ – 4½ Std., über Dammkarhütte 4 – 5 Std. (im Abstieg jeweils 1 – 1½ Std. kürzer); Klettersteig Karwendelgrube – Brunnensteinanger 2½ – 3 Std.; Abstieg Brunnensteinanger – Mittenwald 3 – 3½ Std.; Gesamtgehzeit: von der Bergstation 6 – 7 Std., vom Tal mindestens 9½ Std.

Anforderungen: KS2/3-C. Bei guten Verhältnissen problemlos. Bei Seilbahnauffahrt normale Tagestour; bei Aufstieg zu Fuß sehr anstrengende Tagestour (Gratwanderung fällt dann auf den Nachmittag!). Trittsicherheit und Schwindelfreiheit Voraussetzung, auch für Heinrich-Noé-Weg. Die schattige Querung unter der Rotwandspitze, nach der kleinen Hütte (Materialdepot), kann bei harter Schneelage gefährlich werden; hier Steinschlaggefahr durch brüchiges Gestein in der frostigen Nordwand.
Höhenunterschiede: Mittenwald – Westliche Karwendelspitze etwa 1470 Hm; Klettersteig auf 2200 m – 2300 m Höhe verlaufend, mehrere kurze Gegenanstiege.
Aufstiegshilfen: Karwendelbahn, Seilschwebebahn von Mittenwald zur »Karwendelgrube«, 933 m – 2244 m.
Stützpunkte: An der Bergstation der Karwendelbahn, 2244 m, Restaurant, keine Übernachtung. Am Ende des Höhenweges: Tiroler Hütte, 2153 m, im Sommer einfach bew., ✆ mobil D-0171/3312081, privat; im Abstieg Brunnsteinhütte, 1560 m, bew. Mitte Mai bis Mitte Oktober, ✆ mobil D-0172/ 8909613.

Der Mittenwalder Höhenweg, schon 1972/73 angelegt, später »Mittenwalder Klettersteig« genannt, ist eine der beliebtesten und meistbegangenen Gratüberschreitungen des Karwendel. Der gewissenhaft gesicherte Steig über den teils felsigen, teils grasigen Grenzgrat ist etwa 5,5 km lang, enthält 1500 Meter Stahlseil, etwa 70 Meter Stahlleitern und einige kurze, luftige Holzstege. Er führt von der Bergstation der Karwendelbahn südwärts zur winzigen Tiroler Hütte unter dem Brunnstein und bietet ein grandioses Karwendelpanorama sowie Fernblicke bis tief in die Zentralalpen. Der Steig ist bei guten Verhältnissen für halbwegs Geübte ausgesprochen genussvoll.

Karwendelpanorama im Abendlicht – der Klettersteig verläuft über die rechte Grathälfte.

Aufstiege zur Karwendelgrube: a) Mit der Karwendelbahn bequem zur »Karwendelgrube« (Bergstation, 2244 m), dem eigentlichen Ausgangspunkt. b) Konditionsstarke können auch den interessanten, doch anstrengenden Aufstieg über den Karwendelsteig wählen, der zunächst in steilen Kehren durch den Hochwald zur Mittenwalder Hütte führt (1½ Std.). Von dort leitet ein bezeichneter, teilweise stahlseilgesicherter Steig in weiteren 2 Std. durch die kesselartige »Wanne« steil über Fels empor zur »Karwendelgrube«. (Im Frühsommer noch tiefer Schnee, im Herbst schon Neuschnee und Vereisungsgefahr im letzten, nordseitigen Steilstück dieses Weges!)
Gratüberschreitung: Als Auftakt empfiehlt sich der kurze Aufstieg zur Westlichen Karwendelspitze, 2384 m, von der Bergstation unschwierig in ½ Std. zu bewältigen (Drahtseile entlang der Wand, völlig problemlos). Wer zu Beginn etwas Scharfes wagen will, kann den Gipfel auf dem 1998 angelegten, sehr exponierten, aber ausreichend mit Stahlseil gesicherten Klettersteig über den Grat erreichen (195 m lang, ¼ Std. Kletterzeit, Zugang von der Sitzbank am »Panoramaweg«). Der Höhenweg selbst beginnt an der höchsten Stelle des Panoramaweges über der Karwendelgrube; genau am Grenzstein leiten die ersten Stahlseile mitten hinein in eine hochalpine Szenerie, bei der die luftigsten Passagen mit festen Leitern und Steigklammern überwunden werden. Der Steig folgt in südlicher Richtung etwa dem Gratverlauf zwischen Karwen-

delgrube und Brunnsteinspitze, wechselt mitunter von bayerischem auf österreichisches Gebiet und bietet stets herrliche Weitblicke ostwärts auf das übrige Karwendel, westwärts auf Wetterstein, Ferchensee und Lautersee, während von Süden die schneebedeckten Gipfel der Zentralalpen herüberschimmern. Zunächst erreicht man die Nördliche Linderspitze, 2372 m, steigt von dort über einen steilen Grashang zum »Steinernen Zaun« ab und kreuzt den Heinrich-Noé-Weg. Über Leitern wieder empor zum Grat, der zur Südlichen Linderspitze, 2305 m, und hinüber zum »Gamsangerl« führt. Hier Abstiegsmöglichkeit zum Sulzleklammanger (½ Std.), wo man auf den Heinrich-Noé-Weg trifft und entweder direkt zur Brunnsteinhütte (1½ Std.) oder zurück zum »Steinernen Zaun« und zur Bergstation gelangen kann (¾ Std.). Vom »Gamsangerl« weiter über die Sulzleklammspitze, 2321 m, zur Kirchlespitze, 2301 m, von wo aus der weitere Weg zum Brunnsteinanger, 2082 m, unschwierig bergab führt. In kurzem Anstieg erreicht man Rotwandlspitze, 2191 m, und Brunnsteinspitze, 2180 m, hinterher verdiente Brotzeit in der winzigen, originellen Tiroler Hütte.

Abstieg: Vom Brunnsteinanger auf Serpentinenweg durch den Latschengürtel in 1 Stunde hinab zur Brunnsteinhütte, dann weiter hinab zur unteren Sulzleklamm. Hier auf gesichertem Steig über die meist trockene, tief eingeschnittene Steilrinne der Sulzleklamm und auf dem sympathischen »Leitersteig« mit leichten Gegenanstiegen quer durch den Hochwald hinüber zum Parkplatz. Der im Tal gelegene Rückweg, der sog. Wiesenweg über das Hoffeld, vermeidet zwar jegliche Gegenanstiege, ist aber erlebnisarm.

Aufstieg vom »Steinernen Zaun« über eine harmlose Leiter.

42 Brendlsteig zu Ödkarspitzen und Birkkarspitze, 2749 m

Weite Wege auf den höchsten Gipfel des Karwendel

Ausgangspunkte: a) Hinterriß, 928 m, auf der Straße noch ein Stück talein bis zur Abzweigung zum Fahrweg ins Johannestal (für Kfz gesperrt).
b) Von Hinterriß über Mautstraße bis zum Großen Ahornboden, 1218 m, Parkplatz.
c) Scharnitz, 964 m, Bahnhof, Fahrstraßen ostwärts in sämtliche Täler des Karwendels (alle fahrradtauglich).
Gehzeiten: Hinterriß – Karwendelhaus 3½ Std., Großer Ahornboden – Falkenhütte – Karwendelhaus 5 Std.; Scharnitz – Karwendelhaus 4½ Std., Karwendelhaus – Birkkarspitze 3 Std., Abstieg vom Gipfel durchs Hinterautal bis Scharnitz 5 – 6 Std.; Gesamtgehzeit: von Hinterriß ca. 12 Std., vom Gr. Ahornboden 15 Std., von Scharnitz 14 Std.
Anforderungen: KS2-C/D. Als Tagestour sehr lang und anstrengend. Technisch unschwierig, jedoch im oberen Schlauchkar während des Frühjahrs und bei Neuschnee akute Lawinengefahr, im Herbst Rutschgefahr auf hartgefrorenem Schnee! Bei Nebel Orientierung im Kar sehr schwierig.
Höhenunterschiede: Hinterriß – Karwendelhaus 740 Hm; Großer Ahornboden – Karwendelhaus 575 Hm (Gegensteigungen!); Scharnitz – Karwendelhaus 800 Hm, Karwendelhaus – Birkkarspitze 980 Hm; Höhe Gipfelsteig kaum 100 Hm, Brendlsteig ca. 150 Hm.
Stützpunkte: Karwendelhaus, 1771 m, bew. Anfang Juni bis Mitte Oktober, ✆ A-05213/5623, im Tal A-05264/5492.
Hinweis: Von Hinterriß und von Scharnitz Mountainbike empfehlenswert.

Der Gipfel der Birkkarspitze mit dem gesicherten Westgrat; links Schnee im Schlauchkar.

Die Birkkarspitze im Herzen des Karwendel ist wegen ihrer landschaftlichen Schönheiten und der umfassenden Sicht – vom Alpenvorland bis zu den Tauern und der Silvretta – ein viel begehrtes und viel begangenes Ziel. Der Klettersteig zum eigentlichen Gipfelaufbau ist allerdings sehr kurz. Wer nicht durch das kräftezehrende Schlauchkar hinauf keucht, sondern den gut markierten, aber wenig begangenen Umweg über den gesicherten Brendlsteig wählt, hat am Aufstieg die doppelte Freude und erlebt den herrlichen, einsamen Grat über die drei Ödkarspitzen.

Aufstiege zum Karwendelhaus: a) Vom Wegabzweig ins Johannestal auf Fahrstraße etwa 2 Std. auf den Kleinen Ahornboden, ein landschaftliches Glanzstück des Karwendel (Jagdhütten, Hermann-von-Barth-Denkmal, Wegabzweig zur Falkenhütte). Wer ungern auf Fahrstraßen wandert, kann den Kleinen Ahornboden auch auf schmalem, sehr einsamem Waldpfad auf der anderen Seite des Johannestals erreichen; dieser Pfad beginnt fast unmittelbar an der Mautstelle und führt zunächst querfeldein über die Wiesen. Vom Kleinen Ahornboden zieht die Fahrstraße zunächst südwärts, dann in großem Bogen nach West und in zahlreichen Kehren zum Hochalmsattel, 1803 m; von hier leicht absteigend in wenigen Minuten zum Karwendelhaus.
b) Vom Großen Ahornboden auf hübschem Waldpfad zunächst auf das Hohljoch, 1795 m, und von dort hinüber zur Falkenhütte, 1846 m. Nun ohne nennenswerten Höhenverlust auf schmalem Steig entlang der Laliderer-wand bis zur Einmündung in die Fahrstraße zum Karwendelhaus.
c) Vor der Kirche in Scharnitz links ab bis zum Beginn der Fahrstraße ins Karwendeltal. Die Straße führt entlang des Karwendelbaches an Larchetalm, Angeralm und Hochalm vorbei, nur zuletzt geht's sehr steil bis zum Karwendelhaus. Ein Abkürzungsweg zweigt rechts beim Beginn der Steigung zwischen Angeralm und Hochalm ab und führt geradewegs zum Haus empor. Da die Straße zum Karwendelhaus 18,6 km lang ist und über große Strecken fast eben verläuft, empfiehlt sich der Einsatz eines Fahrrades.

Gipfelanstiege: a) Gleich neben dem Karwendelhaus den steilen Hang an Stahlseilen hinauf und quer durch die latschenbestandenen Westhänge des Hochalmkreuzes ins schier endlose Schlauchkar. Es folgt der Wegabzweig nach links zum Hochalmkreuz, nach rechts zum Brendlsteig; hier geradewegs durch das Kar empor. Steil und mühsam südlich, zuletzt südwestlich hinauf zum Schlauchkarsattel, 2636 m, wo die winzige Birkkarhütte steht (offener Unterstand). Genau am Fußpunkt der Felsen beginnen die Sicherungen, die zunächst über den Westgrat, später in der Südwestflanke über teils plattiges, teils schotterbedecktes Gestein unschwierig in ¼ Stunde zum Gipfelkreuz führen.
b) Vom Karwendelhaus bis zum Beginn des Schlauchkars, hier jedoch nach etwa 20 Minuten, beim Wegabzweig »Brendlsteig«, rechts ab und zunächst durch Wiesen leicht abwärts. In großem Bogen durch das Kar bis an den steilen, latschenbestandenen Rücken.

Auf gesichertem Steig mühsam empor bis zur Kammhöhe, dann südwärts bis zum Felsansatz, wo der Steig zur rechten Seite der Felsen mit interessanten Stellen weiterführt. Zuletzt über Schuttfelder und gestufte Schrofen gegen den Westgrat der Westlichen Ödkarspitze bis zum Gipfel, 2712 m. Von der Westlichen Ödkarspitze aussichtsreiche Gratwanderung, teilweise gesichert, über die Mittlere Ödkarspitze, 2745 m, und Östliche Ödkarspitze, 2738 m, bis zur Birkkarhütte, ab hier weiter wie Aufstieg a).

Abstiege: Wie Aufstieg a) oder b) oder nach Süden durchs Birkkar (100 Hm Seilsicherungen) ins Hinterautal; von hier landschaftlich großartige Wanderung, mit Einblicken in die Nordwände der Gleirschkette, bis nach Scharnitz.

43 Freiungen-Höhenweg über Freiungspitzen, Kuhljochspitze und Reither Spitze, 2374 m

Langer Höhenweg in abwechslungsreicher Felsszenerie

Ausgangspunkt: Seefeld in Tirol, 1180 m, Bahnhof, Talstation der Standseilbahn Seefeld zur Roßhütte, 1234 m, Parkplatz.
Gehzeiten: Talstation – Roßhütte zu Fuß 1½ – 2 Std., Roßhütte – Seefelder Joch ¾ – 1 Std.; Roßhütte – Nördlinger Hütte über Reither Spitze 1½ – 2 Std.; Übergang vom Seefelder Joch zur Nördlinger Hütte 2 – 2½ Std.; Bergstation Härmelekopf – Nördlinger Hütte ½ – ¾ Std., über die Reither Spitze 1 – 1¼ Std.; Höhenweg Nördlinger Hütte – Solsteinhaus 4 – 4½ Std. (in Gegenrichtung 4½ – 5 Std.), Solsteinhaus – Bahnhof Hochzirl 2 – 2½ Std.; Gesamtgehzeit: ab Härmelekopf 7½ Std., mit Erlspitz-Überschreitung 9½ Std.
Anforderungen: KS1-B. Auch bei Benützung beider Bergbahnen ausgefüllte Tagestour, Trittsicherheit und Schwindelfreiheit erforderlich, bei Nebel unbedingt auf Markierung achten! Vorsicht bei Nässe!
Höhenunterschiede: Standseilbahn-Talstation – Roßhütte 516 Hm, Roßhütte – Reither Spitze 627 Hm, Nördlinger Hütte – Solsteinhaus 432 Hm (Gegensteigungen); Länge des Höhenweges 5 – 6 km.
Aufstiegshilfen: Standseilbahn Roßhütte, 1234 m – 1748 m, (1. Fahrt 8.30 Uhr, Sa., So., Feiertag 8.00 Uhr; halbstündlich bis 17.00 Uhr); Seilschwebebahn Roßhütte – Seefelder Joch, 1751 m – 2060 m; Seilschwebebahn Roßhütte – Härmelekopf, 1751 m – 2034 m.
Stützpunkte: Am Ausgangspunkt Nördlinger Hütte, 2239 m, bew. Pfingsten bis Mitte Okt., ✆ mobil A-0664/1633861; am Endpunkt Solsteinhaus, 1805 m, bew. Mitte Mai bis Mitte Okt., ✆ A-05232/ 81557.
Hinweis: Gut zu verbinden mit → Zirler Klettersteig auf die Erlspitze.

Dieser angejahrte, aber nach wie vor beliebte Höhenweg ist auch Klettersteigliebhabern zu empfehlen; nur wenige Stellen gesichert. Er durchläuft in der sonnigen Südseite den langen Verbindungsgrat zwischen der Reither Spitze und der Erlspitze und quert dabei abenteuerliche Szenerien zwischen zerklüfteten Felsbastionen, weite Jöcher, Steilhänge und wüste Kare. Am Solsteinhaus bieten sich mehrere Möglichkeiten, das alpine Erlebnis lohnend auszuweiten, z.B. der Klettersteig auf die nahe → Erlspitze. Die Besteigung des Großen und Kleinen Solsteins ist ebenfalls eine lohnende Tagestour. Über den »Gipfelstürmerweg« kann man, allerdings mit großem Gegenanstieg, den Frau-Hitt-Sattel erreichen und hat hier Anschluss zum großartigen → »Innsbrucker Klettersteig«. Außerdem führt von hier der aussichtsreiche »Zirler Schützensteig« in 1½ – 2 Std. zur Neuen Magdeburger Hütte (bester Verbindungsweg der Hütten, Stahlseilsicherungen, Eisenklammern, gute Bezeichnung; Trittsicherheit und Schwindelfreiheit erforderlich).
Aufstieg zur Nördlinger Hütte: Zur Roßhütte am besten mit der Standseilbahn. Bequeme fahren gleich zur Bergstation Härmelekopf, 2034 m, weiter. Von dort führen zwei Wege zur Nördlinger Hütte: Der bequemere Höhenweg, in der West- und Südflanke der Reither Spitze, führt in ½ – ¾ Std. zur Hütte. Der Gratweg über Härmelekopf, 2224 m, und Reither Spitze, 2374 m, dauert etwa ½ Std. länger. Von der Reither Spitze auf gutem Steig in 10 Min. zur Hütte.

Höhenweg: Der Freiungen-Höhenweg beginnt unmittelbar hinter der Nördlinger Hütte, 2239 m, dem höchstgelegenen Karwendelschutzhaus, und führt zunächst 20 Minuten steil abwärts zum Ursprungsattel, 2096 m, dem tiefsten Punkt des gesamten Weges. Weiter über den begrünten Sattel an den Wimbertürmen vorbei, dann nach rechts über Schutt zu den ersten Seilen und auf die Südseite der Freiungspitzen. Bald erreicht der Weg seine größte Höhe, führt streckenweise direkt am Grat, meist aber in der Südflanke entlang und bietet durch seine wechselnden Ausblicke eine unvergessliche Erlebnisfülle. Eine grandiose Felsszenerie verlockt zu leichter Kletterei auf die knapp oberhalb des Weges liegenden Zacken und Spitzen: Freiungspitzen, 2332 m, Kuhljochspitze, 2297 m (I). Von der begrünten Kuhljochscharte, 2171 m, erblickt man das Solsteinhaus; der Weg wendet sich hier erstmals von der Südflanke und führt steil in nordöstlicher Richtung abwärts (Bezeichnung 211 beachten, nicht den hier südwärts abzweigenden, unbezeichneten Steig zum Kreuzjöchl einschlagen!). Der folgende Abstieg bietet bei sehr kühner Wegführung ein Höchstmaß an Eindrücken; die Durchquerung des Höllkars, des melancholischen Schuttkessels zu Füßen der wildzerklüfteten, in zahllose bizarre Türmchen und Kamine aufgesplitterten Südwände der Erlspitze ist ein wahrer Schlussakkord. Mitten in der Schuttreiße trifft man auf die Wegabzweigung zur Eppzirler Scharte. Nun auf Steigspuren die Reiße hinab, dann links auf Latschenweg zum Solsteinhaus auf dem Erlsattel.

Felsband am Freiungen-Höhenweg.

Abstiege: Der einfachste Rückweg zum Ausgangspunkt Seefeld führt zunächst auf Markierung 213 westwärts durch das wildromantische Erltal hinab; die schönsten Wegstrecken rufen nochmals Erinnerungen an den Höhenweg wach. Vorbei an der Almhütte auf der Solenalm, 1644 m, und hinunter in das Hochtal Oberbach (Kreuz, Brunnen). Hier endet die von Zirl emporführende schmale Forststraße, über die man bis zur ersten Kehre abwärts bummelt, wo rechter Hand ein Schild »Hochzirl« auf die alte Fahrstraße hinweist. Der Weg führt zur Bahnhofsidylle Hochzirl, 960 m, wo man die 10 km lange Rückfahrt nach Seefeld per Bahn antreten kann. Vom Bahnhof Seefeld quer durch den Ort zurück zum Parkplatz.

Gießenbach
Sportalm Mühlberg
Schrofenegg
Vord. Lehntal
Hint. Lehntal
Mittag K.
Zäunl K.
Zunter K.
Simmlberg
1508
Würflklamm
Grünbödele H.
Seestadeln
Schlagkopf
1518
Reiserigklamm
Schlagstl.
Reither Tal
Karltal
Gaisburgls Boden
Oberbrunn A.
Lehntal
Sunntigköpfl
Jausenstat. Bodenalm
Steinölbrennerei (verf.)
Lehenwald
Mühlegg
Ankerschlag
Schlagsteig
Luchsfalle
Luchsfallenschrofen
Eigenhofner Iss
Brunstkopf
1930
Madeeregg
1954
Roßhütte
Seefelder Joch
Hochegg 1545
Köpfl
Hermannstal
Seefeld in Tirol
(1180)
Seefelder Spitze
2221
Turnklamm
Karl Sp.
Marchkopf
Samstagkar Sp.
Jagerwaldl
Wimmertal
Eppzirler A.
Fleischbank
Sunntigköpfl
1755
Kriņzwald
Härmelekopf
Gamsgarten
Reither Joch A.
Hochanger
Kotzengruben
44
Fleischbanktürm
Zirler Klettersteig
Reither Spitze
Gschwendt
Nördlinger H.
Ursprungsattel
Freiung Sp.
2332
Kuhloch
Kuhloch Sp.
Erlspitze
Eppzirler Sch.
Maximilianshütte (Ichthyolwerk)
Rauhkar
Höhenweg
Freiungen-Höhenweg
Höllkar
43
Schartlehner
1856
Rauhenkopf
2011
Mitterberg
1710
Grieskar
Kreuzjöchl
2043
Solstein H.
Holzköpfl
1893
Durschkopf
Garberskopf
1903
Solna A.
Oberbach
Reith bei Seefeld
(1130)
Kaiserstand
Granegg
Garbers A.
Brunstkopf
Brunnenschrofen
Die Pleiner
Fleiserwald
Paffers Mahd
Rangger Mahd
Brunntal
Kalkofen
Leithen
(1010)
Zirler Berg
Schloßsteig
Landeskrankenhaus
Hochzirl
Hochstenboden
Zirler Mahder
Eigenhofen
(601)
Rasthaus
Schloßwald
Kaiser Max
Ruine Fragenstein
Wört

44 Zirler Klettersteig auf die Erlspitze, 2405 m

Verwegene, spärlich gesicherte Felstour, lange Zustiege

Ausgangspunkte: a) Zirl, 622, Bahnhof, von hier auf schmalem, steilem Sträßchen 2,3 km zum Bahnhof Hochzirl, 960 m, Parkplatz.
b) Seefeld in Tirol, 1180 m, Bahnhof, Talstation der Standseilbahn, 1200 m, großer Parkplatz.
c) Von Scharnitz, 964 m, Bahnhof, ca. 2,5 km westwärts nach Gießenbach, 1012 m, Bahnhof, Parkplatz hinter dem Bahnübergang.
Gehzeiten: a) Hochzirl – Eppzirler Scharte 3 Std.;
b) Bergstation Härmelekopf – Freiungen-Höhenweg – Eppzirler Scharte 4 – 5 Std.; Gießenbach – Eppzirler Scharte 3 Std., Eppzirler Scharte – Erlspitze 1 – 1½ Std.; Gesamtgehzeit: Von Hochzirl 7½ Std., über Freiungen-Höhenweg (vom Härmelekopf) 9 – 10 Std., von Gießenbach 8 – 9 Std.
Anforderungen: KS3-C. Mäßig schwierig, jedoch brüchiges Gestein, einige ungesicherte Stellen I – II, z.T. Steinschlaggefahr.
Höhenunterschied: Hochzirl – Erlspitze ca. 1440 Hm, Härmelekopf – Erlspitze über Freiungen-Höhenweg ca. 350 Hm, mehrere Gegenanstiege; Gießenbach – Erlspitze ca. 1390 Hm; Höhe der gesicherten Strecke 210 Hm.
Aufstiegshilfen: Bei Zustieg über → Freiungen-Höhenweg siehe Tour 43.
Stützpunkte: Am Erlsattel, 600 m südlich unter der Erlspitze: Solsteinhaus, 1805 m, bew. Anfang Juni bis Mitte Oktober, ✆ A-05232/81557; am westlichen Ende des Freiungen-Höhenweges: Nördlinger Hütte, 2239 m, bew. Anfang Juni bis Mitte Oktober, ✆ mobil A-0664/1633861; am Aufstieg von Gießenbach: Eppzirler Alm, 1459 m, im Sommer bew., Unterkunft, ✆ mobil A-0664/4629211, privat.
Hinweis: Ideal zu verbinden mit dem → Freiungen-Höhenweg.

Die Erlspitze zeigt sich von der zahmen Südseite als pyramidenförmiger schrofiger Berg mit ausgeprägtem Ost- und Westgrat, auf dem undeutlichen Südgrat zieht der beliebte alte Normalweg empor. In der schauerlich abstürzenden Ostseite ist die berühmte Gipfelstürmernadel eines der meistfotografierten Motive an und um diesen Berg. An der Westseite bäumen sich die vor Urzeiten wie Blätterteig zusammengepressten Gesteinsschichten senkrecht empor – ein steinernes Lehrbuch der Geologie. Durch dieses Chaos von Rinnchen und Rippchen, Türmchen und Gratzacken, schottrigen Bändern und grasigen Schrofen zieht der nur stellenweise gesicherte, oft recht böselige Steig listig, mitunter etwas verwegen und luftig seinen markierten Weg zum Gipfel. Die Zustiege sind durchwegs lang und ermüdend, lassen aber die Felsszenerie zwischen Reither Spitze und Solstein nachhaltig erleben – je nach Zustieg hautnah oder als eindrucksvolle Kulisse.

Aufstieg zur Eppzirler Scharte, 2093 m: a) Von Hochzirl führt der Flieser Waldweg gut markiert und beschildert bis zur Solenalm, 1644 m; von hier fast eben bis unter das Höllkar und den steilen Hang südostwärts hinauf bis zum Solsteinhaus am Erlsattel. Nun den → Freiungen-Höhenweg (Bez. 211) westwärts bis zum Wegabzweig ins Kar und in steilen Serpentinen (Bez. 212) bis zur Scharte.
b) Über den → Freiungen-Höhenweg bis zum o.g. Wegabzweig und von

Das Felsszenarium der Eppzirler Scharte; hier geht es nach rechts.

hier auf Weg 212 zur Scharte.
c) Von Gießenbach führt ein 6,4 km langes, für Kfz gesperrtes Sträßchen bis zur Eppzirler Alm, 1½ Std., bis hierher auch mit Fahrrad. Bis zur Eppzirler Scharte noch 1½ Std. auf Weg 212, zuletzt in steilen Kehren, durch ein Kar.
Gipfelanstieg: Die spärlich gesicherte Westgratroute windet sich als rot markierter Pfad zwischen Felstürmen, steilen Fels- und Schuttrinnen, schrägen Querungen und kurzen Felsabsätzen als bröseliger Pfad bis zum Gipfel.
Abstieg: Der alte Normalweg führt problemlos über die Südflanke zum Solsteinhaus. Unter dem Gipfel beklemmender Tiefblick in eine grasige Steilrinne, aus der eine schlanke Felsnadel fast 50 m hoch emporragt – die berühmte Gipfelstürmernadel, 2360 m. Zwei knifflige Stellen des Abstiegs sind ausreichend gesichert. Vom Solsteinhaus wie im Aufstieg a) zurück zum Bahnhof Hochzirl oder über den Freiungen-Höhenweg zum Ausgangspunkt Seefeld. Zur Eppzirler Alm muss man einen kräftigen Gegenanstieg über die Eppzirler Scharte in Kauf nehmen.

45 Kaiser-Max-Klettersteig durch die Martinswand auf 850 m Höhe

Extreme Kraftproben an senkrechter Felswand

Ausgangspunkt: Zirl, 622 m, Bahnhof, Parkplatz unter dem Einstieg, 100 Meter westlich des Maximiliandenkmals an der alten Straße von Zirl nach Innsbruck.
Gehzeiten: Zustieg ¼ Std., Aufstieg Sektion I bei guter Kondition ca. ¾ Std., Abstieg und Rückweg 1½ Std.; Sektion II zusätzlich 1 – 1½ Std.; Gesamtgehzeit: für alle drei Sektionen mit Abstieg für Geübte 2½ – 3 Std.
Anforderungen: KS6-0. Sektion I im oberen Teil sehr schwierig (KS4/5), Sektion II streckenweise äußerst schwierig (KS6), kraftraubend und ausgesetzt, nur für »extreme« Klettersteigfanatiker! Abstieg (= Sektion III) nur mäßig schwierig (KS3). Stellenweise Steinschlaggefahr.
Höhenunterschiede: Parkplatz – höchster Punkt ca. 250 Hm; Höhe der Klettersteige: Sektion I ca. 150 Hm, Sektion II und III jeweils ca. 130 Hm.
Hinweis: Keinesfalls vollen Rucksack oder überflüssiges Gepäck mitnehmen!

Der 1986 angelegte Klettersteig ist in drei »Sektionen« gegliedert. Sektion I führt mit ca. 200 m Seil bis zur historischen Felsgrotte, 720 m. Sektion II enthält ca. 340 m Seil und bietet auf ca. 110 m Höhe sicherlich die technisch schwierigste Vertikale, die bisher gesichert worden ist. Sektion III, der Abstieg vom höchsten Punkt bis zum Grottensteig, ist ebenfalls durchgehend mit ca. 150 m Seil gesichert und vergleichsweise harmlos. Die Aufstiegsroute, im unteren Teil schon sehr schwierig, steigert sich im oberen Teil zu einer sehr kühnen Direttissima durch senkrechten und trittarmen, stellenweise sogar leicht ausgebauchten und glatten Fels. Nur ein Stahlseil, aber keine Bügel oder Stifte führen über die kleingriffigen Wandstellen, die ungesichert wohl mit dem VI. Grad zu bewerten wären. Auch routinierte Felsgänger atmen erleichtert auf, wenn sie den »Ausstieg« – eine kleine Felsschulter mit ein paar Föhren – erreichen! Diese Extremroute ist nur für Versierte gedacht, die immun gegen Schwindel erregende Tiefblicke sind. Für sie ist der zwei- bis dreistündige Kraftakt ein sportliches Vergnügen – alle anderen sollten sich mit dem berühmten Normalweg, der 1883 von Zirl aus zur Grotte gebaut wurde, begnügen und von hier gegebenenfalls die Sektion III begehen.
Aufstieg: Schon nach ¼ Stunde Aufstieg durch dichten Mischwald ist der Wandfuß, 625 m erreicht. Nach wenigen Metern waagrechter Querung folgt die erste vertikale Passage. Über sparsam gesetzte Trittstifte erreicht man

nach etwa 20 m Höhe ein schräg nach links steigendes, teilweise grasiges Band, das etwa 100 m weit emporführt. Nun wird es rapide schwieriger; das Seil zieht gnadenlos über teilweise senkrechte, stellenweise sogar etwas ausgebauchte Felswände empor, die Trittbügel und Stifte liegen weit auseinander. An einer leichteren Stelle verzweigt sich die Seilführung. Links geht es nochmals etwa 10 m steil und anstrengend zur Grotte – ein großes Erlebnis!

Sektion II beginnt etwa 10 m unterhalb der Grotte mit einem nur mäßig schwierigen Aufstieg schräg nach rechts in die Wand, dem ein ca. 80 m tiefer Abstieg folgt. Zum Fußpunkt der Direttissima quert man fast trittlos über ein senkrechtes Wandstück. Die nun folgende 110 m hohe, trittarme Pfeilerwand ist durchgehend fast senkrecht. Das Seil ist ausreichend dick und in kurzen Abständen verankert. Tritthilfen sind nicht eingebaut! Erst unmittelbar vor dem Pfeilerkopf helfen zwei Trittstifte über die leicht ausgebauchten letzten Meter hinweg. Die Sicherungen gehen nahtlos in den Abstieg über.

Blick vom Normalweg auf die I. Sektion des Kaiser-Max-Steiges.

Abstieg: Ein dünnes Seil führt leicht nach links abfallend weiter zu einem Quergang, dann durch eine schotterige Schlucht und in leichtem, gesichertem Gelände bis zum Beginn des eigentlichen Abstiegs. In mäßig schwierigem Gelände zu einer flachen Rinne, dann geht es steiler abwärts. Nach einem schwierigeren Quergang führt das Seil bis auf den alten Grottensteig hinab, knapp vor dem Einstieg zur Grotte. Der nach Steinbrucherweiterung höher gelegte, gut abgesicherte Grottensteig erreicht nach Gegenanstieg die breite, schotterige Fahrstraße nach Hochzirl, auf der man zunächst weiter absteigt. Ein schmaler Weg führt bald nach links in Richtung Geistbühelkapelle. Wenige Meter vor der Kapelle geht ein schmaler Pfad abermals links ab (Hinweis »Innpromenade«). Kurz durch den Wald hinab bis zur Straße und auf dieser in ¼ Stunde zum Ausgangspunkt.

46 Innsbrucker Klettersteig über die Kemacherspitze, 2480 m, Julius-Pock-Weg zur Vorderen Brandjochspitze, 2559 m

Klettersteiggenuss der oberen Klasse mit herrlichem Dauer-Panorama

Ausgangspunkt: Innsbruck, 574 m, Bahnhof, Bergstation der Zahnradbahn Hungerburg, zugleich Talstation der Seilschwebebahn, 868 m, großer Parkplatz.
Gehzeiten: Hafelekar – Langer Sattel 3 Std., Langer Sattel – Frau-Hitt-Sattel 1½ Std., von hier Abstieg zur Mittelstation Seegrube 1 – 1½ Std.; Gesamtgehzeit: 6 Std.
Anforderungen: KS3/4-C. Vom Hafelekar zum Langen Sattel mäßig schwierig, von der Östlichen Sattelspitze zum Frau-Hitt-Sattel luftiger und merklich anspruchsvoller; letzter Steilabstieg sehr exponiert.
Höhenunterschiede: Im 1. Teil 510 Hm Auf- und 410 Hm Abstieg, vom Langen Sattel zur Östlichen Sattelspitze 110 Hm Aufstieg, im 2. Teil 50 Hm Auf- und 220 Hm Abstieg; Länge der Klettersteigpassagen im 1. Teil 2,5 km, im 2. Teil 0,8 km.
Aufstiegshilfen: Von Innsbruck Zahnradbahn zur sog. Hungerburg, 868 m, hierher auch mit Kfz, großer Parkplatz. Von der Hungerburg Seilschwebebahn zur Mittelstation Seegrube, 868 m – 1905 m, erste Fahrt im Juli, August, September um 8.25 Uhr, im Mai, Juni, Oktober um 8.40 Uhr; von der Seegrube Gipfelseilbahn zur Bergstation Hafelekar, 1905 m – 2269 m.
Stützpunkte: Unterwegs keine. Auf den Seilbahnstationen Hafelekar und Seegrube große Restaurants; Berghotel Seegrube, 1905 m, privat, ganzj. bew., ✆ A-0512/293375; Hafelekarhaus, 2269 m, privat, bew. während des Bahnbetriebs.
Sehenswert: Altstadt Innsbruck; Zoo.
Hinweis: Der einfache Klettersteig zur Vorderen Brandjochspitze bietet eine schöne, gut verträgliche Verlängerung (KS2-B).

Die viel begangene Überschreitung von sieben Gipfeln der Nordkette ist nicht gerade ein Prüfstein für Extreme – es ist in erster Linie ein Weg für Genießer. Und dies in doppelter Hinsicht: Das berauschende Bergpanorama ist ebenso ein alpines Genussmittel wie die gekonnte, pfiffig angelegte Wegführung. Der Klettersteig besteht aus zwei völlig getrennten und sehr unterschiedlichen Abschnitten. Vom Hafelekar bis zum Langen Sattel – das sind fast 3 Std. genussvoller Gratbummel, mit einigen schärferen Einlagen: In der gemütlichen Grasmulde des Langen Sattels ist »Halbzeit«, gespannt sieht man der Steigerung entgegen. Der kühne Weg durch den zauberhaften Felszirkus der beiden Sattelspitzen übertrifft aber alle Erwartungen. In 1½ Std. kann man hier fast die ganze Skala dolomitischer Klettersteiggenüsse wie im Zeitraffer erleben – Grate und Scharten, Kaminchen, Türmchen und Rippen wechseln in schneller Folge. Und dann das Finale! Steigbügel führen senkrecht in die Tiefe, und an einem kleinen Überhang steigt man sogar von einer Bügelreihe luftig auf eine andere um. Der Steig umgeht respektvoll die sagenumwobene »Frau Hitt« an ihrem nördlichen Felssockel, und am folgenden Sattel ist zu überlegen, ob man noch das Vordere Brandjoch mitnimmt. Lohnend ist es allemal. Der Innsbrucker Klettersteig ist weitgehend »reinrassig« – keine ermüdenden Anstiege, keine faden, endlosen »Talhatscher« – vom ersten bis zum letzten Seil ein Klettersteiggenuss der gehobenen Klasse – einer der schönsten gesicherten Höhenwege der Ostalpen. Verarbeitet wurden übrigens 2200 Meter Stahlseil, 700 gebohrte Haken und 150 Stifte und Profiltritte.

Gratüberschreitung: Von der Bergstation Hafelekar westwärts zum Einstieg am ersten Felstürmchen. Ein kurzes Steilstück ist als scharfe Schlüsselstelle angelegt. Das erste Gipfelkreuz an der Seegrubenspitze, 2350 m, ist schnell erreicht. Nun teils über den Grat, teils kurz darunter, durch die Nordflanke zu einem kleinen Sattel. Es folgen zwei schöne rassige Wandstellen und über einen kurzen Grat die Östliche Kaminspitze, 2432 m, die Mittlere Kaminspitze, 2435 m, und die Westliche Kaminspitze, 2445 m. Nach mehrfachem Auf und Ab zu beiden Seiten des Grates quert man eine Scharte über die sog. »Seufzerbrücke«, eine pendelnde 8 m lange Stahlseilhängebrücke. Unmittelbar davor der erste gesicherte Notabstieg zum Normalweg in der Südflanke.

Nach der gutmütigen Steinkarscharte ist abermals ein gesicherter Notabstieg zum Normalweg möglich. Über den Südostrücken erreicht man

Der Abstieg von der Westlichen Sattelspitze – 25 Meter Direttissima!

Die Stahlseilhängebrücke am Innsbrucker Klettersteig.

schließlich den höchsten Punkt, die Kemacherspitze, 2480 m. Der folgende Abstieg über den Grat bietet zunächst einige luftige Passagen über sehr schmale Gratstücke hinab, etwa bis zur halben Höhe des Westgrates gesichert. Ein grasiger Rücken führt bis zum Langen Sattel, 2258 m, dem tiefsten Punkt der Route. Diese weite, grasige Einsenkung im Felsenkamm der Nordkette sorgt für eine längere Unterbrechung des Klettersteiges – sie ermöglicht auch einen schnellen und sicheren Abstieg zur Mittelstation Seegrube, die man von hier in ½ Std. erreichen kann. Vom Langen Sattel bummelt man über den breiten Grasrücken zur Östlichen Sattelspitze, 2369 m. Hier hört der gemütliche Gratrücken auf, das Gelände bricht westwärts mit wilden Schluchten und Rippen ab. Zunächst in der Nordseite in steilen Serpentinen durch ein felsiges Kar hinab und durch eine steile Rinne wieder empor auf den Grat. Eine besonders schöne Felspassage führt über senkrechte Wand'ln und schneidige Grate zur Westlichen Sattelspitze, 2339 m. Die zauberhafte Felsszenerie endet mit einem kühnen Abstieg: Zunächst leitet das Seil über eine luftige Rippe hinab, zum Schluss folgt das Glanzstück des Klettersteiges – eine völlig senkrechte, etwa 25 m hohe Wandstelle mit versetzten Trittbügeln an einem kleinen Überhang. Ein kurzer Pfad führt zum östlichen

Felsfuß der »Frau Hitt«, einem berühmten Kletterfelsen, der respektvoll in der Nordseite umgangen wird. Die neuen Seile vereinigen sich hier mit den bejahrten Sicherungen des »Gipfelstürmerweges«, die nach wenigen Metern zum Frau-Hitt-Sattel, 2270 m, leiten. Wer noch Kraft- und Zeitreserven hat, wird sich sicherlich zum Julius-Pock-Weg auf das Vordere Brandjoch, 2559 m, entschließen. Nach dem Bau des »Innsbrucker Klettersteigs« hat die Vordere Brandjochspitze für den anspruchsvollen Klettersteiggeher ihren Anreiz als selbständige Bergtour weitgehend verloren. Trotzdem wird sie weiterhin gern erstiegen als willkommenes Finale im Anschluss an den rasanten neuen Eisenweg. Der problemlose Aufstieg auf diesen achten Gipfel ist dann nicht nur ein beschaulicher Abschluss; man hat einen instruktiven Blick zurück auf die zerfurchte Gruppe der Sattelspitzen, aber auch westwärts, in Richtung Solsteinhaus. Für Trainierte ist auch nach den sieben Gipfeln des »Innsbrucker Klettersteigs« dieser achte Gipfel keine besondere Kraftprobe, und die letzte Talfahrt erreicht man allemal. Für Anfänger und wenig Trainierte bleibt die Vordere Brandjochspitze ein lohnendes selbständiges Ziel.

Abstieg: Der Abstieg über den Schmidhubersteig zur Seegrube ist im oberen Teil recht anregend und interessant, erfordert hier aber Trittsicherheit und etwas Konzentration. Der Steig führt bald aus dem Fels in weite Kare, wo er nach der zweiten Hälfte etwas ansteigt (Abzweigung nach links aufwärts nicht übersehen!). Der Pfad führt fast eben zur Mittelstation Seegrube zurück.

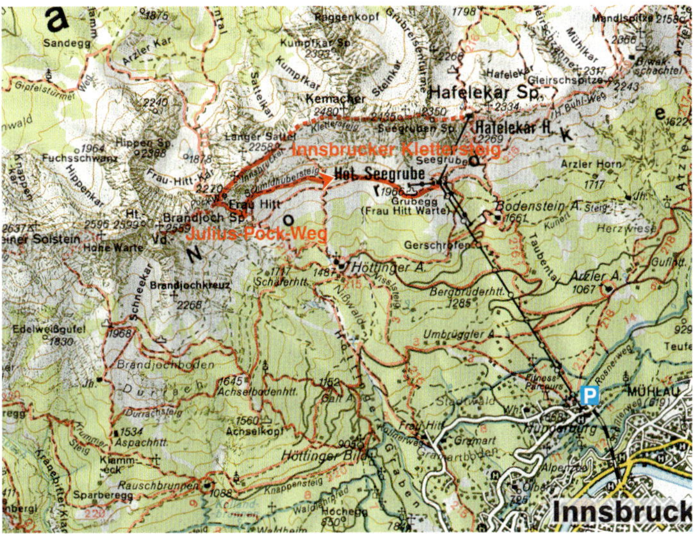

47 Klettersteige auf Großen Bettelwurf, 2726 m, und Kleinen Bettelwurf, 2650 m

Rassige Gipfelüberschreitung hoch über dem Inntal

Ausgangspunkt: Hall in Tirol, 570 m, Bahnhof. Von Absam-Eichat bis zur Mautstelle am Wachthaus Walderbrücke und über die abenteuerlich steile Mautstraße empor; bei Aufstieg a) bis zum »Bettelwurfeck« gegenüber dem Fluchtsteig, 2,2 km ab Mautstelle; bei Aufstieg b) bis zum Schlagbaum, 4 km ab Mautstelle; ausreichend große Parkplätze.
Gehzeiten: Vom Bettelwurfeck über Weg 222 zur Bettelwurfhütte 2½ Std.; vom obersten Parkplatz über das Lafatscherjoch zur Bettelwurfhütte 2½ – 3 Std., von der Hütte zum Kleinen Bettelwurf 1½ Std., zum Großen Bettelwurf 2½ Std., Verbindungsgrat 1 Std.; Gesamtgehzeiten: je 8½ – 9 Std., Überschreitung 9½ Std.
Anforderungen: Großer Bettelwurf (KS1/2-C)., für Schwindelfreie und Trittsichere leicht; Kleiner Bettelwurf (KS3-C) großenteils naturbelassene, aber gut bezeichnete und an drei schwierigen Stellen gesicherte Route, im Abstieg ist Vorsicht geboten. Verbindungsgrat am schwierigsten, sehr luftig (KS3/4-C).
Höhenunterschiede: Hall – Bettelwurfhütte ca. 1500 Hm; vom obersten Parkplatz zur Bettelwurfhütte ca. 800 Hm; von der Bettelwurfhütte zum Kleinen Bettelwurf 580 Hm, zum Großen Bettelwurf 650 Hm; Höhe der Klettersteige: Großer Bettelwurf ca. 380 Hm, Kleiner Bettelwurf ca. 340 Hm, Verbindungsgrat ca. 100 Hm.
Stützpunkt: Bettelwurfhütte, 2079 m, bew. Mitte Juni bis Mitte Okt., ✆ A-05223/53353.
Sehenswert: Im Halltal kleine gotische Kirche St. Magdalena, mit Wirtshaus, 1287 m; Salzbergwerksmuseum bei den sog. Herrenhäusern, 1482 m, gemütliche Wirtsstube; Altstadt von Hall!
Hinweis: Für Mautautomat Münzen bereithalten (Maut 4.- €).

Der Bettelwurf, eine der wuchtigsten und höchsten Felsgestalten des Karwendels, überragt mit seinem eindrucksvollen, breit hingelagerten Gipfelaufbau das Inntal um fast 2000 m und ist durch seine weit nach Süden vorgeschobene Stellung ein Aussichtsberg ersten Ranges. Nordseitig bricht der Grat mit wild zerfurchten und sehr brüchigen Wänden fast senkrecht ins Vomper Loch ab; nur selten wagen sich extreme Kletterer durch dieses schaurige und gefährliche Gelände. Die Südflanke besteht jedoch aus nur mäßig südwärts geneigten und stark gestuften Riesenplatten, die einen einfachen Durchstieg ermöglichen. Der Klettersteig vom Eisengattergrat führt durch die gewaltigen Plattenstufen, Rinnen und Verschneidungen auf den Großen Bettelwurf und ist ein unschwieriges, jedoch sehr abwechslungsreiches und befriedigendes Felserlebnis. 1986 kam ein neuer Klettersteig auf den westlich gelegenen Kleinen Bettelwurf hinzu. Er ist weitgehend naturbelassen und führt über schottrige Felsbänder, Verschneidungen und Risse auf den Grat empor. Diese beiden Anstiege wurden 1988 über den sehr luftigen Verbindungsgrat mit seinen gebänderten Steilstufen miteinander verbunden. Die Überschreitung der beiden »Bettelwürfe« mit einer Reihe rassiger, senkrechter Passagen gehört seither zu den schönsten Klettersteigzielen im Karwendel.

Aufstiege zur Bettelwurfhütte: a) Wo die Fahrstraße nach der großen Steigung beim »Bettelwurfeck« etwas westwärts biegt, führt Weg 222 bei einer offenen Hütte rechts ab über den Bach in ein Kar und bald nach links unter steile Felswände – Steinschlaggefahr! Über sehr steile, zum Teil latschenbewachsene, zum Teil freie felsige Hänge geht's in vielen Kehren, teilweise gesichert bis zur Hütte, die man beim »Juchezer« erstmals erblickt.

b) Länger, aber im oberen Teil abwechslungsreicher ist der Aufstieg über das Lafatscherjoch, den man am Schlagbaum am Ende der Mautstraße beginnt. Auf breiter Fahrstraße weiter bis aufs Ißjöchl und kurz hinab zum Ißanger, 1626 m. Hierher gelangt man auch durch das stille Ißtal, wenn man beim Wirtshaus St. Magdalena oder direkt beim Schlagbaum nach rechts auf eine der beiden Varianten des Hirschbadsteiges abzweigt. Nun geht's auf breitem, steilem Weg in drei weiten Kehren über den latschenbestandenen Südhang des großen Lafatschers empor. Von links mündet auf 1978 m Höhe der Wilde-Bande-Steig ein, der östlichste Abschnitt des sog. Innsbrucker Höhenweges, der vom Hafelekar über die Pfeishütte hierherführt. Noch vor der weiten Senke des Lafatscherjochs, 2081 m, geht der Weg 222 rechts, ostwärts, ab. Dieser weithin flach verlaufende, aussichtsreiche Höhenweg vom Lafatscherjoch durch die weiten Südhänge des Speckkars zur Bettelwurfhütte ist ein kleines Bergerlebnis für sich.

c) Von der Bergstation Hafelekar der Innsbrucker Nordkettenbahn führt ein sehr schöner, aussichtsreicher Höhenweg zunächst in 1 Std. unschwierig zum Gleirschjöchl (Goetheweg, fast eben, gut ausgebaut und bezeichnet). Von hier in einer weiteren Stunde über Mühlkarscharte und Manndlscharte

Hall in Tirol mit dem Bettelwurfmassiv als Felskulisse.

zur Pfeishütte, weiter über das Stempeljoch, 2215 m, und den Wilde-Bande-Steig mit etlichen Stahlseilen und Eisenklammern auf das Lafatscherjoch, 2081 m; hier trifft man auf Weg a) von Hall. Die Wegverbindung vom Hafelekar zur Bettelwurfhütte ist als »Innsbrucker Höhenweg« bekannt und durch großartige, oft abwechselnde Fernblicke berühmt geworden. Er bewegt sich bei geringen Höhenverlusten fast stets über 2000 m Höhe, erfordert Trittsicherheit und Schwindelfreiheit und nimmt 4 – 5 Std. in Anspruch – für sich allein schon eine großartige Bergtour.

Gipfelanstiege: Die Überschreitung empfiehlt sich von West nach Ost. Neben der Hütte führt eine bezeichnete Pfadspur den steilen rundlichen Grasrücken nordwärts empor bis zu den ersten Felsbändern. Das erste Seil in 2300 m Höhe leitet durch eine kurze steile Rinne auf ein kleines Kar zu einer weiteren, mäßig steilen Rinne. Ungesichert zum zweiten Seil, das durch eine kurze Verschneidung emporführt. Auf steilem Schotterpfad weiter zu einem kurzen Felsriss; die lange schräge Traverse durch das Bändersys-

tem des Südabsturzes endet kurz unter dem Grat, wo die Markierung nach links schwenkt, über Felsstufen und zuletzt über recht luftige Gratpassagen zum Gipfel leitet. Die gesicherte Verbindung vom Kleinen zum Großen Bettelwurf führt über den breiten, aber brüchigen Westgrat des Großen Bettelwurfs. Kurz vor der flachen Scharte zwischen den beiden Gipfeln zieht eine Pfadspur an den ersten Felsklotz heran. Ein Seil überwindet die erste Steilstufe, es folgen drei weitere rassige Seilpassagen über fast senkrechte Wandstellen und Verschneidungen, dazwischen Bänder und leichtere Felsstufen und überraschend ein Tiefblick in die Nordwand. Im oberen Drittel wird der Grat flacher und völlig naturbelassen. Steinmanndl leiten über Rinnen und Stufen auf die Grathöhe, über die man luftig den Gipfel erreicht.
Abstieg: Den alten gesicherten Aufstieg zum Großen Bettelwurf, die leichteste und am besten gesicherte Route, wählt man zweckmäßig für den Abstieg. Genussvoll und problemlos geht's durch die gewaltige Felsflanke mit ihren riesigen schrägen Platten, das Seil zieht eine raffinierte Route über völlig glatte, geneigte Bänder, durch Rinnen und Risse, über Felsstufen und Wand'ln bis hinab zum Felsansatz in halber Höhe des Eisengattergrates, wo bei ca. 2350 m die Sicherungen aufhören. Auf steilem Pfad in vielen Kehren bis zur Hütte und auf einem der Anstiegswege hinab zum jeweiligen Parkplatz.

Gemütlicher Abstieg vom Großen Bettelwurf, links unten die Bettelwurfhütte.

48 Felix-Kuen-Weg auf den Hundskopf, 2243 m

Kurzer Klettersteig im Rahmen einer aussichtsreichen Halbtagstour

Ausgangspunkt: Hall in Tirol, 570 m, Bahnhof. Von Absam-Eichat bis zur »Bettelwurfsiedlung«, hier nach rechts, nordostwärts, auf die Gnadenwalder Höhenstraße. Beim Gasthof Speckbacher zweigt man nordwärts auf die Mautstraße ab (4,50 €) und erreicht nach 6 km die Hinterhornalm, 1522 m.

Gehzeiten: Hinterhornalm – Hundskopf 2½ Std., zur Walderkampspitze noch 1 Std.; Gesamtgehzeit: Hundskopf 3½ – 4 Std.
Anforderungen: KS2-A. Hundskopf leichte Halbtagestour, für Anfänger und Kinder ohne Klettersteigset Seilsicherung für kurze Passage zu empfehlen. Walderkampspitze nur für Geübte (Tagestour, I – II).
Höhenunterschiede: Hinterhornalm – Hundskopf 720 Hm; Hinterhornalm – Walderkampspitze 1050 Hm; Höhe des Klettersteiges ca. 100 Hm.
Stützpunkt: Bergrestaurant Hinterhornalm, 1522 m, bew. Mai bis Ende Oktober, ✆ privat mobil A-0664/2112745.

Die kleine trutzige Felsenbastion des Hundskopfes wurde 1975 durch einen Klettersteig in der Nordflanke erschlossen, der mit Stahlseilen und Leitern ausgestattet ist und für Schwindelfreie einen problemlosen, aber dennoch spannenden Aufstieg ermöglicht. Die vorher meist nur von Wanderern und Urlaubern aufgesuchte, mit dem Auto gut erreichbare Hinterhornalm ist seither auch das Ziel von Klettersteigfreunden, die hier auch in der Vor- und Nachsaison ein offenes Haus und ein lohnendes Halbtagesziel in luftiger Felswand vorfinden. Mit der anregenden, leichten Kletterei auf die Walderkampspitze kann man das Ziel Hundskopf zu einem sehr lohnenden, aber trotzdem bequemen Tagesunternehmen verlängern.
Aufstieg: Ein Steig führt über Wiesen in die Latschenregion und über leichtes Schrofengelände auf den Kamm bis zum Beginn eines steilen Felsgrates, der gut gesichert ist. Hier verläuft bereits der alte Normalweg. Der Felix-Kuen-Weg führt knapp davor nach rechts in die Nordflanke des Berges, dort beginnen die ersten Stahlseile. Man quert gut 1000 m über dem Vomper Loch auf natürlichen Felsbändern die gesamte Flanke und genießt den faszinierenden Blick in die Tiefe. Bald ist der Sattel zwischen Hundskopf und Walderkampspitze erreicht. Von hier nahezu senkrecht auf Eisenklammern über eine glatte Wandstufe hinauf und in einer Rinne schräg rechts empor zu einem Absatz. Weiter über eine etwa 5 Meter hohe Leiter und weitere Eisenklammern auf den Gipfelgrat. Diesem folgt man in östlicher Richtung zum Kreuz. Der Gipfel ist eine Aussichtswarte ersten Ranges.

Abstieg: Der Abstieg erfolgt am besten über den gut markierten und an einigen Stellen ebenfalls gesicherten Ostgrat. So gelangt man zum bereits bekannten Anstiegsweg. – Geübten empfiehlt sich die Rückkehr zum Sattel und der weitere, sehr lohnende Aufstieg zur Walderkampspitze, 2565 m. Auf unmarkierten Steigspuren teils unmittelbar am Grat, teilweise auch in der Südflanke bis zum Gipfelaufbau, nun weglos über leichte kurze Kletterstellen (I – II) von Norden auf den Gipfelstock. Bei Nebel abzuraten!

Der Hundskopf ist eine herrliche Aussichtskanzel.

49 Klettersteig auf Lamsenspitze, 2508 m, und Hochnißl, 2547 m

Rassige Felsanstiege in herrlicher Bergszenerie

Ausgangspunkte: a) Von Hinterriß, 940 m, im tirolischen Rißtal auf Mautstraße zur Engalm am Großen Ahornboden, 1203 m. b) Von Pertisau, 952 m, auf Mautstraße durch das Falzthurntal zur Gramaialm, 1263 m.
c) Von Schwaz, 538 m, bis Parkplatz Bärenrast; Weiterfahrt mit Mountainbike möglich.
Gehzeiten: Großer Ahornboden – Lamsenjochhütte 2½ Std.; Gramaialm – Lamsenjochhütte 2 Std., Lamsenjochhütte – Lamsenspitze 1½ Std., Lamsenjochhütte – Hochnißl 3 – 4 Std.; Gesamtgehzeit: Lamsenspitze aus der Eng 7 Std., von der Gramaialm 6 Std., einschließlich Hochnißl je 5 – 6 Std. länger! Bärenrast – Hütte 3 – 4 Std., mit MTB 2 – 2½ Std.
Anforderungen: KS3-C. Beide Gipfel ohne Übernachtung sehr anstrengend! Mit Übernachtung auf der Lamsenjochhütte beide Gipfel angenehme Tagestour. Trittsicherheit und genügend Schwindelfreiheit erforderlich. Brudertunnel im Frühsommer oft noch schneegefüllt! Hochnißl KS2-C.
Höhenunterschiede: Großer Ahornboden – Lamsenjochhütte 750 Hm; Gramaialm – Lamsenjochhütte 700 Hm, Lamsenjochhütte – Lamsenspitze 550 Hm; Lamsenjochhütte – Hochnißl 600 Hm; Klettersteig zum Brudertunnel ca. 200 Hm; Klettersteig zur Lamsenspitze ca. 80 Hm; Klettersteigstellen zum Hochnißl insgesamt ca. 100 Hm.
Stützpunkt: Lamsenjochhütte, 1953 m, bew. Anfang Juni bis Mitte Oktober, ✆ A-05244/62063, Binsalm, 1614 m.
Hinweis: Von der Eng gute Wegverbindung über Falkenhütte zum Karwendelhaus, von hier Aufstieg zur → Birkkarspitze.

Im ersten Schnee auf die Lamsenspitze, rechts des Aufstiegsweges die Turnerrinne.

Die Lamsenspitze vermittelt eine Fülle überraschender und nachhaltiger Eindrücke. Da ist einmal die Ankunft auf dem Großen Ahornboden: lang gezogene Almwiesen, zu beiden Seiten bewaldete Felsmassive, im Hintergrund eine imposante Kulisse aus bleichen Kalkwänden. Die Ahorne geben diesem Urbild eines kalkalpinen Talschlusses unverwechselbare Akzente. Die weiten grasigen Hänge verengen sich auf dem westlichen Lamsenjoch zu einem schmalen Weg, der einer steilen Flanke abgerungen ist, der Blick fällt ostwärts tief hinab ins Falzthurntal, vom wettergegerbten Wegkreuz wird der Blick auf die Hütte frei. Dort steht man schließlich vor der drohenden Wandflucht, die vom Hochnißl zur Lamsenspitze herüberzieht. Den Durchstieg durch den düsteren, eiskalten Brudertunnel in dieser unnahbaren Felsbarriere und den Ausstieg auf die sonnige Südwestseite des Kammes vergisst man nie. Ein Felsenkranz umrahmt ein riesiges, welliges Hochkar, die Wandfluchten wirken unbezwingbar. Die Route des Erstbesteigers führte 1843 durch die steinschlaggefährdete Turnerrinne, an deren südlicher

Flanke heute ein Drahtseil sicher emporleitet.
Aufstiege zur Lamsenjochhütte: a) »In der Eng« vom großen Parkplatz westwärts über ein Brücklein; hier sofort links, südwärts ab auf steilen Waldpfad. Nach ¼ Stunde stößt man auf einen Fahrweg, der von den Engalmen im hintersten Talgrund zur Binsalm, 1614 m, emporführt. Von der Alm durch Latschen und über Almmatten mäßig steigend zum Westlichen Lamsenjoch, 1933 m, nun leicht bergab auf herrlichem Höhenweg zu der bereits vom Joch aus sichtbaren Hütte am Östlichen Lamsenjoch.
b) Von der Gramaialm ist die Lamsenjochhütte über einen steilen Serpentinenweg etwas schneller zu erreichen.
c) Von Schwaz Fahrweg bis zur Hütte.
Aufstieg zum Brudertunnel: Kurz nach der Hütte auf den linken Steig einbiegen und auf deutlichen Spuren im Schutt unmittelbar unter die finsteren, abweisend wirkenden Wände heran (ab hier Steinschlaggefahr). An Seilsicherungen immer luftiger nach oben und nach einigen ziemlich exponierten Stellen in den düsteren, eiskalten Brudertunnel, 2217 m, hinein. Am Halteseil durch glitschig-lehmiges Gestein wenige Meter steil empor bis zu den Steigklammern am Ende des Tunnels, durch einen engen Felsschacht völlig senkrecht wieder aus dem düsteren Loch ans Tageslicht auf die Westseite des Kammes (von hier führt ein direkter Abstieg durchs Zwerchloch nach Vomp). Der Steig wurde 2002 gerneralüberholt und im Mittelteil steiler angelegt.
Aufstieg vom Brudertunnel zur Lamsenspitze: Vom Tunnel nach rechts auf gutem Pfad hinauf ins Kar. Nach ½ Std. werden in der nordwestlichen Karmulde zwei dicht nebeneinander liegende Rinnen erreicht. Die östliche Rinne, die sog. Turnerrinne (Steinschlag!), wird rechtsseitig an Seilsicherungen umgangen, die bis zu den Schrofen unter dem Schuttkar emporführen. Nun auf ausgeprägtem Steig schräg nach links gegen die Felsen des Gipfelgrates empor, dann östlich, etwas unterhalb der Grathöhe, im Fels und Schutt der Südflanke zum Gipfel (I).
Abstieg von der Lamsenspitze zur Lamsenjochhütte: Anstelle des Brudertunnels kann als Hüttenabstieg die Lamsenscharte, 2270 m, gewählt werden; seilgesichert, ebenfalls etwas luftig, doch viel leichter, für Ungeübte oder weniger Schwindelfreie auch als Aufstieg zu empfehlen.
Aufstieg vom Brudertunnel zum Hochnißl: Vom Ausstieg des Brudertunnels führt ein bezeichneter Steig nach links in südöstlicher Richtung zunächst etwas abwärts, dann mäßig steil bergan, immer etwas unterhalb der Kammhöhe, zuletzt in Kehren empor auf die Rotwandlspitze, 2322 m. Die lange Gratwanderung führt nun abwärts in eine Einsenkung und jenseits dieser hinauf an den Steilaufbau der Steinkarlspitze, 2460 m, die mühelos »mitgenommen« werden kann. Durch einen langen, seilgesicherten Kamin nochmals steil hinab in eine Scharte; von hier endgültig empor zum Gipfel.
Abstieg vom Hochnißl: Wie Aufstieg oder unmittelbar hinunter nach Vomp (unschwierig, aber sehr lang).

50 Theodor-Streich-Weg über die Mittertaler Scharte, 2631 m

Herrliche Hochgebirgswanderung in einsamer Urgesteinslandschaft

Ausgangspunkt: Gries im Sellrain, 1238 m, oder Ötz, 820 m, im Ötztal; von beiden Seiten auf guter Straße zur Passhöhe Kühtai, 2020 m, nächster Parkplatz am Staudamm des Längentaler Speichersees, ca. 1900 m, westlich der Passhöhe.

Gesicherte Überschreitung der Mittertaler Scharte.

Gehzeiten: Rundweg Speichersee – Mittertal – Mittertaler Scharte – Wörgetal – Speichersee 7 Std.

Anforderungen: KS1/2-B. Ausgedehnte Bergwanderung mit gesicherten Strecken am Scheitelpunkt.

Höhenunterschiede: Längentaler Speichersee – Mittertaler Scharte ca. 740 Hm, Höhe der gesicherten Strecken jeweils 100 Hm beidseits der Scharte.

Stützpunkte: Keine! Westlich der Passhöhe liegt die Dortmunder Hütte, 1949 m, bew. Anfang Juni bis Ende Oktober, ✆ A-05239/5202.

Hinweis: Gut zu verbinden mit Aufstieg zum → Hochreichkopf.

Die Hochtäler Mittertal und Wörgetal, weite und beschaulich-idyllische Urgesteinslandschaften, sind in über 2600 m Höhe durch den einsamen Theodor-Streich-Weg miteinander verbunden. In einer abenteuerlichen Felsszenerie überschreitet man auf schmalen, teilweise stahlseilgesicherten Bändern die einsame Scharte mit ihren berauschend schönen Ausblicken nach beiden Seiten. Wer anschließend noch über die harmlose Gipfelkette der Windeggspitzen wandert, erlebt eine große Fülle wechselnder Eindrücke von der Zone der großen Zirben bis in die Region der Granitblöcke unter dem düsteren Achenkogel. Ein seltenes Zeugnis bergbäuerlicher Frömmigkeit ist das riesige dreibalkige Wetterkreuz auf dem Wetterkreuzkogel, 2591 m.

Aufstieg: Beim Staudamm des Längentaler Speichersees Wegweiser »Bielefelder Hütte«. Nach kurzem Anstieg durch den schmalen Gürtel des Zirbenwaldes zieht der Pfad zunächst bequem taleinwärts, einer abweisend dunklen Felsenkulisse entgegen. In der Mitte des Tales quert der Pfad den Bachlauf und steigt nun auf der westlichen Talseite einen steilen begrünten Kegel hinauf. Nun fast eben in eine romantische Szenerie riesiger Felsblöcke, eine »steinerne Stadt«, hinter der sich ein einsamer Bergsee verbirgt. Quer durch das steile südseitige Schotterkar der Wörgegratspitze und auf schmalen Bändern durch den schrofigen, mäßig steilen Fels bis zur Scharte.

Abstieg: Kurz hinab zu beschildertem Abzweig, hier rechts über schmale luftige Bänder durch die felsige Westflanke der Wörgetalspitze. Am nördlichen Ende dieser Felsflanke beginnt der Grat der Windeggspitzen, der über einen exponierten schmalen Steig in der Ostflanke gequert wird. Wer den Abstieg durchs Wörgetal wählt, kann den Wetterkreuzkogel »mitnehmen«. Zurück zum Parkplatz durch einen Bergkessel mit steinübersäten Wiesen, dann über die Ruinen der Ob. Ißalm, 1929 m, und die Unt. Hemerwaldalm, 1956 m, zuletzt durch Zirbenwald; unvergesslich der Kleine Wörgetalsee.

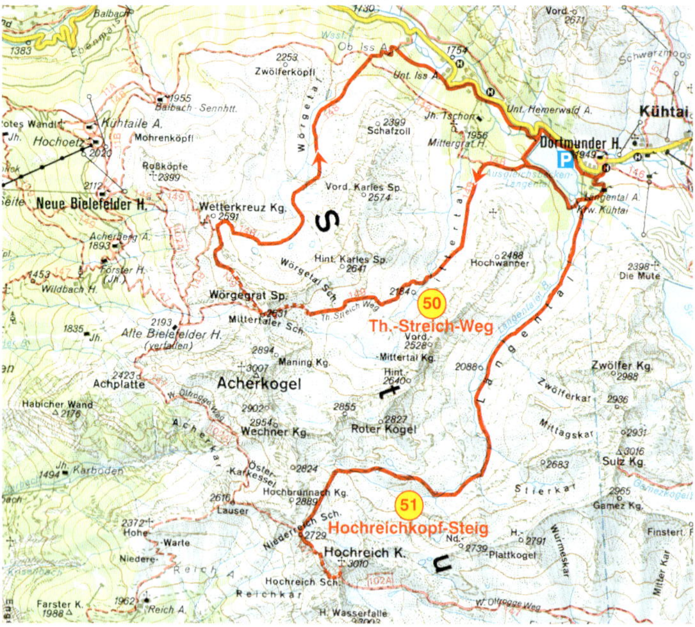

51 Über den Wilhelm-Oltrogge-Weg zum Hochreichkopf, 3010 m

Lange Hochgebirgswanderung mit schärferem Grat auf einen Dreitausender

Ausgangspunkt: Gries im Sellrain, 1238 m, oder Ötz, 820 m, im Ötztal, von beiden Seiten zur Passhöhe Kühtai, 2020 m, Parkplatz direkt bei der Dortmunder Hütte, 1949 m.
Gehzeiten: Dortmunder Hütte – Niederreichscharte 3½ Std., von hier zum Gipfel 2 Std.; Gesamtgehzeit: 9 – 10 Std.
Anforderungen: KS2-D. Bei guten Verhältnissen I, bei Schnee oder Vereisung wesentlich schwieriger, da Stahlseile nur sehr spärlich vorhanden. Bei Nebel oder Nässe abzuraten. Lang und anstrengend.
Höhenunterschiede: Dortmunder Hütte – Niederreichscharte 760 Hm, von hier zum Gipfel 280 Hm (Gegenanstiege); Länge der Klettersteigpassagen ca. 350 m.
Stützpunkte: Keine! Westlich der Passhöhe liegt die Dortmunder Hütte, 1949 m, bew. Anfang Juni bis Ende Oktober, ✆ A-05239/5202.
Hinweis: Gut zu verbinden mit → Theodor-Streich-Weg über die Mittertaler Scharte.

In der wilden, urwüchsigen Felslandschaft des Stubai liegt in völliger Einsamkeit der fast vergessene Hochreichkopf. Das Längental, das im Aufstieg durchwandert wird, überrascht durch die Sinfonie seines stillen Wasserlaufes: Der rauschende Wildbach verzweigt sich taleinwärts, verästelt sich allmählich in Rinnsale, die in den Karböden unter bemoosten Felsplatten und Blöcken hervorgluckern und herausrieseln. Und schließlich, verborgen zwischen Moränenrücken und allseits herabreichenden Grießströmen, die traumhafte Stille der beiden winzigen Bergseen im obersten Talschluss! Die kurzen, oft ruinierten und wieder restaurierten Stahlseilsicherungen am Grat und durch die zerklüftete Westflanke bieten ein spannendes Erlebnis; bei Regen, Schnee oder Eis können hier für den »Normalbergsteiger« aber auch unüberwindliche Hindernisse auftreten.

Aufstieg: Etwas unterhalb der Dortmunder Hütte zweigt von der Passstraße der blau markierte Wegabzweig »Längental« südwärts ab und führt oberhalb des Umspannwerkes taleinwärts. Der anfangs enttäuschende Weg wechselt bald seinen Charakter: Ein schmaler Pfad leitet in sanfter Steigung in ein stilles, märchenhaft schönes Hochtal, vorbei an einem paradiesischen Bergsee. Nach 1½ Std. folgt der nur noch schwach ausgeprägte Pfad verblassenden roten Markierungen, wechselt in einer breiteren Verflachung des Hochtals über den Bach und erreicht hier über bestrauchte Hänge und felsiges Blockwerk die zwei idyllischen Seen im obersten Winkel des Talschlusses. Hierher gelangt man aber auch, wenn man dem Bachlauf südseitig weglos folgt. Vor diesen Seen baut sich südwärts eine gewaltige, von wüstem Blockwerk übersäte Moränenstufe auf, die bei geeigneter Schneelage weglos erstiegen werden kann; die Markierung führt westlich dieser Stirnmoräne im Fels empor. Über Firn oder Geröll problemlos weiter

Am herbstlich verschneiten Westgrat zum Hochreichkopf.

südwärts empor und nach einem letzten kurzen Steilstück auf die breite Niederreichscharte, 2729 m; großartiger Tiefblick ins Ötztal. Über diese Scharte führt von der Alten Bielefelder Hütte her der Wilhelm-Oltrogge-Weg ostwärts zur Guben-Schweinfurter-Hütte. Dieser Pfad klettert zunächst kurz durch die oft verschneite Nordflanke, erreicht aber bald den spärlich gesicherten Gratrücken und weicht vor einem Grataufschwung in die mäßig steile schrofige Südflanke aus. Man erreicht über teils luftige Bänder nach einigem Auf und Ab schließlich eine sehr breite, mäßig steile Geröllrinne, an deren westlichem Rand die Markierung steil bis zur Hochreichscharte, 2912 m, emporführt. Ein Serpentinenpfad leitet nun problemlos über Blockwerk, Geröll und Platten zur rundlichen Gipfelkuppe.

Abstiege: Am besten wie Aufstieg.

52 Lustige-Bergler-Steig und Gsallerweg an der Marchreisenspitze, 2620 m

Ausgedehnte Bergwanderung in den Kalkkögeln mit Stahlseilpassagen

Ausgangspunkt: a) Innsbruck, 574 m, Bahnhof; von hier nach Götzens, 868 m, Birgitz, 859 m, oder Axams, 894 m; gute Straße zur Axamer Lizum, 1564 m, großer Parkplatz.
b) Fulpmes im Stubai, 937 m, Talstation der Kreuzjochbahn, ca. 1000 m, großer Parkplatz.
Gehzeiten: Axamer Lizum – Marchreisenspitze über das Halsl 3½ Std., über den Gsallerweg 5 Std., bei Liftbenützung je 1½ – 2 Std. kürzer; Gesamtgehzeit: bei Liftauffahrt mindestens 5 Std.; von Grinzens zur Adolf-Pichler-Hütte 2¾ Std.; von Fulpmes zur Schlicker Alm 2½ Std.
Anforderungen: KS2-B/C. Die Überschreitung ist reichlich lang und erfordert Ausdauer; klettersteigtechnisch anspruchslos. Schwierigkeiten nur bei Vereisung der steilen Schneerinnen.
Höhenunterschiede: Axamer Lizum – Marchreisenspitze 1050 Hm; Adolf-Pichler-Hütte – Marchreisenspitze 640 Hm; Schlicker Alm – Marchreisenspitze 975 Hm; Höhe der Klettersteigpassagen ca. 250 Hm.
Aufstiegshilfen: a) Sessellift von der Axamer Lizum zum Birgitzköpflhaus, 1564 m – 2035 m, im Abstieg ggf. Standseilbahn vom Hoadl, 2340 m, zur Axamer Lizum, 1564 m (Betriebszeiten erfragen!)
b) In Fulpmes Kreuzjochbahn zur Mittelstation Froneben, 1000 m – 1326 m. Kleinbus-Zubringerdienst durch Hüttenwirt der Schlicker Alm, täglich Auffahrt von Talstation um 7.45 Uhr oder nach Vereinbarung unter ✆ A-05225/62409.
Stützpunkte: Neues Birgitzköpflhaus, 2035 m, bew. Anfang Juli bis Ende September, ✆ 05234/8100; großes Selbstbedienungsrestaurant am Hoadl, 2340 m, bew. während des Bahnbetriebs; siehe auch Tour 53.
Hinweis: Gut zu verbinden mit → Schlicker Klettersteig auf die Große Ochsenwand (Tour 53).

Die imponierende Berggestalt in der Felskulisse der Kalkkögel springt schon vom Inntal her ins Auge und beherrscht die grandiose Felsszenerie des berühmten Skiparadieses Axamer Lizum. Von hier zeigt sich der Gipfel als abweisende, fast senkrechte Nordwand, von Süden jedoch nur als stumpfer Felsbau. Aus den Scharten zu beiden Seiten des Gipfels ziehen lange Schuttreißen zu Tal; nach der östlichen Reiße, der sog. Marchreise, wurde der Gipfel benannt. Diese Marchreise bezeichnet die »March« = Grenze zwischen dem Schlicker und dem Telfser Gebiet. Die Marchreisenspitze ist der einzige Gipfel in diesem dolomitischen Klettergebiet, der auf einfachen, teilweise gesicherten Steigen zugänglich ist. Der neuere »Lustige-Bergler-Steig« und der alte Gsallerweg, beides landschaftlich großartig angelegte Steige mit problemlosen Klettersteigpassagen, bieten eine eindrucksvolle Überschreitung dieser zerklüfteten und zerscharteten Felsgruppe.
Aufstieg: Auffahrt mit Sessellift zur Birgitzköpflhütte, 2035 m. Von hier fast eben südwärts und zuletzt kurz absteigend zum Halsl, 1922 m, einem breiten Joch mit mehreren nahen Wegverzweigungen. Hierher auch zu Fuß von der Axamer Lizum in 1¼ Std. auf gutem Steig östlich des tief eingeschnitte-

Blick vom Großen Ochsenkopf auf Alpenclubscharte, Gsallerweg und Marchreisenspitze.

nen Grabens zwischen Birgitzköpfl und Schneiderspitze, mäßig steil, Wegbeginn beim kleinen Übungslift. Vom Halsl rechts ab auf den alten Hoadlsteig, von dem der »Lustige-Bergler-Steig« nach links abzweigt. Südwärts auf Serpentinenpfad steil empor auf den breiten, zunächst grasigen Bergrücken bis zum Grat. Hier beginnt die großartige Felsszenerie; der Pfad schlängelt sich zwischen Türmchen und Scharten hindurch. Auf breite, schottrige Bänder und grasige Pfade folgen kurze anregende Klettersteigpassagen, teils am Grat, teils über gut gestufte Felsaufschwünge in den Flanken. Aus dem Felsengarten des Nordgrates auf die grasige Südseite des Ampfersteins; der 5-minütige Abstecher auf den 2556 m hohen Gipfel lohnt sich allemal. Nun am breiten Gratrücken leicht bergab, die erste große Schuttreiße ermöglicht Notabstieg nach Norden ins Lizumer Kar. Weiter leicht absteigend auf Bändern in der Südflanke zu einem Markierungspfeil, der in eine steile, meist schneegefüllte Rinne emporweist. Zunächst an Stahlseil steil bergan, dann bald auf ein Band hinaus in die Ostflanke. Über reichlich gestuften, nur mäßig steilen Fels gesichert empor, bald in einfachem Gelände in Serpentinen zum Gipfel.

Zustiegsvarianten: a) Von Fulpmes mit der Kreuzjochbahn zur Mittelstation Froneben. Auf Fahrstraße in ¾ Std. zum Berggasthof Schlicker Alm,

1643 m. Von hier nordwärts in die Roßgrube, wo sich der Weg in zwei Steige verzweigt: Nach links geht es zur Alpenklubscharte, nach rechts auf den Gsallerweg in Richtung Malgrubenscharte.

b) Von der Schlicker Alm in weitem Bogen entlang der Süd- und Osthänge der Marchreisenspitze zum Halsl und von dort weiter wie oben.

Abstieg: Der landschaftlich großartige »Gsallerweg« bietet eine lockende Abstiegsmöglichkeit in die Axamer Lizum. In weitem Bogen durch die grünen Hänge der Malgrube; der enge tiefe Riss im Grat der Schlicker Zinnen ist die Schlüsselstelle dieses Weges. Auf Bändern quer durch einen weiteren Kessel, dann zu einer Schulter in der Nordflanke des Steingrubenkogel-Ostgrates und hinüber bis zur Alpenclubscharte, 2451 m. Zunächst in Serpentinen hinab bis zum Hoadlsattel, 2264 m. Zu Fuß direkt zurück zur Axamer Lizum oder kurz empor zur Bergstation der Standseilbahn und Talfahrt.

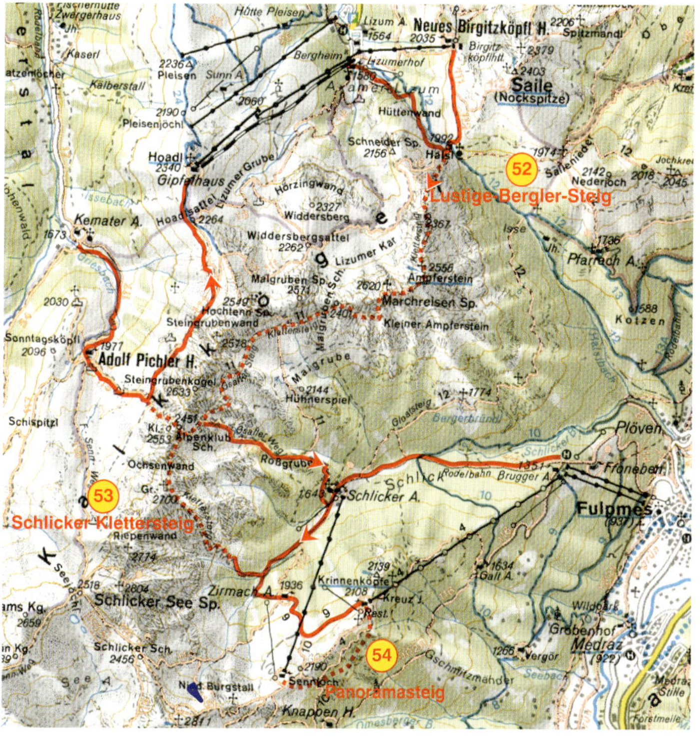

53 Schlicker Klettersteig auf die Große Ochsenwand, 2700 m

Großartiges Felsabenteuer im Herzen der Kalkkögel

Ausgangspunkt: Von Fulpmes im Stubai, 937 m, zur Talstation der Kreuzjochbahn, ca. 1000 m, großer Parkplatz.
Gehzeiten: Mittelstation Froneben – Einstieg 1½ – 2 Std.; Bergstation Kreuzjoch – Einstieg 1 Std. bergab, vom Einstieg zum Gipfel 3 Std., Abstieg über Nordgrat-Klettersteig zur Alpenklubscharte 1 Std., von hier zur Schlicker Alm 1 Std., Schlicker Alm – Mittelstation Froneben 40 Min.; Gesamtgehzeit: 7 – 8 Std., bei Liftauffahrt zum Kreuzjoch 1 Std. kürzer, mit Kleinbus-Zubringerdienst 2 Std. kürzer.
Anforderungen: KS4-C/D. Der lange, anstrengende Klettersteig vom Einstieg bis zur Ostschulter, ebenso der kurze Abstieg über den Nordgrat-Klettersteig sind technisch anspruchsvoll und stellenweise recht exponiert; bei Nässe abzuraten.
Höhenunterschiede: Bergstation Froneben – Großer Ochsenwandkopf 1374 Hm; Höhe der Klettersteige: Schlicker Steig 850 Hm, Nordgrat-Klettersteig 200 Hm.
Aufstiegshilfen: a) Kreuzjochbahn; Einseilumlaufbahn mit 6er Gondeln, Talstation 1000 m, Mittelstation Froneben 1350 m, Bergstation Kreuzjoch 2136 m. Betriebszeit 8.30 – 16.00 Uhr.
b) Kleinbus-Zubringerdienst durch Hüttenwirt der Schlicker Alm; tägliche Auffahrt von der Talstation um 7.45 Uhr oder nach Vereinbarung unter ✆ A-05225/62409.
Stützpunkte: Berggasthof Schlicker Alm, 1643 m, privat, ganzjährig bew., ✆ A-05225/62409; Restaurant an Bergstation Kreuzjoch, 2136 m, ✆ A-05225/62775.

Die dolomitische Felskulisse der Skizentren Axamer Lizum und Schlicker Alm ist auch ein Klettersteigparadies. Die wuchtige Große Ochsenwand, die beherrschende Felsgestalt der westlichen Kalkkögel, wurde 1983 durch einen sehr anspruchsvollen Klettersteig erschlossen, der über den rassigen Südostpfeiler emporführt. Der Anstieg durch die 850 m hohe, im unteren Teil sehr steile Wandpartie und der Abstieg über die wildzerklüftete Nordgratflanke mit ihren bizarren, abgesplitterten Türmchen und Zacken ist ein tagfüllendes Felsabenteuer; den Aufstieg kann man durch Liftauffahrten oder Kleinbus-Zubringer verkürzen.
Aufstieg: a) Mit Kreuzjochbahn zur Mittelstation Froneben, (erste Fahrt 8.30 Uhr, zu Fuß 1 Std.). Auf Fahrstraße in ¾ Std. zur Schlicker Alm. Auf der Straße 25 Minuten weiter taleinwärts zum deutlichen Wegweiser zum Einstieg, von hier in 20 Minuten auf markierter Pfadspur über die bewachsenen Schutthalden zum Einstieg in ca. 2020 m Höhe (weit sichtbare Felsmarkierung). Der senkrechte Einstieg in die rassige Wand ist als »Prüfstand« ausgebaut und fordert vom »Prüfling« einige Kraft und Geschicklichkeit. Ein Stahlseil, sparsam gesetzte künstliche Griffe und Tritte aus Eisenbügeln führen weiter; nur noch zwei weitere Stellen erreichen die technische Schwierigkeit und Exponiertheit des Einstiegs. In etwa 2500 m Höhe erreicht man die Ostschulter, wo die Felsen zunächst einem Serpentinenpfad durch einen grasigen Steilhang weichen, in dem immer wieder wildzerfres-

Luftiges Wandl in der Mitte des Schlicker Klettersteiges.

sene Felsgebilde aufragen. Sehr bald folgen jedoch wieder leichtere Felspassagen, bis ein rassiger Steilaufschwung überraschend zum Gipfelkreuz emporleitet.
b) Bequeme fahren von der Mittelstation Froneben, 1326 m, mit der 2. Sektion bis zum Kreuzjoch, 2136 m. Von hier auf breitem Fahrweg über die Zirmachalm, 1936 m, bis zum Abzweig Klettersteig in 1 Std. etwa 300 Hm abwärts.
c) Ideal ist der Kleinbus-Zubringerdienst durch den Hüttenwirt bis zur Schlicker-Alm (siehe Aufstiegshilfen).
Abstieg: Zum Nordgrat-Klettersteig zunächst auf bezeichneter Pfadspur den flachen Grat ostwärts und über den gut gesicherten Nordgrat hinab. Teils recht luftig, aber in einer landschaftlich faszinierenden Felsszenerie gelangt man bis in die düstere Scharte zwischen der Kleinen und der Großen Ochsenwand. Nun quert man auf schmalem Band fast eben hinüber zur Alpenklubscharte, wo man auf den Gsallerweg trifft (s. auch Tour 48). Hier Gelegenheit zu einem kurzen, lohnenden Gipfelabstecher zum Kleinen Ochsenwandkopf, 2553 m, markierter Anstieg, I. Auf dem Gsallerweg geht's zunächst fast eben ostwärts bis zum Wegabzweig Schlicker Alm und nun bequem auf dem guten Steig durch die Roßgrube zur Schlicker Alm. Letzte Talfahrt der Bahn beachten!

54 Panorama-Klettersteig über den Wetzsteinschroffen, ca. 2255 m

Kurze Gratüberschreitung mit Überraschungseffekten

Ausgangspunkt: Von Fulpmes im Stubai, 937 m, Talstation der Kreuzjochbahn, ca. 1000 m.
Gehzeiten: Überschreitung Panorama-Klettersteig 1 – 1½ Std.; Kreuzjoch – Sennjoch auf Wanderweg an der Süd- oder Nordseite je ½ – ¾ Std.
Anforderungen: Überschreitung KS2-A, Länge 400 m, Trittsicherheit und Schwindelfreiheit unerlässlich! Übungsklettersteige KS3 (Hauptturm südseitig, ca. 30 Hm) und KS4 (3. Turm ostseitig, ca. 20 Hm).
Höhenunterschiede: Talstation – Bergstation Kreuzjoch, 1136 Hm, Kreuzjoch – Wetzsteinschroffen ca. 180 Hm, viele Gegenanstiege.
Stützpunkte: Restaurant und Alpen-Pflanzenlehrpfad an der Bergstation Kreuzjochbahn, 2136 m, ✆ 05225/62775; Restaurant an der Skilift-Bergstation Sennjoch, 2225 m (Öffnungszeit am Kreuzjoch erfragen). Ggf. im Abstieg: Berggasthof Schlicker Alm, 1643 m, privat, ganzjährig bew., ✆ 05225/62409.
Aufstiegshilfen: a) Kreuzjochbahn, Einseilumlaufbahn mit 6er Gondeln, Talstation 1000 m, Mittelstation Froneben, 1350 m, Bergstation Kreuzjoch, 2136 m. Betriebszeit 8.30 – 16.00 Uhr von Anfang Juni bis Anfang Oktober (✆ A-05225/62270);
b) Kleinbus-Zubringerdienst durch Hüttenwirt der Schlicker Alm, tägliche Auffahrt von Talstation um 7.45 Uhr oder nach telefon. Vereinbarung unter ✆ A-05225/62409.

So weit das Panorama bei dieser Gratüberschreitung reicht, sind alle Gipfel höher und eindrucksvoller. Dennoch ist der Gang über die bizarren Kalkklippen ein lohnendes Unterfangen, bei dem man an einigen kurzen Vertikalen seine Klettersteigtauglichkeit für den »Ernstfall« testen kann. Das Unterfangen ist betont familienfreundlich: Schwächere können den Grat an beiden Seiten bequem umgehen und finden an den Endpunkten gemütliche Lokale.
Aufstieg zum Kreuzjoch: a) Mit der Kreuzjochbahn gelangt man in 2 Sektionen buchstäblich bis an den Fuß des Grates: Bergstation Kreuzjoch, 2136 m, Betriebszeit 8.30 – 16.00 Uhr.
b)Für »Frühaufsteher«: Kleinbus um 7.45 Uhr von der Talstation.
c) Für Mountainbiker: Fahrwege vom Tal oder von der Mittelstation, 1350 m.
Gratüberschreitung: Von der Bergstation auf gepflegtem Wanderweg zum Gipfel Kreuzjoch, 2210 m. Von hier führt ein Pfad sehr schnell zum ersten Gratzacken, der gut gesichert erklommen wird. Vorbei am »Abseilfelsen« und einem Türmchen mit Klettergarten geht's zum Hauptgipfel Wetzsteinschroffen und durch eine Senke zu einem weiteren Turm. An diesen beiden Türmen spielen sich die Hauptattraktionen ab. Schilder weisen auf die beiden »Übungsklettersteige« hin: Am Hauptturm südseitig mäßig schwierige Führe, ca. 30 m lang, am 3. Turm ostseitig schwierige Führe, ca. 20 m lang; beide Führen mit Tritt- und Griffbügeln. Zwischen den beiden Türmen ist eine 40 m lange Seilrutsche (Stahlseil, schlaff, starkes Gefälle) gespannt, Benützung nur mit Seilrolle und Bergführer. »Experimente« lebensgefähr-

lich! Nach einer kräftigen Absenkung erreicht man nach einem wenig ausgeprägten Vorgipfel den Marchleitenfels, 2260 m. Mit einem gemütlichen Abstieg zum Sennjoch, 2225 m, klingt das kurze harmlose Abenteuer aus.
Abstieg bzw. Rückweg: a) Zu beiden Seiten des Grates führen schöne Wanderwege zum Kreuzjoch zurück, jeweils ½ – ¾ Std.; Talfahrt mit Seilbahn.
b) Vom Sennjoch und vom Kreuzjoch Wanderung auf Fahrwegen über die gastliche Schlickeralm, 1645 m, bis zur Mittelstation Froneben, 1350 m.
Hinweis: Weitaus lohnender als der Talhatscher auf Fahrwegen ist eine zusätzliche Bergwanderung, z.B. auf den Kleinen Burgstall, 2436 m (vom Sennjoch zum Gipfel und zurück 2 Std) oder den Hohen Burgstall, 2611 m (vom Sennjoch über das Burgstalljoch einschl. Rückweg 3 Std.). Die Bergwanderung rund um den Hohen Burgstall, über Starkenburger Hütte, Schlicker Schartl und Burgstalljoch zurück zum Sennjoch dauert ca. 4 Std.

Eine Familie übt am mäßig schwierigen Hauptturm den »Ernstfall«.

55 Gesicherter Grat auf die Rinnenspitze, 3000 m; »Edelweiß« und »Höllenrachen«

Drei grundverschiedene Klettersteigerlebnisse

Ausgangspunkt: Neustift im Stubaital, 993 m; von hier 2 km nach Milders und von dort auf schmaler Bergstraße ca. 10 km ins Oberbergtal bis zur Oberißalm, 1742 m; Gasthof, gebührenpflichtiger Parkplatz (Münzautomat).

Gehzeiten: Oberißalm – Franz-Senn-Hütte 1½ Std., für beide Klettersteige je 1½ – 1¾ Std. Gehzeit von der Hütte und zurück; Gesamtgehzeit ohne weitere Abstecher 5 – 6 Std. Franz-Senn-Hütte – Rinnenspitze 3 Std., Abstieg 2 – 2½ Std.

Anforderungen: Rinnenspitze KS2-D, nur im obersten Teil gesichert; bei Schneelage abzuraten. »Edelweiß« und »Höllenrachen« KS4-B; Höllenrachen sehr kurz, aber ziemlich anspruchsvoll, Schlüsselstelle »Hexenkessel« sehr riskant, nur mit perfekter Sicherung und mindestens zu zweit! Beide Klettersteige sind nur während der Öffnungszeit der Hütte in provisorischer Bauart installiert (Kletterseile, z. T. auch dünne plastikummantelte Stahlseile). Begehung auf eigene Gefahr.

Höhenunterschiede: Oberißalm – Franz-Senn-Hütte 405 Hm; Edelweiß ca. 150 Hm (Klettersteig ca. 100 Hm), Höllenrachen liegt wenig über Hüttenhöhe. Hütte – Rinnenspitze 856 Hm.

Stützpunkt: Franz-Senn-Hütte, 2147 m; bew. Mitte Juni bis Anfang Okt. Tel. ✆ A-05226/2218, www.fankhauser.at; Alpeiner Alm etwas unterhalb der Hütte, urgemütlicher Imbiss.

Die herrlich gelegene, große Franz-Senn-Hütte ist ein beliebtes Basislager für grandiose Touren auf viele 3000er, über Gletscher und hohe Übergänge. Auch die Rinnenspitze ist ein herrlicher 3000er, mit grandiosen Tiefblicken; der Gipfelgrat ist ausreichend gesichert und bei guten Verhältnissen für erfahrene Bergsteiger kein Problem. Nebenbei wird sich mancher auch für die beiden Klettersteige interessieren, die der Hüttenwirt während der Saison für seine Gäste installiert und deren Begehung ohne Führer nachdrücklich auf eigene Gefahr erfolgt. Diese Warnung wird jedem verständlich, der sich in den Höllenrachen hineinbewegt – die tosende Klamm würde jeden verschlingen, der hier ungesichert einen Fehltritt tut. Die Schlüssel-

stelle – ein feuchtes, stark durchhängendes Seil über brodelndem Schlund – kann auch umgangen werden. Wer dennoch den »Hexenkessel«, an Karabinern hängend, überqueren will, sollte in erfahrener Begleitung sein!
Aufstieg zur Franz-Senn-Hütte: Von der urigen Oberißhütte führt ein guter Steig zunächst in mäßig steilen Serpentinen aus dem Talkessel empor. Über dieser Steilstufe, etwa auf halbem Wege, wird die Hütte in ihrer großartigen Szenerie sichtbar und sie bleibt es bis zum Ende dieser weitgehend flachen Weghälfte in den traumhaft schönen Talgrund.
Rinnenspitze: Der Wanderweg 2 zieht, zunächst durch üppige Bergwiesen, zum märchenhaften Rinnensee, 2645 m, mit den verträumten Wassertümpeln des Rinnensumpfes hinter einer Moräne. Kurz vor dem See zweigt der Gipfelsteig nach rechts ab und zieht z. T. über Geröll und Blockwerk steil zum Grat empor. Drahtseile und Stifte sichern die letzte steile Rinne und den luftigen Gipfelgrat; eine der schönsten gletscherfreien Hochtouren im Hüttenbereich. Abstieg nur auf dem gleichen Weg.
Edelweiß: Nördlich der Hütte erstreckt sich gegen Westen eine stark zerklüftete grasdurchsetzte Felsbarriere zwischen dem Talgrund (Hinterbergl) und der eine Etage höher liegenden Rinnengrube; der beliebte Wanderweg zum Rinnensee macht einen Bogen um dieses unwegsame Hindernis. Eine unmarkierte Pfadspur zieht 10 m hinter der Holzbrücke in 10 Min. direkt empor auf eine der Felsrippen. Provisorisch montierte Kletterseile ziehen in scharfer Gangart über Rippen und Platten, sparsam gesetzte Trittstifte ersparen brutale Kraftakte auf dieser schneidigen, überraschend kurzweiligen, nur ca. 100 m hohen Führe. Am Ausstieg steigt man noch wenige Min. durch die Grasflanke empor, bis man auf den Wanderweg zum Rinnensee bzw. zur Rinnenspitze stößt. Bergab geht's in ¼ – ½ Std. zur Hütte.
Höllenrachen: Der Alpeiner Bach, der sich durch das flache Hochtal windet, zeigt im sog. Höllenrachen die Urgewalt des Wassers. Hier versperrt ein rundlicher, von weitem unscheinbarer Granithügel dem Bach den Weg. Die Klamm, die sich das Wasser durch diese Talsperre gefressen hat, kann man auf einer kurzen, aber waghalsigen Strecke von innen erleben. Vom Weg 131 zweigt nach 10 Min. ein Pfad ab und führt an Kletterseilen hinab in den Orkus. Schnell ist eine unglaublich verwegene Passage, der »Hexenkessel«, erreicht; ein schlaff durchhängendes Seil hängt über tosender Gischt. Schon im Abstieg mischt sich warmer Angstschweiß mit eiskaltem Sprühnebel! Das waghalsige Pendeln über dem Abgrund lässt sich vermeiden: Ein Hinweis führt schnell und problemlos zum Ausstieg, wo man noch lange in den tobenden Schlund hinabstarrt. Der Abstecher in die Unterwelt lässt sich beliebig verlängern – Weg 131 führt bis in die Gletscherwelt.
Hinweis: Alle anderen Wege sind lange Hüttenverbindungen mit mehreren Tagesetappen. Der Stubaier Höhenweg lässt sich in 8 Tagesetappen aufteilen. Er führt durch teilweise hochalpines Gelände, jedoch nicht über Gletscher und ist streckenweise mit Stahlseilen, Bügeln und Tritthilfen gesichert.

56 Klettersteig Nürnberger Hütte

Kurzer, aber rassiger Hüttenklettersteig

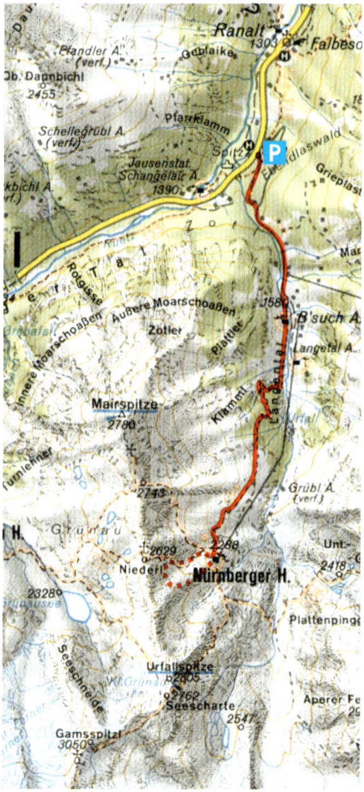

Ausgangspunkt: Von Neustift im Stubai, 993 m, nach Ranalt, 1303 m, von dort ca. 1 km bis Wegabzweig, ausreichender Parkplatz, ca. 1370 m.
Gehzeiten: Parkplatz – Nürnberger Hütte 2½ Std.; Klettersteig samt Abstieg zur Hütte ca. 1 – 1½ Std., Gesamtgehzeit 6 – 7 Std.
Anforderungen: KS3-B. Klettersteig 140 Hm, unterer Teil schwierig, oberer Teil mäßig schwierig, tadellose Sicherung mit sparsamen Tritthilfen.
Höhenunterschiede: Parkplatz – Nürnberger Hütte 927 Hm, von der Hütte zum Ausstieg ca. 250 Hm.
Stützpunkte: Nürnberger Hütte, 2297 m, bew. Mitte Juni bis Anfang Oktober, ✆ A-05226/2492; Bsuchalm, 1520 m.

Wilder Freiger, Hohe Wand, Feuerstein – vergletscherte 3000er sind die erhabenen Ziele, deretwegen »echte« Bergsteiger mit riesigen Rucksäcken, Pickel und Steigeisen zur Nürnberger Hütte emporsteigen. »Echt« ist auch der Hüttenklettersteig neben dem Klettergartenfelsen, beides zur sportlichen Kurzweil der Hüttengäste angelegt: 140 pfiffige und gepfefferte Klettersteig-Höhenmeter in festem Urgestein, perfekte Sicherung mit sparsamen Tritthilfen an allen nötigen Stellen. Das Vergnügen ist viel zu kurz – am Ausstieg mitten am Gratrücken möchte man gerne weitermachen …

Aufstieg zur Nürnberger Hütte: Gemäß Beschilderung auf breitem Steig (ehem. Karrenweg) steil bis zur neueren Forststraße, ab dann bequem in ½ Std. zur Bsuchalm in einem romantischen Talschluss. In Serpentinen den westseitigen Hang empor, zunächst noch auf breitem Fahrweg, der bald in einen Fußweg mündet. Erst in der oberen Weghälfte lässt die Steigung nach, der Weg zieht südwärts in Richtung Gletscherwelt bis zum voluminösen Hüttenbau.

Klettersteig: Man folgt zunächst dem gut beschilderten Weg in Richtung Wilder Freiger. Schon nach wenigen Min. geht's rechts ab, rote Punkte am Fels leiten weglos über den Wiesenhang bis ins Blockwerk unter dem Felsgrat und zum Einstieg in ca. 2350 m Höhe (20 Min.). Ein sehr solides, tadellos verankertes Stahlseil zieht über die steilen Einstiegsfelsen bis zur Schlüsselstelle – ein senkrechtes bis leicht überhängendes Wandl, durch einige Stahlbügel entschärft. Weiter steil und sehr luftig durch die untere Wandhälfte, doch bald neigt sich der Fels; eine kurze Querung entlang einer dünnwandigen Gratschneide, dann wieder in geneigtem Fels weiter bis zum letzten Seil. Ein schmaler, grasiger Gratrücken führt noch ein kurzes Stück auf ca. 2480 m Höhe empor. Bevor es wieder felsig wird, leiten rote Punkte weglos hinüber zum bequemen Übergangsweg zur Sulzenauhütte. In 20 Min. ist man wieder an der Hütte unten.

Der Hüttenklettersteig zieht über den dunklen Grat in der rechten Bildhälfte empor.

57 Klettersteig Fernau auf den Egesengrat, 2631 m

Klettersteiggenuss der Luxusklasse in grandiosem Hochgebirgs-Rahmen

Ausgangspunkt: Talstation Mutterbergalm, 1750 m, im hintersten Stubaital, von der Autobahnausfahrt Schönberg der Brennerautobahn 41 km.
Gehzeiten: Von der Dresdner Hütte über den Klettersteig zum Gipfel und zurück zur Hütte 2 – 2½ Std.
Anforderungen: KS4-B. Rassige, schwierige Urgesteinsführe, bestens gesichert, äußerst luftig. Unbedingt auf trockenen Fels und sicheres Wetter achten! Überflüssiges Gepäck auf Hütte deponieren!
Höhenunterschied: Von der Dresdner Hütte 323 Hm, davon 220 Hm Klettersteig.
Aufstiegshilfen: Stubaier Gletscherbahn (6er-Gondelbahn) von der Mutterbergalm bis Mittelstation Dresdner Hütte, 1750 m – 2302 m; von hier Weiterfahrt zur Bergstation Eisgrat, 2850 m, (Restaurant), von hier Weiterfahrt mit neuer 8er-Gondelbahn bis zum Schaufeljoch, 3150 m, (SB-Restaurant).
Stützpunkte: Dresdner Hütte, 2302 m, am Zustieg; bew. ganzjährig außer Juni, ✆ A-05226/8112.

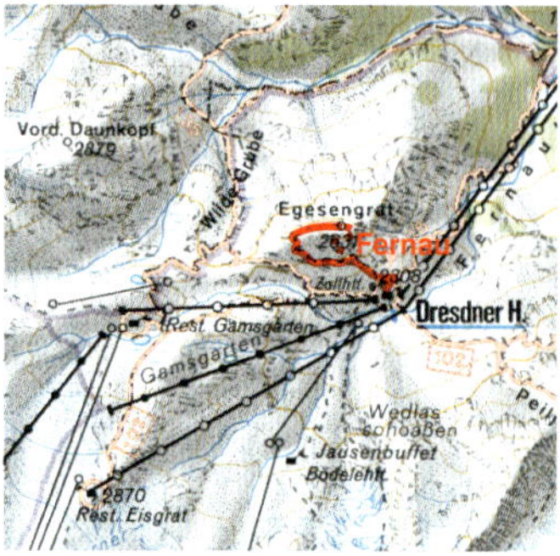

Hinweis: Wer früh dran ist, kann den restlichen halben Tag optimal nutzen: Von der Mittelstation Weiterfahrt zur Bergstation, Aufstieg über Gletscherpiste oder Gondelfahrt zum neuen Bergrestaurant Jochdohle, 3158 m, am Schaufeljoch, von dort problemloser Aufstieg zur Schaufelspitze, 3333 m, (1 Std.) und zum Kleinen Isidor, ca. 3220 m, (10 Min.), gesichert.

Die 1999 angelegte Führe über den Ostpfeiler mit ihren hervorragenden Sicherungen bietet Nervenkitzel zwischen Himmel und Abgrund bei grandiosem Panoramablick auf Gletscher und Dreitausender; bei gutem Wetter für Geübte ein ungetrübtes Felsvergnügen der Luxusklasse. Das Seil zieht über festes Urgestein empor, über senkrechte Pfeiler und flechtenbewachsene Platten, mit exponierten Quergängen, unterbrochen von einigen kleinen Kanzeln zum Verschnaufen und Schauen. Unvergesslich bleibt ein enger Felsspalt im Mittelteil! Für den verbleibenden, zeitlich überwiegenden Teil des Tages soll man sich je nach Geschmack und Wetter ein Ergänzungsprogramm zurechtlegen, das auch aus Skifahren am Stubaier Gletscher bestehen kann!

Aufstieg: Zunächst Auffahrt zur Mittelstation Dresdner Hütte, 2302 m (zu Fuß 2 Std.). Von hier zunächst auf den Abstiegsweg zur Mutterbergalm. Schon nach 100 m zweigt ein markierter Pfad nach links ab und führt in ¼ Std. steil zum Einstieg bei einem Pfeiler, der am tiefsten in den grasigen

Im Mittelteil der rassigen Urgesteinsführe auf den Egesengrat.

Hang hinabreicht, rechts einer breiten, bewachsenen Rinne. Der Klettersteig bietet vom ersten bis zum letzten Meter Ausblick und Tiefblick, Nervenkitzel und dennoch ein beruhigendes Gefühl der Sicherheit: Das durchgehende Stahlseil ist vertrauenerweckend verankert, die ausreichend gesetzten Eisentritte ersparen rohe Kraftakte. Absolute Immunität gegen Schwindel erregende Tiefblicke sind Voraussetzung für den Genuss dieser Führe. Nach 350 m Stahlseil und etwa 200 Griffen und Trittplatten erreicht man einen Bergrücken, der bis zum spitzkegeligen Steinmanndl am wenig ausgeprägten Gipfel führt.
Abstieg: Auf gut markiertem Steig problemlos den begrünten Rücken westwärts weiter und bald in Gegenrichtung in ¾ Std. hinab zur Hütte.

58 Klettersteige an Elferspitze, 2499 m, Westl. Elferturm, 2490 m und Elferkofel, 2505 m

Kleines Klettersteigparadies in kitzeligen Kalkklippen

Ausgangspunkt: Neustift im Stubaital, 993 m, Talstation des Elferliftes.
Gehzeiten: Neustift – Elferhütte zu Fuß 2½ Std.; Bergstation – Elferhütte 35 Minuten, Elferhütte – Nordwandroute bis zur Elferspitze 2 Std., Elferspitze – Zwölfernieder 2 Std., Zwölfernieder – Elferhütte 2 Std.; Gesamtgehzeit: bei Liftbenützung 7 Std.
Anforderungen: KS4-C. Nordwandroute ziemlich anspruchsvoll, aber eher kurz. Abstieg zum Zwölfernieder reich gestuft, spärlichst gesichert, mit vielen luftigen Stellen (II).
Höhenunterschiede: Neustift – Elferhütte 1011 m, Elferhütte – Elferspitze 500 m;
Höhe der Klettersteige: Nordwandroute und Westlicher Elferturm je 150 Hm, Elferspitze beidseits je ca. 80 Hm, Abstieg zum Zwölfernieder ca. 1 km lang, Höhenunterschied ca. 160 Hm.
Aufstiegshilfen: Elferlift, Sessellift von Neustift zur Bergstation am Elferkamm, 1000 m – 1794 m.
Stützpunkt: Berghotel Elferhütte, 2004 m, privat, ganzjährig bew., Selbstbedienungsrestaurant, ✆ A-05226/2818.
Hinweis: Nahe liegend: → Schlicker Klettersteig auf die Große Ochsenwand.

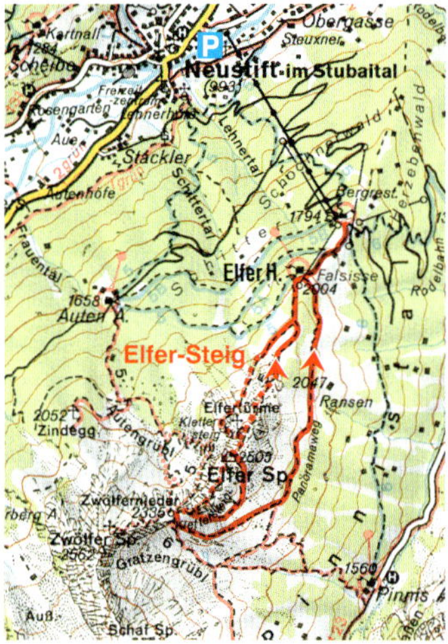

Die Elferspitze ist der nördlichste Gipfel im Habicht-Elfer-Kamm, der sich von der Inneren Wetterspitze über den Hauptgipfel, den 3277 m hohen Habicht bis zur Elferspitze zieht. Dieser Kamm ist aus Gneisen aufgebaut, nur in seinem äußersten Ende, an der Elferspitze, sind Kalkklippen aufgesetzt. Vom südlichsten noch aus Gneis aufgebauten Gipfel dieses Kammes, der 2562 m hohen Zwölferspitze, zieht nach einer Einsattelung, dem sog. Zwölfernieder, ein auffallend zerrissener, scharfer Grat gegen Nordosten. Aus diesem Kamm erhebt sich an zentraler Stelle der Hauptgipfel, die 2499 m hohe Elferspitze. Wie eine gigantische Felsbastion ragt aus den Karen der Westflanke als nördliches Bollwerk das Zwillingspaar der Elfertürme mit völlig senkrechten Wänden auf. Diese beiden »Elfertürme« des Elferkofels sind an der Nordseite bis an den Felsfuß durch eine steile, enge Felsschlucht gespalten. Durch diesen fast senkrechten Felsspalt zieht die kühne, schaurig-schöne »Nordwandroute«. Auch wer diese Eisenführe im exponierten Fels als Ouvertüre furchtlos meistert, darf dem Folgenden nur dann gelassen entgegenblicken, wenn er auch im Abstieg ungesicherten Fels im II. Grad beherrscht.

Aufstieg: Nach Liftauffahrt zunächst zur Elferhütte. Der weitere Weg von da an aufwärts teilt sich schon nach 20 Minuten. Bei einem Bankerl mit dem Hinweis »Nordwandroute« biegen Furchtlose rechts ab; der links weiterführende Normalweg leitet direkt zur Elferspitze und ist auf den letzten Metern gesichert. Der gelb markierte Pfad zur Nordwandroute, der sog. Gamssteig, zieht nach anfangs recht luftigen Stellen beschaulich in die grasige, von Schuttströmen übergossene Westflanke des Elfermassivs. Nach ½ Std. gelangt man bis auf einen Felsausläufer hinauf, hier leiten die ersten sparsamen Sicherungen über mächtige Blockstufen und steile Wandln weiter. Über natürliche Schuttbänder zwischen dem völlig senkrecht aufragenden Wandfuß und dem Blockwerk des Felsausläufers geht es an den eigentlichen Einstieg in die Schlucht zwischen dem Westlichen und Östlichen Elferturm: Markierungen weisen beängstigend exponiert nach oben. Der Anstieg führt an der linken Schluchtwand empor, die 150 m hohe Wandstufe ist die anspruchsvollste und auch die längste durchgehende Klettersteigpassage. Betont sparsam gesetzte Klammern und Stifte werden von zwei dünnen Führungsseilen begleitet. Die Schlüsselstelle war ein sehr enger und steiler Kamin in der Mitte dieser Schluchtwand, der oberhalb umgangen werden kann.

Nach der zweiten, noch steileren Wandhälfte gelangt man auf einen Absatz; nun führt die Route, fast ohne weitere Sicherungen, in halbwegs geschützter Wegführung über mächtige, aber gut gestufte Felsblöcke und Schotterabsätze direkt an den Ostfuß des Westlichen Elferturmes, der mit dem östlich anschließenden Blockgewirr durch eine breite Schotterbrücke verbunden ist. Die gut gesicherte Route durch die reichlich glatte Wand führt in wenigen Minuten zum ersten Gipfelsieg: Westlicher Elferturm, 2490 m. Der benachbarte Ostturm mit dem auffallenden Gipfelkreuz bleibt – trotz weniger Meter Entfernung in der Luftlinie – Kletterern vorbehalten. Nun wieder hinab zur Schotterbrücke; die Markierung führt, unter einem riesigen Felsblock hindurch, durch ein verzwicktes Blockgewirr und nach einem technisch anspruchsvollen, nur von vier Stiften gesicherten Spalt auf ein natürliches Schotterband, auf dem man rasch auf den Normalweg stößt. Von hier erblickt man bereits längs des breiten Gratverlaufs in südlicher Richtung ein kleines Hüttchen am Fuße eines senkrecht aufragenden, massigen Felsturmes. Man folgt zunächst dem Normalweg, zweigt aber an einer Markierung bald rechts ab und gelangt zu dem vernagelten Materialdepot. Nun folgt der zweite Höhepunkt: Über eine senkrechte Kante in einen kurzen Kamin und über Rinnen und Blöcke zum Gipfelaufschwung, einem sehr exponierten, schmalen Steilgrat. Die rassige, sehr luftige Route erreicht erstaunlich schnell den Hauptgipfel Elferspitze, 2499 m. Nun hinab in eine winzige Scharte, hier mündet die leichtere Variante ein. Durch einen kurzen Riss

Am Gipfel der Elferspitze; im Hintergrund der Zwölfer, links die ersten Gratzacken der Abstiegsroute.

empor, hinab in eine kleine Felsschlucht und aus dieser an guten Sicherungen nach rechts hinaus und über eine senkrechte Wandstufe an den Felsfuß. Schotterbänder führen von hier abermals auf den Normalweg. (Variante: Vom o.g. Hüttchen nach rechts, durch schmale, mannshohe Rinnen auf ein natürliches, bequemes Schotterband am senkrechten, westlichen Wandfuß. Unter einem riesigen Klemmblock in eine breite, meist schneegefüllte Rinne und an deren Rand zum Schartl zwischen den beiden Gipfelklötzen.) Der nun folgende Abstieg kann als dritter Höhepunkt gelten. Vom Grat gut gesichert ein kleines Wandl hinab und dann gleich rechts wieder ein Wandl empor. Auf grasigem Grat weiter empor zu einem natürlichen Bandsystem, das zwischen einem verwirrenden Irrgarten von Türmchen, Nadeln und Blöcken hindurchführt. Einen schmalen Felsspalt steil hinab und über einen Klemmblock zu einer Felsnase. An spärlicher Stiftsicherung einen steilen Felssporn hinab und aus einer Scharte wieder an Stiften empor. Man quetscht sich nun wieder durch einen Felsspalt, steigt ein steiles Wandl ab und klettert schließlich über luftige Felssporne und gut gestufte Absätze mit sehr sparsamen Sicherungen ab. Ein kurzes Rasenstück führt zum breiten Joch zwischen Elferspitze und Zwölferspitze, dem sog. Zwölfernieder, 2335 m.

Abstieg: a) Zur Elferhütte und zur Sessellift-Talfahrt nur über den sog. Panoramaweg, der nach kurzem Abstieg vom Joch eben und genüsslich in der weiten, grasigen Ostflanke des Elfermassivs dahinzieht.

b) Vom Zwölfernieder nordwärts, zunächst in steilen Serpentinen, zur Autenalm und von hier durchs Frauental steil hinab zu den Autenhöfen.

59 Klettersteig auf die Ilmspitze, 2692 m

Rassiger, kühner Klettersteig auf wilden Felsturm, spannend bis zuletzt

Ausgangspunkte: a) Gschnitz, 1242 m, im hintersten Gschnitztal. Beginn des Hüttenzustiegs 450 m südlich der Pfarrkirche. Ein weiterer Zustieg zur Hütte beginnt beim Fahrverbotsschild vor dem Talschluss, nahe der Talstation der Materialseilbahn.
b) Neustift im Stubaital, 993 m, Gasthof Zeger im Ortsteil Neder.
Gehzeiten: Gschnitz – Innsbrucker Hütte 2½ Std.; Neustift – Pinnisalm 2½ – 3 Std.; Bergstation Elfer – Pinnisalm im Abstieg ¾ – 1 Std.; Elferhütte – Karalm im Abstieg etwa 2 Std.; Pinnisalm – Innsbrucker Hütte 2 Std., Innsbrucker Hütte – Ilmspitze 3 Std., Abstieg vom Gipfel zur Hütte 2 Std.; Gesamtgehzeit: von Gschnitz mindestens 10 Std.
Anforderungen: KS4/5-D. Sehr exponierte Passagen, absolute Schwindelfreiheit, Trittsicherheit und etwas Kletterfertigkeit erforderlich. Gesamtcharakter sehr anspruchsvoll.
Höhenunterschiede: Gschnitz – Innsbrucker Hütte 1128 Hm, Neustift – Innsbrucker Hütte 1370 Hm, Innsbrucker Hütte – Ilmspitze 320 Hm; kurze Gegenanstiege; Höhe des Klettersteiges im Aufstieg und Abstieg je 260 Hm.
Aufstiegshilfen: Unter Umständen Elferlift in Neustift, 1000 m – 1812 m .
Stützpunkt: Innsbrucker Hütte, 2370 m, bew. Ende Juni bis Ende September, ✆ A-05276/295.
Hinweis: Gut zu verbinden mit Klettersteig auf → Elferspitze und Elferkofel. Nahe der Innsbrucker Hütte kurzer rassiger Übungsklettersteig!

Die Ilmspitze, im Serleskamm zwischen Habicht und Kirchdachspitze gelegen und bisher ein Reservat der Kletterer, zählt seit 1986 zu den spannendsten Klettersteigzielen. Wenn man voll gespannter Erwartung vor dem kühnen Gipfelturm steht und bereits das Gipfelkreuz sieht, stellen sich zwei Vorurteile ein, die sich sehr bald als falsch erweisen. Man meint zunächst, der Klettersteig müsse äußerst anstrengend und schwierig sein, dafür aber sehr kurz. Eher das Gegenteil ist der Fall. Schon auf den ersten ziemlich senkrechten Seillängen stellt man beruhigt fest, dass es überall ausreichend Tritte und Griffe gibt, dazu sparsam, aber ausreichend gesetzte Steigbügel und Trittstifte. Luftig ist es allerdings von Anfang an sehr, und Luft unter den Sohlen hat man auch weiter oben zur Genüge. Was die scheinbar geringe Länge anbelangt, so ist die Überraschung noch größer: Kühne Bänder führen quer durch ein Felslabyrinth mit wilden, senkrechten Schluchten. Die Wegführung folgt stets dem natürlichen Geländeverlauf, niemals wird dem Fels ein mutwilliger, eisengespickter Senkrechtaufschwung abgetrotzt, wo es nicht nötig wäre, dafür geht es aber – wie bei ei-

Im Abstieg von der Ilmspitze: die letzte Felsschlucht.

ner richtigen Kletterroute – kreuz und quer und auf und ab. Da sind einige Bänder dabei, die absolute Immunität gegen Schwindel erregende Tiefblicke erfordern – nur der Routinierte wird hier den Kitzel der saugenden Tiefe mit Genuss auskosten. In der Mitte der Felsenburg, spätestens beim luftigen, seilgesicherten 2-Meter-Spreizschritt über die zentrale Felsenkluft, kommt echte Begeisterung auf, und die Spannung wächst bis zum Gipfelklotz! Der Abstieg beschert eine weitere, richtige Durchschreitung im Stil der Brenta-Klettersteige, und die Spannung hält bis zur letzten Eisenklammer an. Wer von diesem Felsenabenteuer nicht völlig absorbiert wird, der erblickt zusätzlich noch ein grandioses Panorama in außergewöhnlichem Wechsel zwischen hellen, zierlichen Kalkspitzen und dunklen, wuchtigen Urgesteinsgipfeln.

Aufstieg zur Innsbrucker Hütte: a) Der Weg von Gschnitz zieht in gleichmäßiger, strammer Steigung mit vielen Kehren vom Strauchgürtel über die Almzone bis in die Schrofen, im oberen Teil etwas flacher, zuletzt über ein exponiertes, aber gesichertes Band bis zur Hütte. Im hintersten Talschluss, beim Gasthof Feuerstein, geht's nach rechts über die Brücke zu einem Bauernhof, wo der Hüttenweg beschildert scharf rechts abzweigt (250 m hinter der Straße). Dieser Aufstieg ist eine »Hütten-Direttissima« in gleich bleibend sturer Steigung, zuerst durch Wald, dann über steile offene Hänge.
b) Von Neustift im Stubaital, Ortsteil Neder, geht es zunächst in 2½ – 3 Std. auf Fahrstraße zum Alpengasthof Pinnisalm, 1559 m. Von hier in 2 Std. durch das obere Pinnistal über die Karalm, 1747 m zum Pinnisjoch, 2370 m.
c) Von Neustift mit dem Elferlift zur Bergstation, 1794 m, empor und von hier in ¾ – 1 Std. zur Pinnisalm absteigen. Oder von der Bergstation in 35 Minuten zur Elferhütte, 2004 m, empor und von hier über den Steig östlich unter dem Elfermassiv direkt zur Karalm absteigen.

Gipfelaufstieg: Von der Innsbrucker Hütte gelangt man in 15 Minuten durch die Nordwestflanke des hier ansteigenden Grates der Kalkwand über steile Kehren durch ein Kar zu einem kleinen Joch und tritt in eine bemerkenswert schöne Felsszenerie. Nach kurzem Aufstieg auf dem alten Weg zur Kalkwand zweigt der neue Steig rechts ab und führt, zum Teil bergab, durch den romantischen Felsengarten des breiten, zerklüfteten Gratrückens, zuletzt über einen breiten, kahlen Hügel zum kleinen Materialhüttchen an der Südwand. Der Einstieg liegt ziemlich versteckt in einer Rinne direkt an der Südkante. Das Seil zieht sehr rasant durch einen flachen Riss empor, neben Stahlbügeln und Trittstiften überall gute Griffe und Tritte im Fels. Über gestuften leichteren Fels in die Ostseite und von hier auf Trittleisten wieder in die Westseite hinüber. Über eine sehr luftige Steilwand geht es nun über Klammern empor, bis man durch einen schmalen Kamin eine Scharte erreicht. Ein Band steil bergab in eine Schlucht, an deren Rand ein Felsband zum Aufbau des Hauptgipfels leitet. Ein gewagter, aber seilgesicherter Spreizschritt über den gähnenden letzten Spalt der sich hier veren-

Im Abstieg von der Ilmspitze: Bänder wie in der Brenta.

genden Schlucht, kühn an Bügeln über ein senkrechtes Wandstück empor, in leichterem Gelände Hinweis auf den Abstieg. An gut gestuftem Felsaufbau weiter leicht empor und nach links auf ein extrem exponiertes, abschüssiges, aber kurzes Felsband in der Westwand. Es führt überraschend in einen weiten Kamin mit Klemmblock, den man an Bügeln umgeht. Ein schmaler, luftiger Felssporn, solide gesichert, leitet bis auf den zerklüfteten Gipfelblock.

Abstieg zur Innsbrucker Hütte: Zunächst steigt man bis zum deutlichen Hinweis auf den Abstiegsweg ab. Ein kurzes Band und ein schottriger Sporn führen zu den leicht fallenden natürlichen Felsbändern, die sich entlang einer wilden Schlucht sehr luftig nordwärts ziehen. Die Route quert kurz eine flache, geröllgefüllte Reiße, dann geht es überraschend über einen soliden, immer steiler geneigten Felssporn in eine wilde Schlucht hinab. An der letzten Eisenklammer führt die deutliche Markierung wieder südwärts und zieht über ein sehr steiles Kar hinab zum Felsfuß. Eine riesige rote Markierung zeigt die Stelle an, wo man das Kar südwärts verlässt. Schmale, teilweise recht exponierte, abdrängende Bänder in den Schrofen führen, zuletzt nochmals kräftig ansteigend, bis zum Einstieg zurück. Auf dem Rückweg zur Innsbrucker Hütte sollte man noch den kleinen, lohnenden Umweg über die Kalkwand, 2564 m, machen, bevor man einen der Abstiege ins Tal wählt.

60 Klettersteig auf den Glungezer, 2678 m

Lustig-pfiffige Klettersteigstellen im Labyrinth der Urgesteinsblöcke

Ausgangspunkt: Tulfes, 923 m, südlich von Hall in Tirol, Talstation der Glungezerbahn, Parkplatz.
Gehzeiten: Tulfeinalm – Glungezer $1\frac{3}{4}$ Std. – $2\frac{1}{4}$ Std., im Abstieg 1 – $1\frac{1}{4}$ Std.; Rückweg über Zirbenweg zur Tulfeinalm $2\frac{1}{2}$ – $3\frac{1}{2}$ Std.; Gesamtgehzeit: 3 – 4 Std.
Anforderungen: KS3-B. Bis auf einige kurze, aber schwierige Wandstellen problemlos. Bei Schnee oder Vereisung abzuraten! Bei Bedarf zusätzliche Seilsicherung.
Höhenunterschiede: Tulfeinalm – Glungezer 642 Hm; Klettersteig 400 Hm.
Aufstiegshilfen: Glungezerbahn, Sessellift 923 m – 2059 m (Mittelstation 1545 m).
Stützpunkte: Glungezerhütte, 2600 m, bew. Mitte Juni bis Ende Oktober, ✆ A-0664/4226977; nahe der Bergstation des Liftes: Tulfeinalm, 2035 m, Berggasthof, ✆ A-05223/78153.

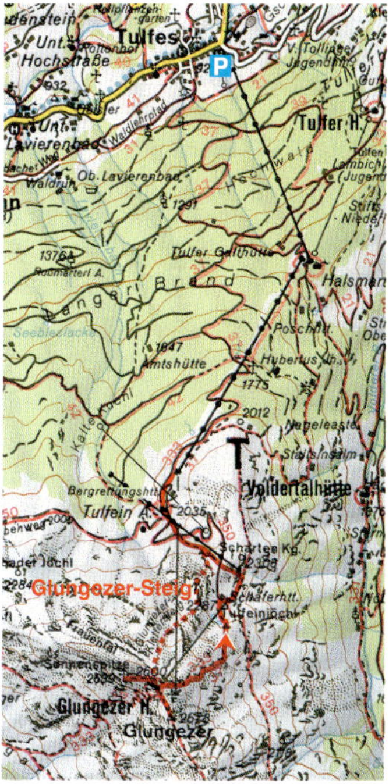

Der Glungezer, der südliche Hausberg von Hall, ist ebenso wie der bekanntere Patscherkofl bei Innsbruck als Skiparadies berühmt. Für Wanderer ist der Zirbenweg – der viel begangene Verbindungsweg unterhalb der Gipfelkette – Inbegriff einer beschaulich-bequemen Höhenwanderung. Einen richtigen Klettersteig in dieser eher zahmen Bergregion kann man sich nur schwer vorstellen. Dennoch schuf der Hüttenwirt der Glungezerhütte 1989 für den etwas faden Normalanstieg eine sportliche Variante – bei reichlich künstlicher Wegführung. Die Markierung legt eine abwechslungsreiche, stellenweise sehr überraschende Route über und durch alle jene Stellen, die an diesem von Türmchen, Zacken und Graten bestückten Blockhang die höchsten Schwierigkeiten bieten – logisch ist diese Wegführung also nicht, dafür aber gerade für geländegängige Kinder ein Vergnügen, sofern man sie an kniffligen Stellen mit dem Seil ordentlich sichert. Obwohl man diesen Klettersteig eigentlich unter Anführungszeichen zitieren müsste, ist er ein reizvolles Vergnügen, namentlich unter denen, die dem Glungezer schon aus Tradition alljährlich einen Hausbesuch abstatten.

Aufstieg: Von der Bergstation in wenigen Minuten zur gastlichen Tulfeinalm. Nun auf dem Fahrweg genau bis zur Bergstation des Kalte-Küchl-Schleppliftes, 2150 m, wo ein Hinweisschild auf den Pfad nach rechts mit der von nun an dunkelblauen und zum Teil schlecht sichtbaren Markierung hinweist. Der »Einstieg« liegt in 2200 m Höhe nahe der Schäferhütte, etwas nordwestlich davon. Man steigt über die ersten Blöcke und kommt auch bald an das erste »ernste« Wandstück und von hier in einen unglaublich schmalen Felsspalt – ein echter Schwierigkeitsgrad für »Gwamperte«. Vom ersten kleinen Blockgrat geht's wieder leicht hinab und etwas westwärts hinüber zu neuen Abenteuern am größten Gratrücken. Eine Reihe niederer, aber rassiger Wandstellen, völlig überraschende Durchschlüpfe unter riesigen Blocktrümmern, dazwischen wieder viel Blockwerk... Zum Schluss noch ein letztes rassiges Steilstück am dünnen, schlaffen Stahlseil, dann gelangt man in 2600 m Höhe auf eine Wegtrasse unterhalb der Glungezerhütte, wo das Frauental in den Gipfelhang der Sonnenspitze mündet, und ist bald am gastlichen Gipfelhaus. Der Glungezergipfel und die Sonnenspitze, 2639 m, sind gleichermaßen bequem in wenigen Minuten zu erreichen.

Kurze, aber typische Klettersteigstelle im Urgestein der Glungezer-Nordflanke.

Abstieg: a) Auf dem Normalweg 333 direkt von der Glungezerhütte bequem zurück zur Tulfeinalm.

b) Auf dem bequemen, sehr aussichtsreichen Verbindungsweg 46 hinüber in Richtung Patscherkofl bis zum Zusammentreffen mit dem Zirbenweg; die über diesem Weg gelegene Viggarspitze, 2306 m, kann leicht »mitgenommen« werden. Wem es nach zweimaliger Einkehrmöglichkeit noch nach einer dritten Brotzeit gelüstet, kann mit einem maßvollen Umweg auch noch bis zum wirklich idyllischen Alpengasthaus Boscheben, 2035 m, weitergehen, hier einkehren und erst dann auf der östlichen Hälfte des Zirbenweges zur Tulfeinalm zurückkehren.

61 Spannagl-Klettersteig zum Spannagelhaus, 2531 m

Interessante, aber sehr kurze Führe über glattes Urgestein

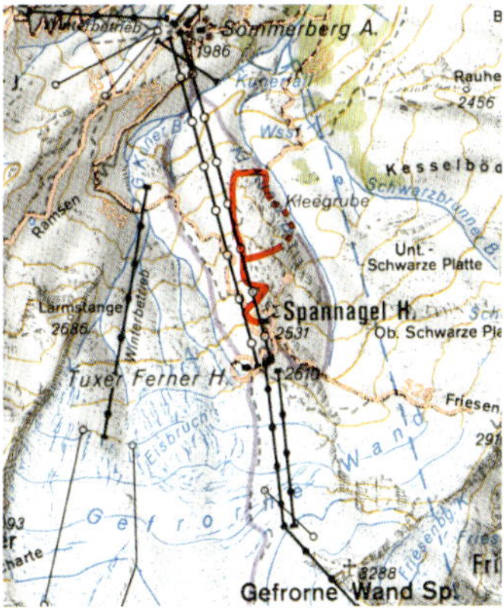

Ausgangspunkt: Von Mayrhofen im Zillertal nach Hintertux, 1493 m, Talstation der Gletscherbahn, ca. 1500 m.
Gehzeiten zum Einstieg: a) Vom Spannagelhaus bergab ca. ¾ Std. (vorher Bergfahrt zum Tuxerferner Haus, 2. Sektion); b) Von Hintertux zu Fuß auf Weg 526 (»Wasserfallweg«) 3½ Std.; c) Von Sommerbergalpe, 2100 m, auf Weg 526 ca. 1½ Std. (vorher Bergfahrt 1. Sektion).
Anforderungen: KS3-B. Etwas zu dünne, schlaffe Stahlseile, Tritthilfen, Ausstieg senkrecht (Steigbügel). Steig ca. 120 Hm.
Höhenunterschiede: Hintertux – Spannagelhaus 1040 Hm; Sommerbergalpe – Spannagelhaus 430 Hm; Spannagelhaus – Einstieg bergab ca. 410 Hm (= Wiederaufstieg).
Aufstiegshilfen: Hintertuxer Gletscherbahn (✆ 05287/8510- 0; www.hintertuxergletscher.at), Talstation, 1520 m, in 3 Sektionen bis zur Gefrorenen Wand, 3250 m. 1. Sektion: 1-Seil-Umlaufbahn mit 8er Gondeln bis Sommerbergalpe, 2100 m; 2. Sektion: »Gletscherbus 2«, erste Zweiseilumlaufbahn der Ostalpen, bis Tuxerferner Haus, 2660 m; 3. Sektion: »Gletscherbus 3«, höchstgelegene Zweiseilumlaufbahn der Welt, bis Bergstation Gefrorene Wand, 3250 m, knapp unter dem Gipfel, 3286 m.
Stützpunkte: Spannagelhaus, 2531 m, ganzj. bew., ✆ A-05287/86162; Restaurants an Zwischenstationen der Gletscherbahn: Sommerbergalpe, 1986 m; Tuxer-Ferner-Haus, 2660 m, ✆ 05287/87251.
Hinweise: Sehr sehenswert ist die Spannaglhöhle; sie entstand durch eiszeitliche Schmelzwassererosion im Bereich einer Marmorschicht, die zwischen Urgesteinsschichten eingelagert ist. Besichtigung mit Führung ca. 1 Std. (Temperatur 2 – 3°C), ganzjährig, täglich 10 – 15 Uhr ab Spannaglhaus. Auffahrt zur Bergstation Gefrorene Wand, 3256 m, möglich; hier auch im Sommer Skibetrieb.

Neben klassischen 3000ern und hochalpinen Übergängen hat das Spannagelhaus noch mehr zu bieten: In 1 Min. zur Höhle, in 2 Min. zum Klettergarten, in 15 Min. zum Eisbruch, in 30 Min. zum Klettersteig. Über glatt geschliffene, nur mäßig geneigte rundliche Felsformen unterhalb der Hütte sind 1999 ca. 200 m Stahlseil gespannt worden – eine interessante, aber kurze Route. Unbedingt sehenswert ist die Höhle; erst 1994 wurden 500 m touristisch erschlossen – ein Hauch von Klettersteig unterirdisch. 10 km Höhlengänge sind vermessen, weitere Kilometer begangen – ein Potential an Klettersteigabenteuern unter Tage – vielleicht der Kick der Zukunft …

Dünne Seile über die blank polierten Riesenplatten der Schralen.

Zum Einstieg: a) Eilige fahren mit der Gletscherbahn 2 Sektionen bis zum Tuxerferner Haus, 2660 m, von dort in ¼ Std. hinab zum Spannagelhaus, 2531 m (Fahrweg). Von hier zunächst auf der Fahrstraße weiter bergab, bis man bei einer roten Hinweistafel auf den alten Weg 526 trifft. Beschaulich weiter hinab bis zur Holzbrücke über den Kleinen Kunerbach, 2120 m, hier Hinweisschild auf Klettersteig. Unmarkiert und weglos ca. 10 Min. taleinwärts das Flussbett entlang, das hier in flachen Kiesbänken ausufert. Der Einstieg liegt ca. 50 m über der Talsohle, das rote Schild ist nur schwer auszumachen, der letzte Teil des Zustiegs über den steilen Grashang bis zum Felsfuß ist abermals weglos und unmarkiert.
b) Die Holzbrücke in 2120 m Höhe ist nach längeren Zustiegen auf Weg 526 von Hintertux oder auch von der Sommerbergalpe zu erreichen.
Klettersteig: Dünne Seile leiten über völlig blank polierte Riesenplatten mäßig steil empor; eine interessante Route im Urgestein, das noch vor Jahrhunderten unter Eis lag: Die Schralen. Eine senkrechte Wand von ca. 10 m Höhe wird an Trittbügeln erklommen – nach dieser schwierigsten Stelle steht man in ca. 2300 m Höhe in weglosem Gelände zwischen leichtem Fels (I) und dicken Graspolstern. Man geht am besten in Falllinie entlang des Rinnsals empor und trifft in ca. 10 Min. wieder auf die Fahrstraße, die zur Hütte emporführt.
Abstiege: Mit der Gletscherbahn vom Tuxerferner Haus oder von der Sommerbergalpe ins Tal, ggf. auch zu Fuß.

62 Berliner Weg auf das Schönbichler Horn, 3134 m

Ernster Urgesteinsweg auf einen Dreitausender

Ausgangspunkte: a) Von Mayerhofen, 630 m, Endstation der Zillertalbahn, nach Ginzling, 980 m, von hier zum Gasthof Breitlahner, 1257 m, am Beginn des Zemmgrundes, großer Parkplatz.
b) Wie a) bis zum Gasthof Breitlahner, von hier auf steiler Bergstraße (Maut) in den Zamser Grund bis zum Schlegeisspeicher, 1782 m, Parkplatz am Zamsgatterl.
Gehzeiten: Gasthof Breitlahner – Gasthof »Alpenrose« 2 Std., Gasthof »Alpenrose« – Berliner Hütte ¾ Std.; Dominikushütte am Schlegeisspeicher – Furtschaglhaus 2½ Std.; Berliner Hütte oder Gasthof »Alpenrose« – Schönbichler Horn 3½ – 4 Std.; Furtschaglhaus – Schönbichler Horn 2¾ Std.; Gesamtüberschreitungszeit: von Ost nach West ca. 11 Std.
Anforderungen: KS2-D. Bei guten Verhältnissen technisch eher problemlos, bei Schlechtwetter, Schnee oder gar Vereisung eine ernste, hochalpine Überschreitung.
Höhenunterschiede: Breitlahner – Berliner Hütte 800 Hm, Berliner Hütte – Schönbichler Horn 1100 Hm, Furtschaglhaus – Schönbichler Horn 850 Hm; Höhe des Klettersteiges: von Osten ca. 250 Hm, von Westen ca. 150 Hm.
Stützpunkte: Berliner Hütte, 2042 m, bew. Pfingsten bis Anfang Oktober, ✆ A-05286/5223; Gasthaus Alpenrose, 1875 m, privat, bew. Anfang Juni bis Ende September, ✆ A-0644/5055401; Grawandhütte, 1636 m, privat, bew. Anfang Mai bis Anfang Oktober, ✆ A-05286/5213; Furtschaglhaus, 2293 m, bew. Anfang Juli bis Ende September, ✆ mobil A-0664/2010607.

Urgestein auf der Schönbichler Scharte.

Neben den zerklüfteten Eiswüsten von Schlegeis- und Waxeckkees, im Schatten des berühmten Großen Möseler, erhebt sich über dem Furtschaglkar das Schönbichler Horn, einer der meistbesuchten Gipfel der Zillertaler Alpen und eine Aussichtswarte erster Ordnung. Der Gipfel wurde schon 1853 erstmals erstiegen, seine steilen Blockflanken sind heute von beiden Seiten so weit gesichert, dass die Überschreitung bei guten Verhältnissen keine besonderen Probleme aufwirft. Die Fülle landschaftlicher Erlebnisse und die Ausblicke in die Gletscherregionen sind bleibende Eindrücke.

Aufstieg zur Berliner Hütte: Von Breitlahner südwärts, über den Bach und links des Zemmbaches empor zur Klausenalm, 1301 m. Durch den äußeren Zemmgrund talein zur Schwemmalm, 1350 m. Kurz talein, dann an der ostseitigen Tallehne empor zur Grawandhütte, 1636 m. Mäßig steigend talein, über der Schlucht des Zemmbaches über den steilen Hang, dann weniger steil zum Gasthof »Alpenrose« und weiter zur Berliner Hütte.

Gipfelanstieg: Von der Berliner Hütte südwärts hinab auf den alten Gletscherboden. Auf einem Steg über den Abfluss des Hornkeeses und jenseits der Brücke sofort rechts ab und aufwärts zu einer verfallenen Hütte. Über einen Graben auf den östlichen Moränenrücken des Waxeckkeeses. Über den Rücken ein kurzes Stück empor, dann über das ausgeaperte Gletscherbett hinüber auf die westliche Seitenmoräne, wo der Weg von der »Alpenrose« heraufführt. In mehreren Kehren durch den grünen Kessel des Garbenkares südwärts hinauf, dann unter den felsigen Hängen des Schönbichler Grates entlang, schließlich rechts hinüber und gerade hinauf zum Schönbichler Grat mit dem Krähenfuß, 2587 m. Der Weg leitet nun auf der Höhe des Grates, meist über bequem gelegte Platten, weiter bis an die Flanke des Schönbichler Horns. Durch die splittrigen und erdigen Felsen der Flanke sehr steil, jedoch gesichert, auf die Schönbichler Scharte, 3081 m, und über den Südgrat auf sicherem Steig auf den Gipfel.

Vom Schlegeisspeicher zum Gipfel: Auf Fahrweg bis an den Südzipfel des Stausees, hier flach steigend in den Furtschaglboden, und über steile Hänge in engen Serpentinen zum Furtschaglhaus, 2293 m. Auf bezeichnetem Weg über die Hänge des Furtschaglkares ostwärts empor, dann auf einem schwach ausgeprägten Rücken gegen den vom Kamm herabziehenden oberen Rücken. Über einen erdigen Hang von Süden her zum Steinmann hinauf und über den schmalen, felsigen Rücken in die Höhe bis unter die Felsen des Schönbichler Horns. An den Felsen rechts entlang, dann durch eine erdige Rinne in die Schönbichler Scharte.

Abstieg: Wie einer der beiden Aufstiege.

63 Gesicherter Steig auf den Sagzahn, 2228 m

Erlebnisreiche Bergwanderung mit sehr kurzem Klettersteig

Ausgangspunkte: a) Kramsach, 535 m, Talstation der Sonnwendjochbahn, 550 m, Parkplatz, Bus 4111 vom Bhf. Brixlegg. b) Maurach am Achensee, 975 m, Talstation der Rofan-Seilbahn, 990 m, Parkplatz.
Gehzeiten: Kramsach – Bayreuther Hütte 3 Std. (Abstieg 2 Std.); Sessellift-Bergstation – Bayreuther Hütte – Sonnwendjoch – Sagzahn – Markgatterl – Zireiner See – Sessellift-Bergstation 4 – 5 Std.; Erfurter Hütte – Schafsteigsattel 2 Std., Abstieg ca. 4 Std.; Gesamtgehzeit: bei Liftbenützung 6 Std.; Ausdehnung der Tour auf 8 – 9 Std. nahe liegend.
Anforderungen: KS2-B. Tagestour, für Sagzahn-Klettersteig und Abstieg bei der »Schokoladentafel« Trittsicherheit und Schwindelfreiheit erforderlich.
Höhenunterschiede: Kramsach – Sagzahn 1700 Hm; Maurach – Sagzahn 1380 Hm; Bayreuther Hütte – Sagzahn 660 Hm; Erfurter Hütte – Sagzahn 400 Hm; Höhe der Klettersteige: Sagzahn ca. 50 Hm, »Schokoladentafel« ca. 50 Hm.
Aufstiegshilfen: In Kramsach Sonnwendjochbahn (Sessellift) zur Bergstation Sonnwendjochhütte, 550 m – 1790 m; in Maurach Rofanseilbahn (✆ A-05243/5292) zur Erfurter Hütte, 990 m – 1831 m.
Stützpunkte: Bayreuther Hütte, 1576 m, bew. von Pfingsten bis Mitte Oktober, ✆ mobil A-0664/3425103; Erfurter Hütte, 1831 m, bew. Pfingsten bis Oktober, ✆ A-05243/5150.
Sehenswert: Museum »Tiroler Bauernhöfe« in Kramsach; Notburga-Kirche in Eben.

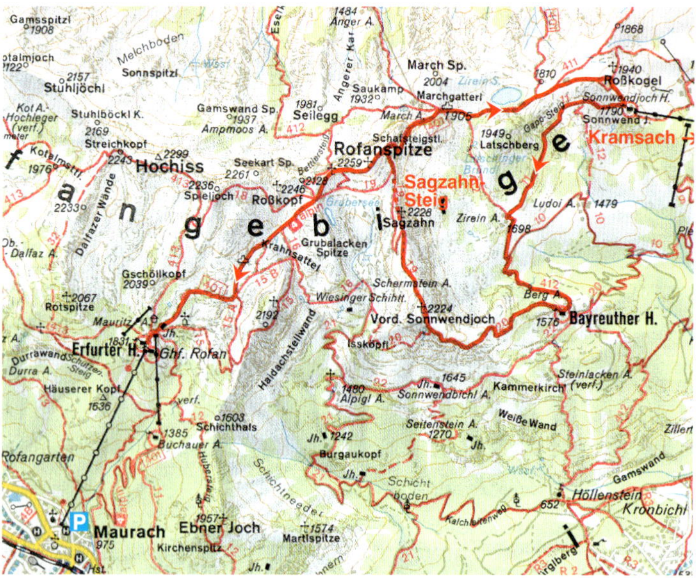

Die kurzweilige und harmlose Höhenwanderung von der Bayreuther Hütte über das Vordere Sonnwendjoch, den Sagzahn, den Schafsteigsattel, das Marchgatterl und den idyllischen Zireiner See bietet an der Westflanke des Sagzahns eine kurze, unschwierige Klettersteigstelle. Die durchgehende Drahtseilsicherung auf diesen 50 Klettersteig-Höhenmetern gestattet bei entsprechender Sicherung auch Anfängern und Kindern ein kleines Felsabenteuer im Rahmen einer langen Bergwanderung.

Höhenrundweg und Gipfelanstiege: a) Den bequemsten Anstieg bietet die Sonnwendjochbahn; von der Bergstation Roßkogelhütte (Sonnwendjochhütte) führt ein bezeichneter Weg über die Zireinalm in 1 – 1½ Std. leicht abwärts zur Bayreuther Hütte, 1600 m. Von hier auf bezeichnetem Pfad um den Berglkopf herum auf den begrünten Bergsattel; nun in Kehren über steile Rasenhänge und Felsbänder hinauf zum Sonnwendjochsattel, 2134 m. Über den Grasrücken empor zum Grat, auf diesem über schrofiges Gestein links weiter hinauf, bis man nach etwa 1½ Std. den Gipfel des Vorderen Sonnwendjochs, 2224 m, erreicht. Weiter auf Höhenweg in ½ Std. zum Gipfel des Sagzahns, 2228 m. In dessen Nordwestflanke führt ein kurzer Klettersteig durch einen seichten Kamin unschwierig zum Grat hinab und hinüber zum Schafsteigsattel, 2173 m; hier Einmündung des Aufstieges.

b) Nun kann man noch die Rofanspitze besteigen: Zuerst in norwestlicher Richtung, dann westwärts umbiegen und über grasige Hänge steil hinauf zum Gipfel, 2259 m, 15 Minuten vom Schafsteigsattel. Von der Rofanspitze ostwärts auf dem Grat zurück bis fast zum Schafsteigsattel. Von hier führt ein Steig, zwischen der »Schokoladentafel« und der Rofanspitze-Ostwand, durch Schrofen und steiles Gras – über senkrechte Abbrüche hinweg – teilweise ausgesetzt an den Fuß der Felswand hinab; hier ist besonders bei Nässe äußerste Vorsicht geboten! Vom Fuß der Felswand führt ein romantischer Steig zum Marchgatterl, 1905 m, herab. Die nordöstlich gelegene Marchspitze, 2004 m, die sich 100 m über dem Marchgatterl erhebt, ist in 20 Minuten leicht auf Wegspuren zu erreichen; die Aussicht auf die gewaltigen Nordabstürze des Rofankammes lohnt die kleine Mühe gewiss. Nun wieder zurück zum Marchgatterl und in östlicher Richtung bis zur Weggabelung Bayreuther Hütte – Roßkogel bzw. Bergstation der Seilbahn. In 20 Minuten abwärts zum idyllisch gelegenen, stillen Zireiner See, von wo man die Bergstation, zunächst mäßig aufsteigend, in 20 – 30 Minuten erreicht. Oder Abstecher auf den Roßkogel, 1940 m, und anschließend Abstieg zur Seilbahnstation.

c) Von der Erfurter Hütte steigt man über den Mauritz-Hochleger und die Gruberstiege zur Gruberlacke und erreicht abwechslungsreich nach 2 Std. dicht unter dem Hauptkamm den Schafsteigsattel, 2173 m. Von hier kurzer Klettersteig-Abstecher südwärts empor zum Sagzahn, anschließend Fortsetzung der Tour wie in Aufstieg a) oder Rückweg zur Erfurter Hütte.

Abstiege: a) Wer die letzte Seilbahn verpasst hat, benötigt für den Abstieg nach Kramsach auf der Skipiste nochmals etwa 2 Std.

Die letzten Meter Seil auf der Nordseite des Sagzahn – hinten die Rofanspitze.

b) Von der erwähnten Weggabelung nach dem Marchgatterl zur Bayreuther Hütte 1 Std., von hier durch das Rotgschöß nach Kramsach oder nach Münster in je 2 Std.
c) Wie Anstieg b) vom Schafsteigsattel oder von der Rofanspitze zur Erfurter Hütte und von dort nach Maurach.
d) Vom Marchgatterl ostwärts über den Ampmoosboden und den Bettlersteig zur Erfurter Hütte.

64 Nordanstieg auf den Guffert, 2195 m

Felsiger Aussichtsberg mit beliebtem Normalweg und harmloser gesicherter Nordwandvariante

Ausgangspunkt: Achental, 896 m, an der Achenpassstraße (nördlich Achenkirch), von hier zweigt ostwärts die Straße nach Steinberg am Rofan ab; man fährt nur bis zum Gasthof auf der Oberbergalm, 1029 m.
Gehzeiten: Oberbergalm – Ißalm 2 Std., Ißalm – Guffert 2 Std.; Steinberg – Guffert durch den Bärenwald 3½ Std., Steinberg – Guffert über Luxeck 4½ Std., Gufferthütte – Ißalm 1¼ Std.; Gesamtgehzeit: für Überschreitung und Rückmarsch 7 Std.

Anforderungen: KS2-B. Ausgiebige, jedoch unschwierige Tagestour, für den Nordanstieg Trittsicherheit, für den Gipfelgrat auch etwas Schwindelfreiheit erforderlich.
Höhenunterschiede: Oberbergalm – Guffert 1170 Hm; Steinberg – Guffert 1180 Hm, Höhe des zum Teil gesicherten Aufstiegs ca. 250 Hm.
Sehenswertes: In Achenkirch kleiner Kalvarienberg mit der rührenden »Heiligen Stiege«.

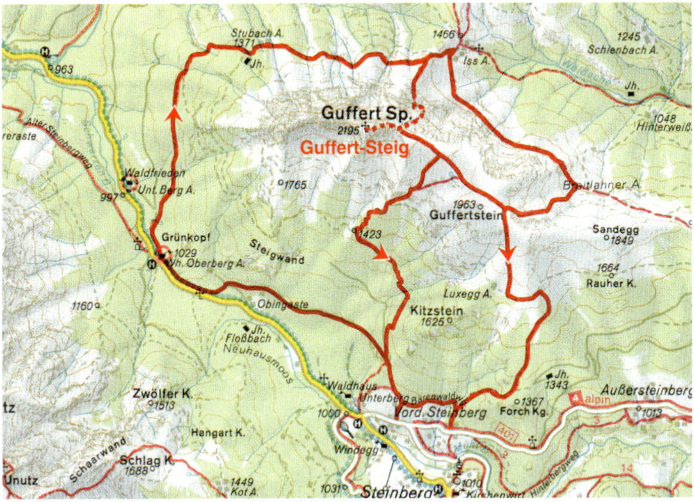

Der Guffert, eine kühne, isolierte Felspyramide, ist ein beliebter Aussichtsberg. Der Normalweg über die einladende Südseite gestattet einen überraschend problemlosen Zustieg, der auch reichlich Zuspruch findet. Etwas abweisend, aber dennoch problemlos ist auch der Nordanstieg; ziemlich wenig begangen und mit ein wenig Eisen gesichert, bietet er dem Klettersteigliebhaber zwar kaum eine Herausforderung, dafür aber eine tagfüllende Überschreitung, wenn man über die Südflanke absteigt.

Am Gipfelkamm des Guffert.

Aufstieg zur Ißalm: Nordwärts um die Westflanke des Guffert herum zur Stubachalm, 1371 m. An den Nordabstürzen des Guffert vorbei und über einige Gräben zum begrünten Rücken oberhalb der Ißalm, 1465 m. Noch vor der Alm auf der Kammhöhe scharf südwärts auf Pfad abbiegen und direkt auf die Nordwand zu bis zum rot markierten »Einstieg«, links einer kleinen Höhle.

Gipfelsteig: Am Einstieg Drahtseil über eine 15 m hohe Wandstufe in eine schräg hinaufziehende Rinne empor. Die Rinne erweitert sich zu einem Kessel, aus dem der Steig auf den Tremelkopf hinaufführt, interessante Einblicke in den östlichen Teil der Nordflanke. Von hier über Gras und Schrofen bis auf den Gipfelkamm, 1936 m, wo der von Steinberg heraufkommende Weg entlangzieht. Nun westwärts auf dem Gipfelkamm unschwierig zum Gipfelkreuz. Der Übergang zum westlichen Vorgipfel ist nur für sehr Geübte zu empfehlen und erfordert ein hohes Maß an Schwindelfreiheit (III).

Abstiege: a) Wie Aufstieg.

b) Vom Gipfel ostwärts bis zum Sattel am Guffertstein, 1963 m, weiter ostwärts, steil über Schrofen und Matten hinab, zur Breitlahneralm, 1470 m, und in nordöstlicher Richtung am Fuße der Nordwand zur Ißalm und ins Tal.

c) Vom Gipfel ostwärts bis zur ersten Abzweigung nach rechts und über den viel begangenen Südanstieg durch Latschen, später durch Hochwald in vielen Kehren durch den Bärenwald hinunter nach Steinberg (Forchkogelweg).

d) Vom Gipfel ostwärts wie bei Abstieg b) bis zum Guffertstein, von hier jedoch südwärts durch Schrofen und Latschen zum Luxeck-Waldboden, 1727 m. Auf Waldwegen bis hinab zum Mühlegghof östlich von Steinberg.

65 Widauersteig auf den Scheffauer, 2111 m

Der leichteste und kürzeste Klettersteig im Wilden Kaiser

Ausgangspunkt: Kufstein, 503 m, Bahnhof; von der Autobahn bei der Ausfahrt Kufstein-Nord abbiegen und im Kufsteiner Ortsteil Sparchen zur Talstation der Sesselbahn Wilder Kaiser (Hinweisschild).
Gehzeiten: Brentenjoch – Kaindlhütte ¾ Std., Kaindlhütte – Scheffauer 2½ – 3 Std.; Abstieg: Scheffauer – Bärnstatt 2½ Std., Bärnstatt – Walleralm – Kaindlhütte 2¼ Std.; Bärnstatt – Gasthof »Steinerne Stiege« 1 Std.; Aufstieg Bärnstatt – Scheffauer 3 – 4 Std.; Gesamtgehzeit: Brentenjoch – Scheffauer und zurück 5¾ Std. (kürzester Weg).
Anforderungen: KS2-B. Mit Lift bequeme Tagestour; für Klettersteig Schwindelfreiheit und Trittsicherheit erforderlich. Große Steinschlaggefahr durch Vorausgehende!
Höhenunterschiede: Brentenjoch – Scheffauer 840 Hm, Kaindlhütte – Scheffauer 800 Hm; Bärnstatt – Scheffauer 1200 Hm; Klettersteig ca. 400 Hm.
Aufstiegshilfe: Sessellift »Wilder Kaiser«, zur Bergstation Brentenjoch 496 m – 1273 m.
Stützpunkt: Kaindlhütte, 1296 m, privat, fast ganzjährig bew., ✆ mobil D-0173/ 1958910.
Sehenswert: Festung Kufstein mit der berühmten Heldenorgel.

Auf dem Weg von der Kaindlhütte zum Scheffauer.

Der Scheffauer ist der westliche Eckpunkt des wenig gegliederten, etwa drei Kilometer langen Grates vom Sonneck her, welcher schließlich über den Zettenkaiser und den Zettenkaiserkopf ins Inntal abfällt. Der schon 1911 angelegte, bekannte und viel begangene Widauersteig macht den Aufstieg von Norden auch für weniger Geübte mit ausreichend Schwindelfreiheit zu einem abwechslungsreichen Unternehmen mit schönen Fernblicken.

Aufstieg zur Kaindlhütte: Am bequemsten und zeitsparendsten ist die Auffahrt mit der Sesselbahn auf das Brentenjoch (1. Fahrt um 8.00 Uhr). Von dort auf Fußweg bis Steinberg, 1150 m, und weiter zur Kaindlhütte, 1293 m.

Gipfelanstieg: Zunächst südöstlich über Blockwerk und Gestrüpp zum »Großen Friedhof« hinauf. Am Beginn des Kars links ab und auf die das Kar östlich begrenzende, latschenbestandene Rippe. Nun quer durch eine Schuttmulde und steil zum Beginn des Klettersteiges. Zunächst durch eine Rinne auf die der Wand vorgelagerten Schichtköpfe empor, dann nach rechts und über ein Band in die felsige, zwischen Hackenköpfen und Scheffauer eingebettete Schlucht, die man über ihrem senkrechten Abbruch erreicht. In der von Felsabsätzen unterbrochenen Schlucht, zuletzt über Schrofenhänge, empor zum Sattel; von dort in 10 Minuten westwärts auf den Gipfel.

Abstiege: a) Wie Aufstieg; vom Brentenjoch sehr schöner Abstieg auf dem »Romantischen Weg nach Kufstein«. 100 m oberhalb des Madersperger-Denkmals auf dem Hörfarter Weg nordwärts zurück zur Talstation.
b) Vom Auto Unabhängige wählen den stellenweise seilgesicherten Abstieg von der Scharte östlich unter dem Gipfel nach Süden über die Steiner-Hochalm und die Hinterberger Alm nach Bärnstatt, 924 m, und zum Hintersteiner See, 883 m. Rückkehr zur Kaindlhütte über die Walleralm oder 1 Std. Abstieg über die »Steinerne Steige« zum gleichnamigen Gasthaus an der Straße Kufstein – Ellmau – St. Johann (Omnibushaltestelle!).

Unterwegs am Widauersteig.

66 Gamsängersteig auf die Ellmauer Halt, 2344 m

Der höchste Gipfel und der schönste Klettersteig im Wilden Kaiser

Ausgangspunkt: Ellmau, 804 m, an der Straße Kufstein – St. Johann in Tirol. Neben der südlichen Ortseinfahrt nach Ellmau zweigt nach Norden die Straße nach Wochenbrunn ab; nach dem Abzweig rechts halten. Nach 3 km Gastwirtschaft Wochenbrunn. Von hier 1 km lange Mautstraße bis zur Wochenbrunner Alm, 1087 m, Parkplatz.
Gehzeiten: Wochenbrunner Alm – Gruttenhütte 1¼ – 1½ Std., Gruttenhütte – Ellmauer Halt 2¼ – 2½ Std.; Gesamtgehzeit: 6½ Std., bei Abstieg über Rote-Rinn-Scharte nach Hinterbärenbad bis Kufstein 11 Std.
Anforderungen: KS3-C. Tagestour; nur für völlig Schwindelfreie, Trittsichere und Geübte; nicht für Anfänger. Steinschlaggefahr in den Gamsängern.
Höhenunterschiede: Wochenbrunner Alm – Gruttenhütte 533 Hm; Gruttenhütte – Ellmauer Halt 724 Hm; Höhe des Klettersteiges ca. 550 Hm.
Stützpunkte: Gruttenhütte, 1620 m, bew. Anfang Juni bis Mitte Oktober, ✆ A-05358/2242. Babenstuberhütte, westlich vom Gipfel der Ellmauer Halt in 2300 m Höhe (Unterstand, nicht blitzschlagsicher, weder Matratzen noch Decken!).
Hinweis: Die → Rote-Rinn-Scharte ist eine lange, anstrengende Abstiegsvariante nach Norden ins Kaisertal. Der → Kaiserschützensteig ist als Abstiegsvariante nur sehr unerschrockenen Routiniers zu empfehlen.

Auf die Ellmauer Halt, höchste Erhebung des Kaisergebirges, führt von Süden ein kühner, landschaftlich hochinteressanter Klettersteig. Dieser wohl schönste Steig im Kaisergebirge gestaltet die Besteigung zwar relativ unschwierig, ist aber durch Steinschlag gefährdet und mitunter sehr überlaufen.

Gipfelaufstieg: Ein etwas eintöniger Weg zieht von der Wochenbrunner Alm zunächst durch Buchenwald und dann steil durch latschen-bestandene Abhänge in 1½ Std. zur herrlich gelegenen Gruttenhütte. Hinter der Hütte führt ein Steig bergauf in das Hochgrubachkar am Fuße der mächtigen, etwa 350 m hohen Südwand. Nun über die Schutthänge unter den »Köpfeln« zu den »Gamsängern«, schmalen Grasbändern unter den steilen Abstürzen unterhalb des Kopftörlgrats. Auf diesen mäßig ausgesetzten, doch außergewöhnlich steinschlaggefährdeten Bändern leitet der Steig nach links aufwärts; Drahtseile sichern schroffere Stellen. Am Fuß der glatten, fast senkrechten Jägerwand schreitet man neuerdings über eine luftige eiserne Stiege empor – eine gute Vorkehrung gegen das Auslösen von Steinschlag. In 2120 m Höhe trifft man auf den Anstieg von Hinterbärenbad über die → Rote-Rinn-Scharte. Nun in die große Rinne und gegen eine auffallende Felsnadel empor, die in dem zur Scharte ziehenden Grat aufragt. Weiter auf dem Grat empor zum tiefen Spalt der »Achselrinne«. Eisenstifte und eine lange, senkrechte Leiter führen unschwierig aus dem düsteren, feuchtkalten Kamin empor. Ebenso gut kann man rechts davon an der anfangs exponiert wirkenden, von einer schmalen Rinne durchzogenen, gut gesicherten Platte emporturnen; wenn in der Achselrinne Schnee liegt, bleibt ohnehin nur diese Variante übrig. In beiden Fällen erreicht man das flachere, breite Schuttband der »Maximiliansstraße«, das in 15 – 20 Minuten, teils über gesicherte Platten, unschwierig über lockeres Gestein zum urigen Gipfelhäuschen der Babenstuberhütte unter dem Gipfelkreuz führt.

Abstiege: a) Wie Aufstieg.
b) Die wilden, zerfurchten Schluchten und Gräben aus Dolomit, die das Hochgrubach- vom Kübelkar trennen, heißen »Wildes Gschloß« und werden durch den landschaftlich großartigen **Jubiläumssteig** gequert, der durch Stahlseile und Stufen klettersteigmäßig gesichert ist. Dieser Steig erlaubt einen faszinierenden Einblick in die abenteuerlich-dramatische Felsszenerie dieser wüsten Gräben, die man bei starken Regengüssen und bei Gewitter meiden soll. Der Jubiläumssteig wird als Übergang von der Gruttenhütte zum Ellmauer Tor geschätzt. Er ist aber so erlebenswert, dass man seine Begehung im Anschluss an die Besteigung der Ellmauer Halt wirklich empfehlen kann – auch wenn's im Abstieg ein kleiner Umweg ist. Der westliche Ansatz des Jubiläumssteiges liegt wenige Minuten oberhalb der Gruttenhütte. Nach ½ Std. in bewegtem Auf und Ab erreicht man das Kübelkar, wo sich der Weg verzweigt; nach links, nordostwärts, geht's zum Ellmauer Tor empor, nach rechts, südostwärts, zur Gaudeamushütte hinab.
c) Von der Gruttenhütte kann man im Abstieg auch noch einen »Hüttenbummel« zur Gaudeamushütte machen, der unterhalb des Jubiläumssteiges liegt und keinerlei Gegenanstieg erfordert; von der Gaudeamushütte zur Wochenbrunner Alm führt ein sehr bequemer Weg.

Auf der »Maximilianstraße« genießt man herrliche Ausblicke nach Süden.

67 Rote-Rinn-Scharte und Kaiserschützensteig auf die Ellmauer Halt, 2344 m

Verwegener Klettersteig über eine alte Kletterroute

Ausgangspunkte: a) Kufstein, 503 m, Bahnhof; von der Autobahnausfahrt Nord zum Beginn der für Kfz gesperrten Straße ins Kaisertal, Parkplatz.
b) Von Kössen, 589 m, oder von Kirchdorf in Tirol, 643 m, oder St. Johann in Tirol, 659 m, nach Griesenau, 722 m, im Kohlental; von hier auf 6 km langer Mautstraße durchs Kaiserbachtal zur Griesner Alm, 988 m, Parkplatz.
Gehzeiten: Kufstein – Kaisertalhaus 3 Std., Griesner Alm – Kaisertalhaus übers Stripsenjoch 3½ Std., Kaisertalhaus – Ellmauer Halt auf beiden Anstiegen je ca. 5 Std.; Gesamtgehzeit: vom Kaisertalhaus 9 – 10 Std.
Anforderungen: Rote-Rinn-Scharte KS3-D, Kaiserschützensteig KS4-D. Beide Aufstiege nur an schwierigen Stellen gesichert und nur für Geübte, bei Nässe abzuraten. Rote-Rinn-Scharte und Kaiserschützensteig in der »Grünen Rinne« stark steinschlaggefährdet, Kaiserschützensteig streckenweise extrem exponiert.
Höhenunterschiede: Kaisertalhaus – Ellmauer Halt über 1400 Hm; Höhe der Klettersteige: Rote-Rinn-Scharte ca. 80 Hm, Kaiserschützensteig ca. 600 Hm.
Stützpunkte: Kaisertalhaus (= Hans-Berger-Haus), 936 m, bew. Mitte Mai bis Mitte Oktober, ✆ A-05372/62575; etwa ½ Std. tiefer: Anton-Karg-Haus, 829 m, in Hinterbärenbad, bew. Anfang Mai bis Mitte Oktober, ✆ A-05372/62578.
Hinweis: Überschreitung nach Süden oder Aufstieg von Süden über → Gamsängersteig möglich, Rückfahrtprobleme beachten!

Die Nordseite der Ellmauer Halt betritt man durch die großartige Szenerie der Scharlinger Böden. Mit Furcht erregenden Steilwänden stürzen hier die drei »Halten« in das lang gestreckte Kar hinab: Kleine Halt, Gamshalt und Ellmauer Halt. Gegenüber ragen Kleinkaiser und Sonneck empor. Der natürliche Übergang über die hochgelegene Rote-Rinn-Scharte ist schon um 1900 gesichert worden. Die Sicherungen waren lange verfallen und wurden erst 1985 wieder in Stand gesetzt. Der Steig bietet nun wiederum die Möglichkeit einer gesicherten Überschreitung der Ellmauer Halt von Nord nach Süd, ist aber auf seiner gesamten Länge nach wie vor steinschlaggefährdet. Viel verwegener und erlebnisreicher ist der »Kaiserschützensteig«, eine erst 1986 streckenweise gesicherte Kletterroute (III) über Kleine Halt und Gamshalt. Diese Nordwandroute diente den Kletterern vor allem als Abstieg von extremen Kletterführen, war aber bei Schlechtwetter reichlich gefahrvoll. Sie bewegt sich meist südwestlich unter dem Grat der Halten über den Scharlinger Böden, im Angesicht der gewaltigen Felsmauern von Gamskarköpfl, Sonneck und Treffauer. Am Grat, den man jeweils nur beim Abstecher auf den Gipfel der Kleinen Halt und zwischen Gamshalt und Ellmauer Halt erreicht, genießt man herrliche Tiefblicke in den Hohen Winkel und zur Kette Totenkirchl – Karlspitzen. Routiniers bietet der Aufstieg über den Kaiserschützensteig und der Abstieg über die Rote-Rinn-Scharte eine sehr spannende Rundtour – wirklich empfehlenswert nur mit vorheriger Hütten-Nächtigung.

Kaiserpanorama von Ellmauer Halt bis Ellmauer Tor.

Zustiege zum Kaisertalhaus: a) Von Kufstein auf der für Kfz gesperrten Fahrstraße über Pfandlhof und Hinterbärenbad, ggf. mit Fahrrad (erst 20 Minuten die Stufen hinauftragen, dann bequem).
b) Von der Griesner Alm über das 1577 m hohe Stripsenjoch, etwas länger.
Aufstieg durch die Rote-Rinne-Scharte: Direkt am Kaisertalhaus zweigt südwärts der beschilderte Weg in das Kar der Scharlinger Böden ab. Lichtem Wald folgen bald Laubgebüsch und die Latschenzone. Nach ½ Std. ab Wegabzweig erreicht man das Mirakelbrünndl, 1239 m – die letzte Wasserstelle! Unter den Steilwänden des Gamskarköpfl erreicht man den Unteren Scharlinger Boden, eine fast ebene Mulde in etwa 1400 m Höhe. Über terrassenförmige, latschenbewachsene und grasdurchsetzte Stufen steigt der Weg nun in 40 Minuten zum Oberen Scharlinger Boden an, ca. 1680 m. Von hier wurde der Weg auf der alten Trasse links, am südlichen Rand des großen Kars, hochgeführt bis in die Höhe des riesigen Felsbrockens in der Rinnenmitte und von dort quer durch eine steinschlaggefährdete Rinne. Vom Fels geht's über eine leichte Schulter zur linken Seite der zweiten, östlichen Rinne, die sich direkt von der Scharte herunterzieht. Etwa 20 m unterhalb der Scharte, rechts der Rippe, führt eine Sicherung über die lehmig-bröckeligen Aufstiegsrippen bis zur Rote-Rinn-Scharte, 2093 m, empor. Von dort quert man, überwiegend gut gesichert, aber recht ausgesetzt, zunächst leicht abwärts und wieder steiler aufwärts bis zur senkrechten gelben »Jägerwand« an der Südseite. Hier trifft man auf den Gamsängersteig, den man bis zum Gipfel weiterverfolgt (siehe Tour 66).

Aufstieg über den Kaiserschützensteig: Zunächst wie beim Aufstieg zur Rote-Rinn-Scharte bis zu den Oberen Scharlinger Böden, ca. 1680 m, hier Hinweistafel »Kaiserschützensteig«. In dramatischer Routenführung werden zunächst schauerliche Felsabstürze über gähnenden Tiefen gequert. Um ein ausgesetztes Felseck herum auf gesicherten Bändern in die »Grüne Rinne« zwischen Kleiner Halt und Gamshalt. Die Sicherungen folgen fast durchwegs der alten Kletterroute, sind aber keineswegs durchgehend, sondern nur an den schwierigsten Stellen angebracht. Von den Haltplatten bis zur großen Rinne wurde durchgehend gesichert, weit oben in der Rinne nur ein kurzes Steilstück. Nun geht's immer der alten Route entlang, aber durchgehend gesichert, über eine plattige Querung und eine Rinne in Richtung Gamshalt. Ebenfalls gesichert ist der Ausstieg kurz vor dem großen Wiesenhang zwischen Gamshalt und Ellmauer Halt. Der steile Wiesenhang zwischen Gamshalt und Ellmauer Halt blieb ungesichert. Der letzte Grataufschwung unter den Gipfelfelsen der Ellmauer Halt ist wieder gut gesichert.
Abstieg: Am besten durch die Rote-Rinn-Scharte.

Auf der »Maximilianstraße« unter dem Gipfel der Ellmauer Halt.

68 Über Eggersteig und Steinerne Rinne auf die Hintere Goinger Halt, 2192 m

Ehrwürdiger Nordanstieg unter senkrechten Wandfluchten

Ausgangspunkt: Von Kössen, 589 m, oder von Kirchdorf inTirol, 643 m, oder St. Johann in Tirol, 659 m, nach Griesenau, 722 m, im Kohlental; von hier auf 6 km langer Mautstraße durchs Kaiserbachtal zur Griesner Alm, 988 m, Parkplatz.

Gehzeiten: Griesner Alm – Stripsenjoch – Eggersteig – Steinerne Rinne – Ellmauer Tor 3½ Std.; Gesamtgehzeit: mit Rückweg oder Abstieg südwärts zur Wochenbrunner Alm 5½ Std.; Abstecher vom Ellmauer Tor zur Hinteren Goinger Halt ½ – ¾ Std.

Anforderungen: KS2-B/C. Bequeme Tagestour. Für Eggersteig und Steinerne Rinne Schwindelfreiheit und Trittsicherheit erforderlich, Steinschlaggefahr. Im Frühsommer liegen die Seile stellenweise noch unter hartem Schnee!

Höhenunterschiede: Griesner Alm – Ellmauer Tor ca. 1000 Hm, über 100 Hm Gegenanstieg, Ellmauer Tor – Hintere Goinger Halt 200 Hm; Höhe des gesicherten unteren Teils der Steinernen Rinne ca. 250 Hm.

Stützpunkte: Am Ausgangspunkt: Griesner Alm, 988 m, bew. Anfang Mai bis Ende Oktober, ✆ A-05352/64443; im Aufstieg: Stripsenjochhaus, 1577 m, bew. Mitte Mai bis Anfang Oktober, ✆ A-05372/62579, mobil A-0664/3408040.

Hinweis: Bei Abstieg übers Ellmauer Tor südwärts zur Grutten- oder Gaudeamushütte ist bei Zwischennächtigung ein Aufstieg zur ‣ Ellmauer Halt oder zur Ackerlspitze (II, wenige Sicherungen) möglich.

Der Eggersteig wurde schon 1903/1904 als Zugang zur einstigen Kletterroute Steinerne Rinne durch Sicherungen leicht begehbar gemacht. Diese ehrwürdige Route hinauf zum Ellmauer Tor führt durch eine Felsszenerie ohnegleichen: Die beklemmend senkrechten Felswände zu beiden Seiten der breiten Felsschlucht zählen zu den berühmtesten klassischen Kletterfelsen der Nördlichen Kalkalpen. Der Aufstieg durch die Steinerne Rinne ist für Geübte heute eher ein Augenschmaus als eine technische Herausforderung. Steinschlag ist leider eine unvermeidliche und ernste Gefahr geblieben, denn allein ist man in diesem überwältigend schönen Felsenparadies verständlicherweise nur selten.

Aufstieg über Eggersteig und Steinerne Rinne: Der Beginn des Eggersteiges liegt knapp 10 Minuten östlich unter dem Stripsenjoch. Vom »Einstieg« quert man über den Schutt unterhalb des Schneelochabbruchs hinüber zum Felsfuß der berüchtigten Fleischbank. Der Steig quert ansteigend die Felsen des Nordgrates und führt, etwa 40 m fallend, in ca. 1450 m Höhe in die Steinerne Rinne hinein. In der hier schmalen, im unteren Teil reichlich

Das unverkennbare Felsportal des Ellmauer Tors.

steilen Felsschlucht ziehen die Drahtseile in Kehren empor, einige Wandstellen sind durch künstliche Stufen entschärft. Nach ¾ Std. ist der obere, weniger steile Teil der Rinne in ca. 1700 m Höhe erreicht. Noch 1 Std. steigt man durch die stets weiter und flacher werdende Schlucht bis zum breiten Sattel des Ellmauer Tors in 1995 m Höhe; hier weitet sich schlagartig der beengte Horizont – im Süden glitzern die Firne der Hohen Tauern.
Aufstieg zur Hinteren Goinger Halt: Der kurze problemlose Gipfelabstecher ist nun fast eine Selbstverständlichkeit – eine Herausforderung ist er nicht. Von der Sattelhöhe über Schutt und Karrenfelder nordwärts auf den markierten Gipfelsteig. Über Schutt, später über grasige, mäßig steile Hänge in nördlicher Richtung unschwierig empor, wenige Meter unter der begrünten Gratschneide durch und über Fels zum Gipfel.
Abstieg: a) Wie Aufstieg. b) Südabstieg zur Gaudeamus- oder Gruttenhütte.

69 Gesicherter Steig auf die Pyramidenspitze, 1997 m

Lohnender Aussichtsberg mit leichtem Klettersteig

Ausgangspunkt: Durchholzen, 690 m; von der Ausfahrt Oberaudorf der Inntal-Autobahn über Niederndorf zu erreichen. Vom großen Gasthof im Ortskern 1 km südwärts bis zum Fahrverbotsschild, 740 m, großer Parkplatz.

Gehzeiten: Vom letzten Parkplatz zum Gipfel 3¼ Std.; Gesamtgehzeit: 6 Std.

Anforderungen: KS2-A/B. Ausreichend Schwindelfreiheit und Trittsicherheit erforderlich. Steinschlaggefahr durch Vorausgehende! Im Frühsommer obere Wegpartien vielfach noch unter Schnee.

Höhenunterschiede: Durchholzen – Pyramidenspitze 1260 Hm; Höhe der Klettersteigpassagen 400 Hm.

Stützpunkte: Keine! Bei Abstieg über die Südseite Vorderkaiserfeldenhütte, 1384 m, fast ganzjährig bewirtschaftet, ✆ A-05372/63482.

Die Pyramidenspitze ist ein sehr beliebter Aussichtsberg, der auf allen Anstiegswegen verhältnismäßig leicht zu erreichen ist. Besonders eindrucksvoll ist der Blick auf die Nordabstürze des Wilden Kaisers. Der breite Gipfel bricht ostwärts unvermittelt ins Winkelkar ab, dessen südliche Umrahmung die schroffen Nordwände der Vorderen und Hinteren Kesselschneid und des Roßkaisers bilden. Aus diesem Kar führt ein gesicherter Steig durch Felslandschaft auf den Hauptkamm mit seinem schwach ausgeprägten Gipfel.

Aufstieg: Auf Fahrstraße bis zur Großpoitneralm, 928 m, und auf Karrenweg weiter südwärts bis zur Weggabelung. Hier rechts weiter und in wenigen Minuten zur Winkelalm, 1193 m. Gegenüber der Hütte, jenseits einer Mulde, setzt sich der Steig fort und leitet über wald- und latschenbedeckte wellige Hänge hinauf in das Innere des Kares. Auf dem begrünten, im Halbkreis herabziehenden Moränenrücken steigt man auf zum Fuß der Felswände, 1600 m, die von den nordöstlich der Pyramidenspitze aufragenden Jovenspitzen abfallen. Nun auf gutem Steig, teilweise auf künstlich gehauenen Stufen, gut gesichert, in Serpentinen durch die Schrofen empor zu den »Gamsängern«, mäßig geneigten Grashängen unter dem Verbindungsgrat beider Gipfel. Hier führt der Steig durch eine steile Grasrinne gerade empor bis zu den letzten Felsen der Jovenspitzen. Nun quert er nach links zur Einsattelung zwischen Joven- und Pyramidenspitze und leitet den Nordgrat entlang in dessen Ostflanke, in deren oberer Hälfte er für ein kurzes Stück in die Westflanke ausweicht. Zuletzt über eine steile, glatte Plattte mit großen Eisenklammern zum Gipfel.

Abstieg: a) Wie Aufstieg.

b) In südlicher Richtung über die Kaiserquelle, 1463 m, und die Kerneck-Jagdhütte, 1046 m, nach Hinterbärenbad, 892 m, weiter nach Kufstein.

c) Über den Elferkogel, 1915 m, und Zwölferkogel, 1846 m, zur Vorderkaiserfeldenhütte, 1384 m, und über die Rietzalm hinab ins Kaisertal und nach Kufstein.

Bei Abstieg über die Südseite Rückfahrtsproblem lösen! Trampen gut möglich.

Im Winkelkar unter der Pyramidenspitze.

70 Sinwel-Klettersteig übers Pölvenkreuz, 1478 m, zum Großen Pölven, 1595 m

Problemloser Anstieg zu herrlichem Aussichtspunkt über dem Inntal

Ausgangspunkt: Von der Autobahnausfahrt Kirchbichl bei Wörgl bis Bad Häring, 590 m. Vor der Kirche rechts ab und auf schmaler Asphaltstraße ins Lengauer Tal bis Burg, 710 m, Parkplatz hinter der Kehre nach dem Bach.

Gehzeiten: Burg – Großer Pölven 2¼ Std., Abstieg über Reiter Alm 3 Std.; Gesamtgehzeit: 5¼ Std.

Anforderungen: KS1/2-A. Harmloser, gutmütiger Anstieg, mit Leitern und Drahtseilen gesichert, wegen steiler Wegstellen im Wald bei Nässe abzuraten.

Höhenunterschied: Burg – Pölvenkreuz 768 Hm; Länge der gesicherten Strecke ca. 100 Meter.

Der harmlose, gutmütige Anstieg mit den ausreichenden Sicherungen in der steilen Westwand, auch als »Lengauer Steig« bezeichnet, führt zu einem prächtigen Logenplatz hoch über dem Inntal. Herrlicher Ausblick auf Pendling, Feldalpenhorn und die Brandenberger Berge. Mit der vorgeschlagenen Abstiegsvariante ergibt sich eine gemütliche Tagestour, bei der man auch Kinder und weniger Geübte mitnehmen kann, sofern der ganze Weg trocken ist; also eine ideale spätherbstliche Unternehmung.

Aufstieg: Von Burg zu Fuß gut beschildert auf der Forststraße Richtung Lengau und bald unter einer Brücke hindurch (Teil einer Werkstraße zu einem großen Steinbruch). Nach 20 Minuten zweigt links der »Lengauer Steig« ab. Der Pfad führt nun steil durch den Nadelwald bergauf. Nach 20

Minuten passiert man das Ende einer Forststraße, 1055 m, und steigt weiter steil in Serpentinen im Wald auf. Nach ½ Std. Rastplatz mit Hinweistafel zum Klettersteig. Hier waagerecht nach links hinüber zum »Einstieg«. Über schrofiges Gelände und einige Stufen hinauf zum Fuß der Pölvenwand. Zunächst ein Drahtseil, dann eine 12 Meter lange Leiter und anschließend wieder ein Quergang am Drahtseil. Bald folgt ein kurzer Aufschwung. Schließlich vorbei an der Westwand des Großen Pölven und auf markiertem Weg weiter – links zum Pölvenkreuz, rechts gemütlich hinauf zum Gipfel des Großen Pölven (Mittagskogel), 1595 m.

Abstiege: a) Wie Aufstieg.

b) Auf gut bezeichnetem Pfad weiter in Richtung Kleiner Pölven. Der Weg führt in lichtem Wald etwa ½ Std. auf gleicher Höhe weiter, dann zweigt ein Weg ab nach Söll, kurz zuvor schöner Ausblick auf den Wilden Kaiser. Es geht nun sehr steil im Wald hinunter, einige Perlonseilgeländer sind dabei recht hilfreich, besonders wenn es nass ist! Man erreicht eine freie Almfläche, und das Steiglein führt direkt hinab zur Reiter Alm, 1155 m; gegenüber erkennt man die Hohe Salve. Auf dem Wirtschaftsweg geht es nun flott zum Talboden des Lengauer Tales hinunter. Man passiert einige schöne Bergbauernhöfe und muss einen Gegenanstieg von ca. 150 Höhenmetern bewältigen. Vorbei an einer schönen Kapelle im Wald, 955 m, geht es auf einen Sattel und über eine Wiese, vorbei an einem stattlichen Hof unterhalb des Großen Pölven. Nun die Straße hinunter, und bald darauf erreicht man den Abzweig des Lengauer Steiges, nun wieder im Aufstieg die Forststraße abwärts bis zum Parkplatz.

Prof.-Sinwel-Klettersteig: Leiter am Weg zum Pölvenkreuz.

71 Gamssteig vom Tristenjoch zur Sagtaler Spitze, 2241 m

Aussichtsreicher, langer Weg mit luftigem Grat und steiler Gipfelflanke

Ausgangspunkt: Inneralpbach, 1031 m; am Ortsende rechts über eine Brücke und auf ansteigender Straße am Greiter Graben bis zum Gasthof Leitner, dahinter zwischen Straße und Bach Parkmöglichkeit, 1130 m.
Gehzeiten: Gasthof Leitner – Tristenjoch 2¼ Std., Tristenjoch – Sagtaler Spitze 1¼ Std.; Abstieg ca. 3½ Std.; Gesamtgehzeit: 7 Std.
Anforderungen: KS2-B. Lange Wegstrecke mit teilweise ausgesetzten, nicht durchgehend gesicherten Strecken.
Höhenunterschied: Inneralpbach (Gasthof Leitner) – Sagtaler Spitze ca. 1150 Hm; Länge der gesicherten Strecken ca. 150 Meter.
Aufstiegshilfen: Ggf. Wiedersberger-Horn-Bahn, Seilschwebebahn, 890 m – 1730 m.

Der Steig vom Tristenjoch über den Gamskopf und zur Sagtaler Spitze ist nicht sehr anspruchsvoll, setzt aber gute Kondition voraus. Er ist insgesamt sehr abwechslungsreich und überrascht mit schönen Rast- und Aussichtsplätzen und herrlichen Ausblicken auf die Zillertaler Alpen und die Berge um Gerlos. In der steilen Gipfelflanke der Sagtaler Spitze sind Trittsicherheit und Schwindelfreiheit erforderlich; Sicherungen sind nur spärlich angebracht.

Aufstieg: Die beschilderte Straße am Greiter Graben hinauf, an der Greitalm vorbei bis ca. 300 m vor die Farmkehralm, 1517 m. Hier zweigt ein markierter Weg nach rechts zum Krinnjoch ab. Der Weg führt über freies Almgelände gemächlich bergan. In ½ Std. kommt man an einem kleinen Brunnen mit Bank vorbei, 1650 m. Nun steiler in Serpentinen hinauf, zum Teil durch lichten Lärchenwald, vorbei an einem Wassertrog, 1860 m. Bei sichtigem Wetter lässt sich im baumfeien Gelände im Anstieg das Tristenjoch, 1990 m, ausmachen, das problemlos über den Steig erreicht wird. Nun auf gutem Steig steil hinauf zur ersten Erhebung im Gratverlauf – zum Gamskopf. Der Steig führt direkt am Grat entlang, über eine felsige Stelle hilft ein kurzes Stahlseil hinweg; zuletzt leicht hinauf zum Gipfelkreuz, 2205 m. Vom Gamskopf einige Meter wieder in die Südwestseite hinab und auf markiertem

Am Weg vom Vorkopf zum Hauptgipfel der Sagtaler Spitze.

Steig weiter zur Sagtaler Spitze. Der Steig verläuft in der Südseite und weist kurze, mit Stahlseilen gesicherte Stellen auf. Im steilen Aufschwung zur Sagtaler Spitze wiederum Stahlseilsicherungen und Eisenklammern, da der Gipfelweg im steilen, mit Felsen durchsetzten Grashang etwas ausgesetzt ist.

Abstieg: Der weitere Weg zur nördlichen Sagtaler Spitze verläuft unterhalb des gezackten, felsigen Gratverlaufes in der Südseite. Nach 20 Minuten steht man auf der nördlichen Sagtaler Spitze. Nun genau nach Norden auf das Wiedersberger Horn zu. Man bummelt gemütlich dahin über den Hochstand, 2057 m, eine kaum merkbare Zwischenerhebung im Gratverlauf. Aus einer kleinen Senke vor dem Anstieg zum Wiedersberger Horn zweigt nach Osten der markierte Weg nach Inneralpbach ab. Er führt über freie Almwiesen hinab. Der befahrbare Almweg ab der Mooser-Baumgarten-Alm, 1600 m, muss nicht benutzt werden, da der alte Fußsteig, der die Windungen des Fahrwegs durchschneidet, noch gut begehbar ist und rascher ins Tal führt. Kurz oberhalb des Talbodens bleibt man auf dem Almweg, man trifft auf die Straße am Greiter Graben und bleibt auf ihr bis zum Parkplatz.

72 Über den Nurracher Höhenweg zum Mitterhorn, 2506 m (Großes Hinterhorn)

Langer Höhenweg über die Gipfel der Loferer Steinberge

Ausgangspunkt: St. Ulrich am Pillersee, 847 m, großer Parkplatz an der Straße gegenüber der Kirche.
Gehzeiten: Gesamtgehzeit von St. Ulrich über alle Gipfel bis zum Mitterhorn und zurück übers Lastal 10 – 12 Std. (mit Rothörnl-Klettersteig 1 Std. länger).
Anforderungen: KS3-C. Sehr lange und anstrengende Gratüberschreitung mit wenigen, kurzen, leichten bis mittelschweren Kletter- und Klettersteigstellen (am Hinterhorn jederzeit zu umgehen). Im Frühsommer können Schneereste auf den nordseitigen Bändern zur Umkehr zwingen! Weite Schneefelder und Lawinenreste sind auch in der Südseite im Frühsommer sehr erschwerend. Kein Wasser, abdrängende schmale Bänder ohne Sicherung!
Höhenunterschiede: St. Ulrich – Mitterhorn 1600 Hm, mit allen Gegenanstiegen ist jedoch ein Höhenunterschied von mindestens 2000 Hm zu bewältigen; Höhe der Klettersteigstellen am Mitterhorn ca. 150 Hm.
Stützpunkt: Keiner! (Im Abstieg nach Lofer allenfalls v.-Schmidt-Zabierow-Hütte, 1966 m, bew. Anfang Juli bis Ende September, ✆ mobil A-0664/3512018.
Sehenswert: Kirche St. Adolari nördlich St. Ulrich.
Hinweis: Gut zu verbinden mit Klettersteig → Nacketer Hund.

Der Nurracher Höhenweg erschließt die Gipfel der westlichen Hälfte der Loferer Steinberge. Es handelt sich um einen langen, anstrengenden, dafür aber meist recht stillen Felsgang zwischen 2000 und 2500 m Höhe, mit prächtiger Rundumsicht, bei Hitze eine Durststrecke, bei Gewitter gefährlich. Die beherrschenden und bleibenden Eindrücke sind allerdings weniger die spärlichen Klettersteigpassagen, auch wenn die neuen Leitern und Griffbügel am Mitterhorn eine sehr anregende Klettersteigvariante als Finale bieten. Das größte Erlebnis ist wohl die gewaltige Felsarena unter dem Großen Rothorn, wo die Erosion und Vergletscherung die volle Formenvielfalt des Kalks zur Entfaltung brachten. Nur wenige, einsame Pflänzchen kämpfen in dieser wasserlosen, bizarren, aber märchenhaft schönen Felswüste um die wahrhaft nackte Existenz. Dafür zeugen große Mengen von Fossilien, in den Kalk eingebacken, von einem Leben, das sich vor Jahrmillionen entfaltet hatte.

Aufstieg: Weg 612 zieht von St. Ulrich ostwärts und steigt sofort vom Talgrund in bequemen Serpentinen in den Wald. Bei der Bräualm, 1219 m, wird's steiler; in der Latschenregion bieten einige Aussichtskanzeln erste freie Blicke ins Tal. Am Südostfuß des Seehorns quert der Weg über breite, zum Teil recht bequeme, zum Teil gesicherte Bänder in die Südostflanke und erreicht bald über flache Rinnen und Serpentinen das Seehorn, 2030 m. Ein bequemes Band führt in der nördlichen Flanke weiter; bei der folgenden Wegteilung folgt man der rechten oberen Markierung und erreicht auf grasigem Pfad den Überstieg in die schrofige Südostflanke.

Durch gestuften Karrenfels geht's entlang des niedrigen Felssockels weiter, über Felsstufen und Schrofen anregend zum Gipfelkreuz des Ulrichhorns, 2155 m. Nun zunächst bergab über den wilden, zerklüfteten Grat auf anfangs exponiertem, dann gemütlichem Pfad. Ein luftiger, steiler Felsabsturz mit einem Riss in der Mitte, ausreichend durch Griffbügel gesichert, führt zur Adolarischarte. Grasige, streckenweise sehr ausgesetzte Bänder in der nördlichen Flanke leiten wieder zum nächsten Überstieg. Aussichtsreich am Grat weiter zum Schaflegg, 2176 m. Zunächst in der Südostflanke, dann am Grat, weitgehend eben, in die schrofige Flanke des Rothörnls hinüber. Über gestufte Schrofen gelangt man zu einem gewaltigen Blockfeld, das zu einem ungemein eindrucksvollen Amphitheater aus gigantischen Felsterrassen weiterführt. Die Markierung nützt geschickt die natürliche Terrassierung und führt durch den großartigen Felskessel bis zum flachen, breiten Joch zwischen Großem und Kleinem Rothorn, 2329 m. Von hier sehr lohnender Abstecher über neuen Klettersteig problemlos in ¼ Std. zum Gipfel des Kleinen Rothorns (Rothörnl, 2395 m).

Nun gibt es zwei Möglichkeiten: Die direkte Verbindung zum Großen Rothorn – wild, einsam, grandios, aber nur bei einwandfreien Verhältnissen zu empfehlen –, ansonsten lieber zurück zur Abzweigung und in der Flanke des Südgrates, zuletzt auf bequemem Pfad zum Gipfel des Rothorns, 2409 m. Über eine breite, kaum ausgeprägte Scharte wenige Minuten später zum Östlichen Rothorn, 2403 m. Ein Steig führt nun auf breitem Grat bergab, bald geht's in der südlichen Flanke des von Erosion wildzerfressenen Grates weiter zu einer flachen Scharte (Ulrichsnieder), wo der Weg in den Felssockel des Mitterhorns, einer Erhebung im Südgrat des Hinterhorns, hinüberleitet. In einer gewaltigen, abgrundtiefen und stets schneegefüllten Doline direkt neben dem Wegverlauf zeigt sich der Kalk von seiner unheimlichsten Seite.

Kurz nach dem Aufstieg in den breiten, schottrigen Südrücken des Großen Hinterhorns gelangt man zu der deutlich bezeichneten Wegteilung Hinterhorn – Lastal (St. Ulrich). Von diesem Punkt führt der alte, rot markierte Normalweg nach links hinauf und über weitläufige Kehren problemlos bis zum Gipfel, dessen oberster Gipfelklotz auf sehr exponiertem Band in der Südseite umgangen wird. Wer in den Genuss des Klettersteiges kommen will, geht von diesem Weg etwa 100 Meter völlig eben in der Südflanke nach rechts weiter zur grünen Markierung (hier bei gleichem Abstieg ggf. Gepäck deponieren). Leitern und Griffbügel führen von hier luftig und anregend über die gewaltigen, aber nirgends exponierten Felsstufen des breiten Südgrates. In Gipfelnähe sind's nochmals zwei niedrige, aber rassige, luftige Steilstellen, die man spaßhalber an Griffbügeln und am Seil erklimmen kann, sofern man nicht auf den teilweise daneben verlaufenden Normalweg »umsteigt«. Den höchsten Gipfel der Tour, das Mitterhorn, 2506 m, erreicht man allemal.

Im Aufstieg zum Ulrichshorn.

Abstieg: Über den Normalweg zurück zur erwähnten Wegteilung in der Südschulter des Mitterhorns oder über den grün markierten Klettersteig hinab bis zu dessen Abzweig vom Normalweg. Auch hier kann man entweder die recht weitläufigen Kehren des rot markierten Normalweges ausgehen oder noch ein kurzes Stück den recht harmlosen, grün markierten Klettersteig direkt über den gutmütigen Südgrat hinabsteigen – schon nach 5 – 10 Minuten treffen sich beide Wege wieder. Der hier weiterführende Normalweg, wieder rot bezeichnet, steigt in zahlreichen Serpentinen in der breiten, schrofigen Westflanke talwärts, einem kleinen Gletscherrest in der flachen Karmulde entgegen. Von hier zunächst über Schotterpfade das steile, öde Kar hinab. Bevor man den riesigen, felsumrahmten Talkessel verlässt, erlebt man in der Latschenzone und zuletzt im Hochwald noch eine Fülle teils grandioser, teils romantischer Landschaftsbilder in dem hier schluchtartigen Talgrund. Im Talboden des Lastales erreicht man schließlich die erste Asphaltstraße. Man geht nach rechts, bis man auf das verbaute Bachbett stößt – ein verlässlicher Wegweiser in Richtung Pillersee.
Wer im Talboden das Lastales rechtzeitig auf das Forststräßchen auf der anderen Seite des Baches hinüberwechselt, spart ¼ Std. Gehzeit.

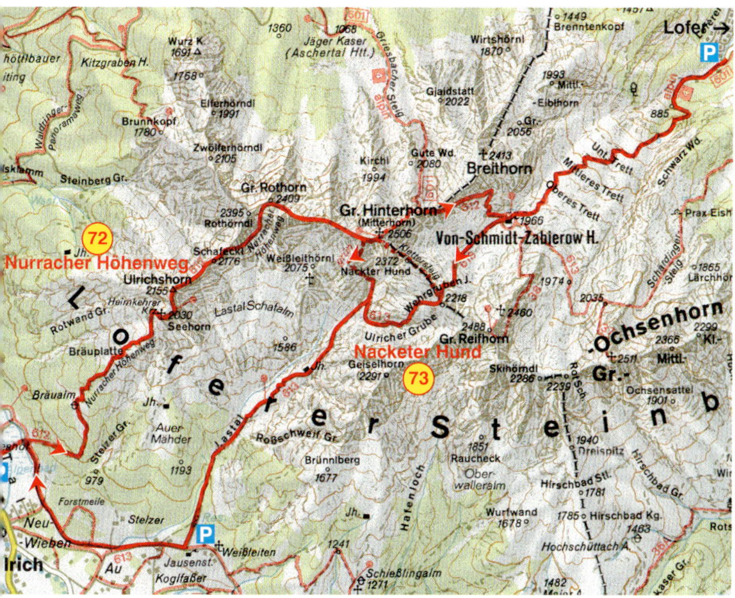

73 Klettersteig Nacketer Hund auf das Mitterhorn, 2506 m (Großes Hinterhorn)

Kurzer, aber scharfer Klettersteig im Rahmen einer langen Bergwanderung

Ausgangspunkte: a) Lofer, 626 m, Auffahrt von der B 312 östlich vom Pass Strub, bei Bushaltestelle 2,1 km hinauf ins Loferer Hochtal zu großem Parkplatz, 905 m.
b) St. Ulrich am Pillersee, 847 m, vom südlichen Ortsendeschild ostwärts ab in die Steinbergstraße und 2 km bis zum Fußweg ins Lastal; gute Beschilderung, bescheidener Parkplatz nahe Weißleiten, 920 m.
Gehzeiten: a) Loferer Hochtal – v.-Schmidt-Zabierow-Hütte – Wehrgrubenjoch – Nacketer Hund – Mitterhorn – Abstieg über Normalweg 612 zur Hütte und zurück zum Parkplatz 9 – 10 Std.
b) Lastal – Wehrgrubenjoch – Nacketer Hund – Mitterhorn – Abstieg über Normalweg 613 zum Parkplatz 9 – 10 Std.

Anforderungen: KS3/4-C. Kurzer, aber rassiger, schwieriger Klettersteig in kompaktem Fels. Aus dem Lastal sehr langer und anstrengender Zustieg, von Lofer aus bequemer.
Höhenunterschiede: Vom Loferer Hochtal 1600 Hm, vom Lastal 1586 Hm; Höhe des Klettersteiges ca. 190 Hm.
Stützpunkte: Beim Aufstieg von Lofer liegt die v.-Schmidt-Zabierow-Hütte, 1966 m, etwa auf halbem Wege; bew. Anfang Juli bis Ende September, ✆ A-0664/3512018.
Sehenswert: Wallfahrtskirche Maria Kirchental, über steile Mautstraße südlich Lofer erreichbar.
Hinweis: Gut zu verbinden mit → Nurracher Höhenweg.

Ein kurzer, aber technisch anspruchsvoller Klettersteig-Aufstieg zum Mitterhorn ist die Route vom Wehrgrubenjoch über den Nacketen Hund – den gesicherten Südostgrat des Gipfels, der ein kurzweiliges, aber rasantes Felsabenteuer bietet. Als Ausgangspunkt für eine selbständige Tour kommt das einsame Lastal oder das bequemere Loferer Hochtal in Frage, bei dem eine Hüttennächtigung eingeplant werden kann. Wer alle Klettersteige zum Mitterhorn an einem Tag bewältigen will und die Ausdauer für 12 – 14 Stunden Gehzeit mitbringt, kann den → Nurracher Höhenweg (Tour 72) mit dem Nacketen Hund verbinden, in beiden Anstiegsrichtungen möglich, wirklich zu empfehlen aber nur von Ost nach West mit vorheriger Nächtigung auf der v.-Schmidt-Zabierow-Hütte.
Aufstiege zum Wehrgrubenjoch: a) Vom Loferer Hochtal auf Weg 601 über Unteres, Mittleres und Oberes Trett in 2 Std. bis zur v.-Schmidt-Zabierow-Hütte, 1966 m, von hier in 1 Std. auf Weg 613 zum Wehrgrubenjoch, 2218 m. Außergewöhnlich schöne und interessante Wegstrecke durch das gewaltige Szenario der Kalkerosionen, zunächst weitgehend eben, später mäßig steil und teilweise klettersteigmäßig gesichert.
b) Vom Lastal zunächst sanft ansteigend durch Wald, später steiler durch die Krummholzregion und zuletzt sehr mühsam und steil bis zur Wegteilung; hier rechts ab, weiter mühsam empor in die Ulricher Grube; auch hier zieht der Kalk der Loferer Steinberge alle alpinen Register: wilde Karrenflächen, Gletscherschliffe und Dolinen, kompakte Felsterrassen. Das Wehr-

Abstieg vom Mitterhorn zur v.-Schmidt-Zabierow-Hütte.

grubenjoch – mit Blick hinab zur Hütte – wird in 4 Std. erreicht.
Klettersteig: Am Wehrgrubenjoch markieren Steinmanndl den Zustieg über den zunächst sehr breiten, flachen Südostgrat bis zum ersten großen Felsblock, der das weitere Emporbummeln jäh beendet. Nun über ein schottriges Band in die Nordostflanke hinab. Der grimmige Grat mit dem Gratturm namens Nacketer Hund wird auf Bändern nahe dem Felsfuß zunächst unschwierig gequert. An einer ausgebauchten Felsrippe zieht das Seil verwegen und exponiert empor zu einem höheren Band, über das man hinter einem dunklen Winkelband die winzige Felsscharte in 2315 m Höhe erreicht. Hier ändert sich schlagartig der Charakter der Führe: drei große senkrechte Felsstufen werden in luftiger Seilführung erklommen. Über weitere, aber harmlosere Steilstufen und zuletzt über einfache Blockstufen zum Gipfel.
Abstiege: a) Auf dem Normalweg 612 zunächst flach fallend in die Südflanke des Breithorns und in steilen Kehren etwas steinschlaggefährdet hinab zur Hütte und von hier ins Loferer Hochtal.
b) Vom Gipfel den Markierungen westwärts folgend über die breite, reich gebänderte Westflanke hinab bis zur Wegteilung Lastal – Nurracher Höhenweg; bei diesem Abstieg kann auch der grün markierte Klettersteig (Variante des Nurracher Höhenweges) luftig, aber völlig problemlos abgestiegen werden. Der »undurchsichtige« und etwas beängstigend wirkende Abstieg nach Süden über das komplizierte Bändersystem erweist sich als erstaunlich problemlos und mündet in den Aufstiegsweg aus dem Lastal.

74 Pidinger Klettersteig auf den Hochstaufen, 1771 m

Die rassigste Eisenführe Deutschlands

Ausgangspunkte: a) Von der Autobahnausfahrt Bad Reichenhall zum Pidinger Ortsteil Urwies, 500 m, vom westl. Ortsschild noch 100 m bis zum Wegabzweig »Hochstaufen«; nach 0,7 km Parkgelegenheit (vor Schranke mit Fahrverbot).
b) Vom Ortsteil Mauthausen zum Schloss Staufeneck, 500 m, 200 m dahinter letzter Parkplatz.
Gehzeiten: Von beiden Parkplätzen je ca. 1½ Std. bis zum Einstieg, Klettersteig 3 – 3½ Std., Abstieg 2½ Std.; Gesamtgehzeit ca. 7½ – 8 Std.
Anforderungen: Im unteren Teil KS4/5-C; nach Regen stellenweise lehmig; insgesamt ca. 1100 m Stahlseil Ø 14 mm, ca. 150 künstliche Tritte und Griffe, gesicherte Strecke 700 Hm, vor dem Ausstieg 250 Hm Vertikale KS5/6 (deutlich schärfer als Einstieg). Notausstieg nach ca. 400 Hm hinüber zum Normalweg.
Höhenunterschiede: Von beiden Ausgangspunkten zum Gipfel ca. 1200 Hm.
Stützpunkte: Unterm Gipfel Reichenhaller Haus, 1750 m, bewirtschaftet Mitte Mai bis Mitte Okt., ✆ D-08651/5566; im Abstieg u. U. Steiner Alm, ca. 1100 m, bew. von Pfingsten bis Anfang Oktober, ✆ D-08651/1201.
Informationen: Tourismusbüro Piding, ✆ D-08651/3860; www.piding.net; Alpinistische Fragen: Sepp Reichenberger, Innebergweg 7, 83451 Piding, ✆ D-08651/61314, mobil D-0171/48/61314.

Im unteren, »flachen« Teil des Pidinger Klettersteiges.

Über 80 Jahre war es still in den wilden Nordwänden des Hochstaufen, nachdem Willo Welzenbach mit einem Gefährten hier 1921 eine harte Kletterroute eröffnet hatte; seine grandiose Karriere im Fels endete 1934 in der Tragödie am Nanga Parbat. Dieses Schicksal wird die Klettersteig-Liebhaber am Pidinger Klettersteig gewiss nicht ereilen, denn die Sicherungstechnik der 2003 eröffneten Eisenführe entspricht dem neuesten Stand. Die Routenführung durch die abweisenden, 700 m hohen Nordabstürze ist ebenso ideal wie genial, betont sportlich, z. T. atemberaubend ausgesetzt, mit grandiosen Tiefblicken. 1100 m führen solide Stahlseile über Steilwände und lange Quergänge, vorbei an versteckten Höhlen und Grotten. Man bewegt sich vorwiegend an natürlichen Griffen und Tritten, nur völlig glatte Wandstellen wurden mit Eisenklammern entschärft. Diese Schöpfung des Pidinger Bergsteigers Sepp Reichenberger ist gegenwärtig der rassigste alpine Klettersteig Deutschlands; er setzt in der »Meisterklasse« alpenweit neue Akzente.

Zustieg: Von den Ausgangspunkten auf Forststraßen und breiten Wegen Richtung Steiner Alm. Zwischen Mairalm und Steiner Alm links ab am Schild »Pidinger Klettersteig«. Auf Trittspuren zum Einstieg in 1070 m Höhe.

Klettersteig: Auf die 50 m hohe steile Einstiegs-Wandstufe (KS3/4) folgt eine 250 m lange, teils gesicherte Strecke (Stellen II). Dann ungesichert über 150 m Länge auf reizvollem altem Steig (von hier aus erster Zugang zum »Fluchtweg«). Links empor zu einer Wandstufe, die 100 Hm luftige, schwierige und kraftraubende Kletterei fordert (KS4). Nach zweitem Notausstieg geht es hinauf zum 300 m langen »Panorama-Quergang« (leichte Kletterei, herrliche Ausblicke). Nun leicht abwärts, doch bald wieder empor zur Gipfelwand – die Schlüsselstelle ist ein 250 m hoher Pfeiler, sehr exponiert, z. T. aus senkrechtem glattem Fels mit sparsamen Tritthilfen (KS5/6). Der Ausstieg erweist sich mit seinen Klammern eher als gnädig (KS4).

Abstieg: Über den landschaftlich schönen Normalweg – Nordostroute – hinab zur Steiner Alm; gelegentlich Seilsicherungen, Trittsicherheit erforderlich.

75 Dopplersteig und Mittagsschartensteig auf den Untersberg, 1853 m

Abwechslungsreiche, problemlose Überschreitung auf historischen Steigen

Ausgangspunkte: a) Zum Dopplersteig: Von der Autobahn Salzburg auf Ausfahrt Grödig abzweigen, in Grödig rechts ab und in 5 – 10 Autominuten nach Glanegg. Unmittelbar hinter dem Ortsende von Glanegg Fahrweg zum Gasthaus Rositten, 465 m, Parkplatz.
b) Zur Mittagsscharte: Von Grödig geradeaus nach St. Leonhard, dann in Richtung Berchtesgaden über die Landesgrenze; 800 m südlich der bayerischen Grenzstation steht an der Hangseite der alte Passturm Schellenberg, vor dem ein Fahrweg in westlicher Richtung abzweigt (Hinweistafel: »Schellenberger Eishöhle«). Schon nach etwa 20 Metern vom Fahrweg nach links in den Fußweg einbiegen! (Nochmals Hinweisschild auf Eishöhle.)
Gehzeiten: Gasthaus Rositten – Dopplersteig – Geiereck 3 Std., von hier zum Salzburger Hochthron ½ Std.; Passturm – Mittagsscharte 3½ Std., von hier zum Salzburger Hochthron ½ Std.; Gesamtgehzeit: für Überschreitung 7 Std.
Anforderungen: KS1-A. Die Begehung beider Steige ergibt eine abgerundete Tagestour, bei Seilbahnbenützung ist jeder der beiden Steige im Abstieg während eines halben Tages zu schaffen. Für die Klettersteigstellen ist Trittsicherheit und Schwindelfreiheit erforderlich, doch können beide Steige auch Ungeübten empfohlen werden.
Höhenunterschiede: Von beiden Ausgangspunkten bis zum Salzburger Hochthron je ca. 1370 Hm; Dopplersteig ca. 150 Hm, Mittagsschartensteig ca. 120 Hm.
Aufstiegshilfen: Untersbergseilbahn (✆ A-06246/724770) von St. Leonhard zur Bergstation Geiereck, 456 m – 1805 m.
Stützpunkte: Zeppezauerhaus, 1664 m, bew. Anfang Mai bis Ende Oktober, ✆ mobil A-0662/629862; Gasthaus an Bergstation Geiereck, 1808 m, bew. während des Bahnbetriebs; Schellenberger-Eishöhlen-Hütte (=Toni-Lenz-Hütte), 1411 m, bew. Pfingsten bis Ende Oktober, ✆ mobil A-0664/1341690.
Sehenswert: Von Pfingsten bis 31. Oktober finden in der Schellenberger Eishöhle, der größten erschlossenen Eishöhle Deutschlands in 1570 m Höhe, zu jeder vollen Stunde Höhlenführungen statt (Dauer ¾ – 1 Std.). Saisonale Stoßzeiten 11 – 16 Uhr. Eine Begehung aller anderen Höhlen ist nur mit spezieller Erfahrung und Ausrüstung möglich und Unkundigen abzuraten!

Der Untersberg, nördlichster Gebirgsstock der Berchtesgadener Alpen, ist bekannt durch seinen Reichtum an Sagen und Märchen. Die zahlreichen Höhlen (geschätzt 200), von denen bereits über 100 erforscht wurden, ziehen Höhlenforscher von nah und fern an. Die für die Allgemeinheit erschlossene Schellenberger Eishöhle sowie die 1961 erbaute Seilbahn von St. Leonhard auf das Geiereck ließen diesen Salzburger Hausberg zu einer richtigen Touristenattraktion werden. Auch der Klettersteigliebhaber findet hier zwei leichte Ziele: Dopplersteig und Mittagsschartensteig. Beide Weganlagen wurden mit großem technischen Aufwand so perfekt ausgebaut und gesichert, dass sie zwar kaum noch als Klettersteig bezeichnet, dafür aber auch von weniger Geübten bei etwas Schwindelfreiheit gefahrlos begangen werden können. Die Begehung beider Steige einschließlich Höhlenbesuch kann zu einer herrlichen Tagestour verbunden werden.

Aufstieg Dopplersteig: Am Rosittengasthaus links vorbei zum Steinbruch, von hier sofort steil nach rechts hinauf (Hinweisschild). Der folgende Wegabschnitt oberhalb der tief eingeschnittenen, rauschenden Klamm des Rosittenbaches gehört zu den romantischsten am Untersberg! Durch lichten Laubwald und über strauchbewachsene Hänge, teils über Holzstufen, steiler aufwärts, bis der Pfad den Rosittenbach überquert und sich den fast senkrechten Ostwänden zuwendet. Der 1876 eröffnete Felsensteig zeigt sich als Denkmal der Klettersteig-Bautechnik: Mehr als 400 Stufen, teils in den Fels gehauen, führen recht luftig, doch überraschend bequem und ausreichend durch wandseitige Geländer und Drahtseile gesichert schräg aufwärts durch die Wand auf den latschenbewachsenen Nordrücken des Geierecks. Von hier in wenigen Minuten – nach Vereinigung mit dem Reitsteig – zum Zeppezauerhaus und in weiteren 20 Minuten zum Geiereck, Bergstation der Seilbahn, daneben Restaurant. Von hier führt ein Spazierweg südwärts in ½ Std. auf den Salzburger Hochthron, 1853 m, die höchste Erhebung des Untersbergs auf der Salzburger Seite. Von hier in 20 Minuten hinunter zur weiter südlich gelegenen Mittagsscharte, gute Markierung; Grenzüberschreitung.

Bequeme Holzstufen machen den Dopplersteig leicht begehbar.

Aufstieg Mittagsscharte: Vom alten Passturm Schellenberg führt ein Weg über den verfallenen Bachkaser durch dichten Wald zunächst bis zur Jagdhütte Mitterkaser, 1¾ Std. von dort auf landschaftlich wesentlich schönerem Steig weiter in Richtung Eishöhlenhütte bis an den Südhang vor der Eishöhle; hier Wegabzweig. Der Weg zur Mittagsscharte, 1934/35 gebaut, ist größtenteils in den Fels gesprengt und führt über mehrere Tunnels und 450 teils in den Fels gehauene Stufen längs der senkrechten Wand empor. Tunnelfenster bieten prachtvolle Tiefblicke, außerdem genießt man fesselnde Einblicke in die senkrechten Ostwände. Der Weg selbst ist so tief eingesprengt und so gut gesichert, dass er auch wenig Geübten empfohlen werden kann; er mündet auf der Mittagsscharte, 1671 m, der tiefsten Einsattelung des gesamten Untersbergmassivs zwischen Berchtesgadener und Salzburger Hochthron. Von der Scharte in ½ Std. zum Salzburger Hochtron.

Abstiege: Sofern nicht Dopplersteig und Mittagsschartensteig zu einer Rundtour verbunden werden, sind folgende weitere Abstiege möglich:

a) Vom Zeppezauerhaus über den Reitsteig zum Gasthaus Rositten, Waldweg mit zahlreichen Holzstufen.

b) Vom Salzburger Hochthron über die Skipiste, vorbei am »Großen Eiskeller«, am Mückenbrünndl (Quelle) und über die Schweigmühlalm nach Fürstenbrunn (etwa 5 Autominuten nach Glanegg).

76 Klettersteig auf das Wagendrischlhorn, 2251 m

Langer Weg durch den Kalk der Reiteralpe

Ausgangspunkte: a) Ramsau bei Berchtesgaden, Parkplatz südwestlich vom Hintersee, 800 m (Zugang Bösel- und Schaflsteig).
b) Passhöhe Schwarzbachwacht, 868 m, an der Deutschen Alpenstraße nordöstlich der Ramsau (Zugang Traunsteiner Hütte).
c) Von Lofer über Mayrberg zur Jausenstation auf etwa 900 m (Zugang über Loferer Steig zur Mayrbergscharte).
Gehzeiten: Parkplatz Hintersee – Wagendrischlhorn über Böselsteig oder Schaflsteig jeweils ca. 4 – 5 Std.; Abstiege jeweils 3 – 3½ Std.; Schwarzbachwacht – Wagendrischlhorn ca. 5 – 6 Std.; Mayrberg – Wagendrischlhorn ca. 4 Std.; Gesamtgehzeit: mindestens 8 Std.
Anforderungen: KS2/3-C. Kurzer, problemloser, aber anregender Klettersteig in kompaktem Fels, nicht exponiert; durchwegs lange und anstrengende Zustiege. Auf der gesamten Hochfläche der Reiteralpe äußerste Aufmerksamkeit bei Nebel! Spärliche Markierung, streckenweise keinerlei Pfadspur! Kein Wasser!
Höhenunterschiede: Parkplatz Hintersee – Wagendrischlhorn ca. 1460 Hm; auf beiden Aufstiegen kurze Gegenanstiege; Schwarzbachwacht – Wagendrischlhorn 1390 Hm, Mayrberg – Wagendrischlhorn ca. 1360 Hm; Klettersteigpassagen: am Wagendrischlhorn ca. 120 Hm, Schaflsteig ca. 100 Hm, am Böselsteig ca. 30 Hm.
Stützpunkte: Keine! Bei Aufstieg c) ¼ Std. abseits des Weges: Neue Traunsteiner Hütte (= Karl-Merkenschlager-Haus), 1560 m, bew. Mitte Mai bis Ende Oktober, Nächtigung erwägenswert, ✆ mobil D-0171/4378919.
Aufstiegshilfen bei Aufstieg a): Vom Parkplatz fährt in der Sommersaison ein RVO-Bus u.a. zur Haltestelle Engertalm – Holzstube (Beginn des Schaflsteigs), erste. Fahrt 8.00 Uhr.
Sehenswert: Die Bindalm im Hirschbichltal östl. der Ramsau bietet interessante baugeschichtliche Dokumente der Almkultur im Berchtesgadener Land.
Weghinweise: a) Von der Mayrbergscharte führt ein lohnender, gut bezeichneter Anstieg zum Stadelhorn, 2287 m, etwa ¾ Std., im Mittelteil einfache Felspassagen (I).
b) Vom Gipfel des Stadelhorns führt eine anregende Gratkletterei, nicht bezeichnet, aber problemlos zu finden, zum Gipfel des Großen Mühlsturzhorns, 2234 m (II), sehr lohnend und anregend, zum Teil exponiert.

Aufstieg zum Wagendrischlhorn.

Die Bindalm hat eine großartige, dolomitisch wirkende Felskulisse: Mühlsturzhörner, Grundübelhörner, Häuselhörner, Stadelhorn – extreme Kletterrouten; am Goßen Mühlsturzhorn wurde 1933 für die Erstbesteigung der Eiger-Nordwand trainiert! Das Wagendrischlhorn erkennt man von der Bindalm aus an seiner rundlichen, gutmütigen Gipfelkuppe, und dorthin führt seit 1983 auch ein gutmütiger Klettersteig. Die Anstiege sind von allen Seiten reichlich lang und anstrengend, oberhalb der Latschenregion aber zieht der Kalk der Reiteralpe alle alpinen Register: wilde Karrenflächen, Gletscherschliffe und Dolinen, riesige kompakte Felsterrassen. Wer neben dem Klettersteig auf die Mayrbergscharte und auf das Wagendrischlhorn auch noch ein bis zwei weitere Hörner »mitnimmt«, erlebt einen landschaftlich außergewöhnlich erfüllten Tag mit gemütlichen Klettersteigeinlagen.

Aufstiege: a) Vom Parkplatz auf Straße taleinwärts bis zur Engertalm, 959 m. Kurz vorher zweigt der Schaflsteig (Weg 473) nordwärts ab und führt sehr steil durch dichten Hochwald, zuletzt durch Latschen auf den Hochgscheidsattel am Fuße des Großen Mühlsturzhorns.

Man quert nun kurz auf österreichisches Gebiet hinüber und geht in leichtem Bogen unter den senkrechten, zum Teil überhängenden Wänden des Stadelhorns entlang, streckenweise kurz absteigend. Bald trifft man auf den hier emporführenden Loferer Steig (Weg 3). Am tiefsten Punkt dieser berauschend schönen Wegstrecke beginnt die solide Sicherung durch gutmütige Felsrinnen und führt problemlos bis in die breite, schottrige Felsschlucht, in der eine bezeichnete Pfadspur bis zur Mayrbergscharte, 2053 m, emporführt. Dieser felsige Grenzsattel trennt das Stadelhorn vom Wagendrischlhorn. Die Markierung nordwärts zum Wagendrischlhorn (Weg 3e) führt über den flachen Südsporn mit seinen zauberhaften Felsbildungen, Spalten und Dolinen. Der zunächst flache Südgrat geht bei der Grenzmarkierung in eine mäßig steile, kompakte Felswand über. Hier beginnt die Sicherung, die problemlos über kurze Wandstücke, Risse und Kaminchen, kaum exponiert, bis zum verflachenden, grasigen Gipfelrücken emporführt.

b) Den Wegabzweig zum Böselsteig erreicht man vom Parkplatz schon nach 5 Minuten. Zur Halsalm zunächst durch schattigen Wald. Bei einer Verflachung zweigt der Böselsteig links ab, führt eben durch Gesträuch weiter und steuert schließlich auf die steile Wandstufe zwischen den beiden massigen, rundlichen Felstürmen zu. Nach mühsamem Zustieg erreicht man den Felsfuß, ein kurzes Band nach links führt zu einer soliden Sicherung, die über ein steiles, exponiertes Wandstück emporhilft. Mühsam führt der felsige Pfad zuerst durch die steilere Felsstufe und nach einer zweiten kurzen Sicherung flacher durch den latschendurchsetzten oberen Teil des Wagendrischlkars bis zu einer deutlich beschilderten Wegteilung auf der weiten, grasigen Hochfläche (Grenze). Von hier führt eine Pfadspur, im Bereich der Felsen aber nur eine Markierung, in leichtem Auf und Ab, zuletzt durch eine landschaftlich großartige Felsszenerie zur Mayrbergscharte. Weiter wie a).

c) Von der Passhöhe Schwarzbachwacht führt der bezeichnete Wachterlsteig mäßig steil durch den Hochwald zur Saugasse und zur Neuen Traunsteiner Hütte. Von hier führt die Steinberggasse (Weg 472) über die Reiteralpe zum höchsten Punkt des Böselsteiges; durch die Roßgasse (Weg 473) kann man auf einfachem Pfad das Wagendrischlhorn über die Nordseite besteigen.

d) Von Lofer mit dem Auto nordwärts bis Maurach, hier ostwärts nach Mayrberg ab und bis zur Jausenstation. Von hier führt der Loferer Steig zunächst zur Berger-Maiß-Alm, 973 m, dann zur Jagdhütte Hochgscheid und von hier in Serpentinen bis zum Schaflsteig. Weiterer Aufstieg siehe a).

Abstiege: Wie a) – d); am besten: Aufstieg wie a), Abstieg wie b).

77 Gesicherte Überschreitung der Schärtenspitze, 2153 m

Großes Landschaftserlebnis auf gesicherten Felsrouten

Ausgangspunkt: Ramsau bei Berchtesgaden, 670 m, Parkplatz 500 m westl. des Ortskernes, südl. der Pfeifenmacherbrücke; Münzautomat.
Gehzeiten: Von beiden Seiten vom Tal zum Gipfel je 4 – 4½ Std., von der Blaueishütte 1¼ Std.; Gesamtgehzeit ca. 7 Std.
Anforderungen: KS1/2-B. Trittsicherheit erforderlich. Ostanstieg bei Nebel im Bereich der Karrenfelder problematisch.
Höhenunterschiede: Ramsau – Schärtenspitze 1483 Hm; Blaueishütte – Schärtenspitze 473 Hm.
Stützpunkt: Blaueishütte, 1680 m, bew. Mitte Mai bis Mitte Okt., ✆ D-08657/271.
Hinweis: Routeneintrag bei Tour 79.

Wie eine gigantische Felsbastion umschließen die beiden Kämme der Hochkaltergruppe den sterbenden Blaueisgletscher, der sich in die letzten kalten Winkel der Felsumrahmung zu verkriechen scheint. »Das Blaueis«, der nördlichste Alpengletscher, im oberen Teil 55 Grad steil, war um 1980 noch 1000 m lang und 300 m breit, jetzt klafft in der Mitte ein breites Band von aperem Karrenfels. Von der Schärtenspitze, dem beliebten Hausberg der Blaueishütte, kann man den dramatischen Eisschwund gut beobachten. Von beiden Seiten führen gut gangbare, ausreichend gesicherte Felsrouten auf den Gipfel, der durch seinen jähen nordseitigen Steilabfall im östlichen Felskamm auffällig hervortritt. Die Überschreitung bietet eine Fülle landschaftlicher Eindrücke aus allen Vegetationsstufen.

Ostseitiger Aufstieg: Auf dem Fahrweg zur Schärtenalm (486) ½ Std. bergan, auf der Forststraße weiter in ¾ Std. zur einsamen Eckaualm, 1047 m. Auf steilerem Waldweg in ¾ Std. zu einer märchenhaften Wiese mit kleiner Jagdhütte; fließender Brunnen. Auf schmalem Steig in ½ Std. zur verfallenen Hochalm, 1500 m. Über gewaltige weglose Karrenfelder leitet nunmehr eine Markierung an die jäh aus den Karen aufragenden Ostwände heran. Stetig steigend biegt die Markierung allmählich nach rechts in eine gewaltige Felsschlucht. Ein Stahlseil leitet in der ostseitigen Schluchtflanke sicher und problemlos bis auf die Eisbodenscharte, 2049 m. Der über 500 m lange, nordwärts leicht ansteigende Grat bis zum Gipfel ist gutmütig und an vielen Stellen gesichert, erfordert aber ausreichend Trittsicherheit.

Abstieg: Kurz zurück zur Einmündung des Abstiegsweges, der teils in Serpentinen, teils in steilen, teilweise gesicherten Felsrinnen und Bändern über die Westflanke hinableitet. Im Hochkar begegnet man den Resten der 1922 erbauten alten Blaueishütte, die im Dezember 1955 der Luftdruck einer Staublawine zerstörte. Erst viel tiefer taucht die 1961 vollendete neue, stattliche Blaueishütte auf. Der weitere Abstieg über einen Serpentinenweg, anfangs entlang der senkrechten Westwände, führt zunächst zur Schärtenalm, 1362 m, dann auf steilem Fahrweg 485 bis zur Einmündung in den Anstiegsweg.

78 Über den Mannlgrat auf den Hohen Göll, 2522 m

Genussvoller Grat, schneller Gipfel; auf Wunsch auch lange Überschreitung

Ausgangspunkt: Berchtesgaden, 570 m, Bahnhof. Mit eigenem Pkw auf den Obersalzberg-Hintereck, 971 m, große Parkplätze. Von hier mit Spezialbus 6,2 km zum Parkplatz auf der Nordseite des Kehlsteins, 1710 m. Erster Bus 7.40 Uhr ab Obersalzberg (ab 20.9. erst 8.30 Uhr). Vom Parkplatz Kehlsteinhaus auf asphaltiertem Promenadenweg in 15 Min. zum Kehlstein, 1837 m. Bequeme bevorzugen den riesigen Lift, der vom Parkplatz durch einen Tunnel erreicht wird und die 125 Hm emporschwebt (im Fahrpreis inbegriffen).
Gehzeiten: Obersalzberg – Kehlsteinhaus zu Fuß 2 Std., Kehlsteinhaus – Hoher Göll 3½ – 4 Std.; Purtschellerhaus – Hoher Göll 3 – 3½ Std., Hoher Göll – Jennergipfel 3 – 4 Std., Jennergipfel – Königssee 1 – 2 Std.; Gesamtgehzeit Kehlsteinhaus – Hoher Göll und zurück 6½ – 7 Std.; Gesamtgehzeit der Überschreitung bis Jenner 7½ – 8 Std.
Anforderungen: KS2/3-C. Bei Busauffahrt und Abstieg a) oder b) ausgefüllte, mit Abstieg c) anstrengende Tagestour. Schwindelfreiheit und Trittsicherheit unerlässlich.
Höhenunterschiede: Kehlsteinhaus – Hoher Göll 685 Hm; Purtschellerhaus – Göll 830 Hm; Königssee – Hoher Göll 1900 Hm; Länge des Klettersteigs ca. 1,5 km.
Aufstiegshilfen: Im Abstieg c) Jennerbahn, 1802 m – 620 m.
Stützpunkte: Keine! Am Ausgangspunkt Kehlsteinhaus, 1837 m, Restaurant, Kiosk, Mitte Mai – Ende Okt. ✆ D-08652/2969, priv.; Purtschellerhaus, 1692 m, bew. Mitte Mai bis Ende Okt., ✆ D-08652/2420.

Der schon 1957 gebaute Klettersteig vom Kehlsteinhaus auf die Gölleiten erschließt die landschaftlich außerordentlich interessante und vormals nur Kletterern zugängliche Felsszenerie des Mannlgrates. Zugleich ist dieser Steig der kürzeste, bequemste und auch schönste der normalen Anstiege auf den Hohen Göll – vom Kehlsteinhaus zum Gipfel nur 3½ – 4 Std.! Im Gegensatz zu den meisten Klettersteigen erlebt man die anregenden Stellen nicht erst während des eigentlichen Gipfelanstieges, sondern gleich zu Beginn. Wer den Abstieg zum Königssee wählt, erlebt eine großartige, streckenweise luftige Überschreitung in hochalpiner Felsszenerie.

Gipfelanstieg: Vom Touristenrundweg, bei einer Hinweistafel, durch eine Bresche in der Natursteinmauer hindurch auf den Grat und zu den ersten Drahtseilen. Zwei abenteuerliche Engpässe folgen, dann geht es – felsauf und felsab, stets abwechselnd auf der Ost- und Westseite des Grates – zur Mannlscharte; die schroffen Zinnen der Mannlköpfe werden vom Steig stets elegant umgangen. Steigklammern in einem düsteren Kamin beenden leider allzu früh den herrlichen Eisenweg; nun sehr steil zum Grat, wo man auf den vom Purtschellerhaus heraufkommenden Klettersteig (»Schusterweg«) trifft. Auf dem breiten, schuttbedeckten Bergrücken in ¾ Std. zum Gipfel.

Abstiege: a) Wie Aufstieg; Fahrzeit des letzten Busses laut Aushang oder bei Kurdirektion erfragen (✆ 08652/9670). Fußweg hinunter zum Obersalzberg links des Tunneleingangs zum Lift, falls es mit dem Bus nicht klappen sollte!

b) Man steigt zum »Weg«-Abzweig Purtschellerhaus ab, hier nach rechts in den mit Eisenstiften und Stahlseilen gesicherten und bezeichneten »Schusterweg« hinab. Weiter in der gegen den Wilden Freithof abbrechenden Ostflanke des Berges zum Eckerfirst, 1785 m, und schließlich zum Purtschellerhaus (im Frühsommer ausgesetzte Firnfelder!). Eine etwas einfachere, weniger exponierte, aber nur sehr sparsam gesicherte Variante beginnt einige Meter oberhalb der Schusterroute bei dem Hinweis »Kamin«; auch dieser Klettersteig führt zum Eckerfirst. Vom Haus in ¾ Std. über den Eckersattel zur Roßfeldstraße bei der Enzianhütte; mit Bus oder in weiterer ¾ Std. zu Fuß zum Parkplatz Obersalzberg zurück (Autofahrer, die diesen Abstieg wählen und von der Kehlsteinhaus-Busverbindung unabhängig sein wollen, stellen ihren Wagen am Ofnerboden, der flachen Straßenstrecke unter der Göll-Nordwand, ab und gehen in 1 – 1½ Std. zum Parkplatz Kehlsteinhaus; beim Abstieg vom Purtschellerhaus ist man dafür in 1 Std. wieder beim Wagen).

Im hellen, festen Kalk des Mannlgrates.

c) Den stärksten Eindruck hinterlässt die Überschreitung des gesamten Göllstocks. Vom Gipfel zunächst auf dem rasch absinkenden Grat gegen Südosten, dann, bei der Gratgabelung, auf dem rechten Ast zunächst südwestlich, dann westlich über den Kleinen und Großen Archenkopf, 2346 m und 2391 m, und über eine ausgesetzte, aber unschwierige Stelle zum Brettriedel, 2347 m. Vom Gipfel des Hohen Bretts, 2338 m, sinkt der bezeichnete Steig zum Jägerkreuz, 2198 m, und fällt schließlich gegen das Torrener Joch, 1734 m, ab. Übrigens folgt die Landesgrenze diesem Hauptkamm vom Eckersattel bis zum Torrener Joch! Nun über den tief eingeschnittenen Jennersattel, 1685 m, zum Jennergipfel, 1874 m; von hier mit den zwei Sektionen der Jennerbahn oder zu Fuß zum Bahnhof Königssee.

79 Klettersteig über den Grat des Watzmann, 2713 m

Luftige Traumroute 2000 m über dem Königssee

Ausgangspunkte: Berchtesgaden, 570 m, Bahnhof, oder Ramsau, 670 m. Die einfachsten Zustiege zum Watzmannhaus gehen von der Bundesstraße zwischen Ramsau und Berchtesgaden (B 305) aus:
a) Haltestelle Wimbachklamm, 624 m, und
b) Ilsank, 578 m.
Weitere Ausgangspunkte sind
c) Bahnhof Königssee, 602 m, und
d) das nur mit Schiff erreichbare St. Bartholomä am Königssee.
Gehzeiten: Haltestelle Wimbachklamm – Watzmannhaus 3½ – 4 Std.; Haltestelle Ilsank – Watzmannhaus 4 – 4½ Std.; Bahnhof Königssee – Kühroint – Watzmannhaus 3½ – 4 Std.; St. Bartholomä – Kühroint – Watzmannhaus 4½ – 5½ Std., Watzmannhaus – Hocheckgipfel 2 Std.; Hocheck – Mittelspitze ½ Std., Mittelspitze – Südspitze 1½ – 2 Std., Südspitze – Wimbachgrieshütte 3 Std. (im Aufstieg mindestens 5 Std.; abzuraten), Wimbachgrieshütte – Haltestelle Wimbachklamm 2 Std.; Gesamte Überschreitung ca. 13 Std.
Anforderungen: KS3-C/D. Übernachtung im Watzmannhaus empfehlenswert. Trittsicherheit und Schwindelfreiheit unbedingt erforderlich (weniger Geübte eventuell an der Mittelspitze umkehren!). Bei Neuschnee oder Vereisung ist erhöhte Vorsicht geboten, bei aufziehendem Gewitter ist sofortige Umkehr anzuraten! Im Abstieg bei Nebel große Orientierungsschwierigkeiten! Man achte überall, besonders in der Krummholzregion, auf Markierungen und Steigspuren!
Höhenunterschiede: Wimbachbrücke – Mittelspitze 2090 Hm; Wimbachbrücke – Watzmannhaus 1310 Hm, Haus – Mittelspitze 780 Hm; Länge des Klettersteiges ca. 2,5 km, zwei lange Gegenanstiege!
Stützpunkte: Im Aufstieg Watzmannhaus, 1928 m, bew. Anfang Juni bis Ende September, ✆ D-08652/964222; im Abstieg Wimbachgrieshütte, 1326 m, bew. Mai bis Ende Oktober, ✆ D-08657/344.
Hinweis: Die winzige Holzhütte am Hocheck ist kein Biwak! Blitzschlaggefährdet!
Sehenswert: Ramsau – Kirche mit Friedhof, Wallfahrtskirche Kunterweg.

Als alpines Wahrzeichen des Berchtesgadener Landes ragt der Watzmann über 2000 m aus dem Tal empor, von Nord als doppelte spitze Pyramide zu sehen, unverkennbar und von Sagen und Märchen umwoben. Bekannter als die Sintflutsage ist die Mär von der Versteinerung des grausamen Königs Waze und seiner Familie – hier wird deutlich, wie die zersplitterte Felsgestalt zu allen Zeiten die Phantasie der Bergbauern angeregt hat. Der Grat, der die drei Gipfel des Watzmanns miteinander verbindet, führt Klettersteigliebhaber von überall her herauf. Der Gang über den majestätischen Grat fordert aber seinen Tribut. Fast 4 Std. Hüttenanstieg auf ermüdenden Wegen bis zur Hütte, die oft überfüllt ist. Auch der weitere Aufstieg über den breiten, schottrigen Nordrücken zum Hocheck, dem ersten der drei Gipfel, ist eher enttäuschend, der Ausblick nach Norden nicht gerade überwältigend, die Schau südwärts verwehrt. Hier am Hocheck aber, wo die Bergwanderer in der Regel umkehren, ändert sich schlagartig der Charakter der Tour: Ein schmaler, zerklüfteter, doch nicht allzu luftiger Grat, dramatische

Tiefblicke, die ersten Seile. Ein faszinierender Gang auf dem gut gesicherten Grat, wechselnde Felsszenerien und stets neue Einblicke in senkrechte Wandpartien. Winzig klein und völlig lautlos gleiten die Motorschiffe über den Wasserspiegel des Königssees, ab und zu trägt ein Windhauch das Echo der Hornisten hinauf in die Ostflanke. Schneller als erwartet steht man auf dem Mittelgipfel, ein zweiter, längerer und auch etwas anspruchsvollerer Felsgang zum Südgipfel ist der größte Eindruck dieser Gratüberschreitung, der durch Einblicke in die berüchtigte Watzmann-Ostwand gewürzt wird.

Aufstiege zum Watzmannhaus: Die beschriebenen Wege zum Watzmannhaus führen bei der Mitterkaseralm zusammen. Von dort über strauchbewachsene Hänge zunächst zur Falzalm, 1645 m, und dann in vielen Serpentinen den steilen Hang zum Watzmannhaus am Falzköpfl empor.

a) Der kürzeste Aufstieg zur Mitterkaseralm führt von der Haltestelle Wimbachklamm über die Wimbachbrücke und hier gleich beim Hinweisschild auf dem breiten Fahrweg durch den Wald über die Stubenalm.

b) Der längere Weg von der Haltestelle Ilsank führt nach Überquerung der Ramsauer Ache am Schapbach-Hof vorbei zum Gasthaus Hammerstiel und zur Schapbach-Holzstube. Von hier, nach rechts mäßig steigend durch Wald empor, trifft man kurz oberhalb der Stubenalm auf Weg a).

Gratüberschreitung: Vom Watzmannhaus zunächst mäßig steigend in Kehren, später etwas steiler über Schrofengelände zur »Schulter« (Stahl seilsicherungen) und dann längs des Grates bequem zum Hocheck,

Der berühmte Blick in die Watzmann-Ostwand mit St. Bartholomä.

Mitten am Grat des Watzmann, links die Südspitze.

2651 m. Gut gesichert zunächst den Grat hinab und teils auf Grathöhe, teils etwas tiefer in der Westflanke weiter bis zum Gegenanstieg; zuletzt auf ansteigendem Plattenband in ½ Std. zum Mittelgipfel, 2713 m. Etwas anspruchsvoller und stets sehr luftig, jedoch ausreichend bezeichnet und gesichert, immer auf dem Grat oder westlich unterhalb der Gratschneide weiter zur Südspitze, 2712 m.

Abstieg: Zunächst südwärts ein Stück den Grat hinab, dann jedoch, bei einer Scharte, nach rechts in die Westflanke und im linken Teil einer deutlich ausgeprägten, steilen Felsrinne über Bänder und Steilabsätze zum oberen Ende einer großen Schotterreiße. Über den Schutt auf Steigspuren hinab, dann nach links über einige begrünte Felsabsätze zur grasbewachsenen Mulde des »Schönfelds«. Von hier trifft der Steig auf den ersten Wasserlauf und führt nun, weniger deutlich, teilweise durch Latschen und steile, erdige Rinnen (Seile), vorbei an grotesken Erosionsgebilden auf den Grund des hinteren Wimbachtales, wo er in den Trischübelsteig einmündet. Nun fast eben zur Wimbachgrieshütte. Die ermüdende, 11 km lange Talwanderung zur Wimbachbrücke kann man zum Schluss mit der Durchquerung der Wimbachklamm würzen.

80 Wildentalsteig und Südanstieg auf das Persailhorn, 2347 m

Spannende Klettersteigrunde über schönen Aussichtsgipfel

Ausgangspunkt: Saalfelden, 744 m; vom nördl. Ortsteil Pabing (an der Hauptstraße) führt ein Sträßchen ostwärts in den Ortsteil Bachwinkl, 762 m; am Ende der Asphaltstraße, 840 m, ausreichender Parkplatz.
Gehzeiten: Bachwinkl – Peter-Wiechenthaler-Hütte 2 – 2½ Std., Hütte – Persailhorn 2½ – 3 Std.; Gesamtgehzeit: 9 Std. (Saalfeldener Höhenweg: Persailhorn – Mitterhorn 1½ – 2 Std., Mitterhorn – Breithorn 1½ – 2 Std., Breithorn – Riemannhaus 1 Std., Riemannhaus – Ramseider Steig – Bachwinkl 3 Std.)
Anforderungen: KS3-C. Wildental-Klettersteig mäßig schwierig und mäßig lang, durchgehend gesichert, in den Rinnen Steinschlaggefahr durch Vorausgehende, sehr viele lehmige Stellen, bei Nässe erhöhte Rutschgefahr. Südwandklettersteig weniger schwierig, durchwegs Fels.
Höhenunterschiede: Bachwinkl – Peter-Wiechenthaler-Hütte 900 Hm, von hier auf beiden Klettersteigen zum Gipfel jeweils 650 Hm; Höhe der Klettersteige jeweils ca. 450 Hm.
Stützpunkte: Peter-Wiechenthaler-Hütte, 1707 m, bew. Anfang Juni bis Ende September, ✆ A-06582/73489.
Sehenswert: ½ Std. oberhalb des Parkplatzes liegt die Einsiedelei auf dem Palfen – die letzte behauste Eremitage der Alpen!

Querung im Südanstieg.

Der wuchtige Gipfel vor dem Felsplateau des Steinernen Meeres bietet einen Klettersteig in der sonnigen Südflanke, fast durchgehend gesichert, kaum steinschlaggefährdet und für Geübte problemlos; er ersetzte den seither als »Alter Weg« bezeichneten, kaum noch begangenen Normalanstieg, eine sehr steinschlaggefährdete Abfolge von Rinnen, teilweise II. Seit 1993 gibt es auch noch den Klettersteig durch die abweisende Nordflanke mit überraschenden und spannenden Abschnitten. Beide Eisenwege können nun zu einer Runde verbunden werden, empfehlenswert in beiden Richtungen. Der Gipfel ist mit dem Breithorn durch einen Grat verbunden, über den der ungesicherte »Saalfeldener Höhenweg« führt. Er bietet die Möglichkeit einer großartigen, aber reichlich luftigen Gratüberschreitung über mehrere Gipfel.

Aufstieg zur Peter-Wiechenthaler-Hütte: Den Wegweisern folgend auf den Öfenbachsteig, einmal kurz eine Fahrstraße queren und in stets angenehmer Steigung zunächst durch den schattigen Wald, zuletzt durch die Krummholzregion auf den Kienalkopf, auf dem die gemütliche Hütte thront.
Wildentalsteig: Von der Hütte bezeichneter Pfad ostwärts in Richtung Gipfel. Bald weist ein Schild auf einen Pfad, der zur Nordflanke hinüberführt. Quer hinüber zu einem mäßig steilen, felsdurchsetzten, grasigen Sporn. Hier beginnt das erste Seil, es führt zunächst zu einer Kreuzungsstelle mit dem »Alten Weg« (rote Markierungen). Hier abermals, zuerst etwas bergab, in leichter Querung zu einer steilen Felswand. In sehr kühner und überraschend rassiger Wegführung quer durch den senkrechten Abbruch eines steilen Felssporns (»Wastl-Promenade«). Vor der Kulisse eines gewaltigen Felsturms geht's nun vom Queren in die Direttissima über: In der Falllinie geht es einige Felsplatten über den Sporn empor bis zu einer steilen Verschneidung, deren glatter Fels über versetzte Leitern luftig, aber sicher erstiegen wird. Ab hier führen die Seile durch wilde, steile Felsrinnen zum alten Südwandklettersteig hinüber, den man kurz unter dem Gipfel erreicht.
Südwandklettersteig: Auf dem o.g. Anstiegspfad rechts haltend und zuletzt steil empor bis zum ersten Seil in der felsigen Westflanke. Unter den Steilwänden weiter bis zum Südgrat. Über Leitern gelangt man westwärts über Felsbänder zu einer luftigen Stelle, von der man, wieder nach Süd wechselnd, weiter emporsteigt. Durch einen kaminartigen Graben gerade empor auf die Gipfelgratschulter und von hier auf dem plattigen Grat zum Gipfel.
Abstieg: Auf einem der beiden Klettersteige.

81 Gesicherter Steig auf die Schönfeldspitze, 2653 m

Spärlich gesicherter Felssteig im Süden des Steinernen Meeres

Ausgangspunkt: Maria Alm, 802 m, östlich von Saalfelden. Zunächst 2 km auf guter Asphaltstraße in nördlicher Richtung bergwärts, vom Waldrand noch 1,7 km auf steiler, aber gut befahrbarer Schotterstraße bis zu einem Schlagbaum am Parkplatz Sanden. Höher liegt der Parkplatz in der Stablerau, 1162 m, im Grießbachtal.
Gehzeiten: Von beiden Parkplätzen zum Riemannhaus je 2½ Std., Gipfelanstieg vom Riemannhaus 2½ Std.; Gesamtgehzeit: 9 Std.
Anforderungen: KS3-C. Ausgedehnte Tagestour; reichlich Schwindelfreiheit erforderlich. Am Gipfelgrat Vorsicht bei Nässe oder Nebel!
Höhenunterschiede: Maria Alm – Riemannhaus 1375 Hm, Riemannhaus – Schönfeldspitze 476 Hm; Höhe der gesicherten Strecken ca. 200 Hm.
Stützpunkte: Riemannhaus, 2177 m, bew. Mitte Juni bis Anf. Okt., ✆ A-0664/2110337; www.riemannhaus.de
Hinweis: Vom Riemannhaus führen beliebte Übergänge zu folgenden Hütten: Peter-Wiechenthaler-Hütte 2½ Std., Ingolstädter Haus 3 Std., Wimbachgrieshütte 6 Std., St. Bartholomä am Königssee 7 Std., Kärlingerhaus 2½ Std., Eckberthütte 7 Std., Bertgenhütte 8½ Std., Matrashaus 9½ Std.

Das kühn geschwungene Felshorn am südlichen Rand des Steinernen Meeres, eines der Wahrzeichen des Berchtesgadener Landes, bietet einen hervorragenden Überblick auf die Steinwüste im Norden und interessante Fernblicke auf Watzmann, Hochkönig und die überfirnten Zentralalpen. Die Überschreitung der Schönfeldspitze bietet ein recht spannendes Felsabenteuer. Der Aufstieg durch die Südflanke ist äußerst sparsam, jedoch ausreichend mit wenigen Griffbügeln gesichert.
Aufstieg zum Riemannhaus: Von beiden Parkplätzen zur Talstation der Materialseilbahn. Nun auf dem teilweise in den Fels gehauenen, gut gesicherten Steig in steilen Kehren durch die wilden, von weitem ungangbar wirkenden Abstürze des Sommersteins hinauf zur Ramseiderscharte. Dieser Hüttenanstieg ist ein Klettersteig für sich und erfordert Schwindelfreiheit.
Gipfelanstieg: Vom Riemannhaus unter dem ostwärts streichenden Kamm stets in Richtung Scharte; der Pfad entwickelt sich allmählich zu einem sparsam, mit wenigen Griffbügeln gesicherten Felssteig und führt zunächst zur Scharte zwischen Wurmkopf und Gipfel. Nun quert der Steig auf einem etwas ausgesetzten, natürlichen Band ansteigend die Südflanke des Berges und führt zur luftigen »Schlüsselstelle«, einer bauchigen Plattenfolge, die mit Eisenklammern gut gesichert ist. In unschwieriger Kletterei mit Hilfe einiger weniger Haltegriffe in die schrofige Ostflanke und über den Ostgrat zum Gipfel, den ein riesiges hölzernes Vesperbild in Kreuzform ziert.
Abstiege: a) Zunächst wie im Aufstieg abwärts und geradeaus die Ostflanke hinab bis zur Buchauerscharte, 2268 m. Nun den linken, blau bezeichneten Weg in nordöstlicher Richtung hinab, bis man nach etwa 30 Minuten auf

Im Kalkfels der Schönfeldspitze.

den Weg Hochbrunnsulzen – Riemannhaus trifft, den man nordwestwärts bis zum Südrand der Schönfeldgrube verfolgt; hier Wegverzweigung. Der roten Bezeichnung folgend links ab und oberhalb der Schönfeldgrube, teilweise ansteigend, um den Fuß der Schönfeldspitze herum zum Riemannhaus.
b) Wie im Aufstieg zurück zur Scharte unter dem Wurmkopf, die hier schwierig aussehenden Stellen auf dem nach Westen ziehenden Grat an beliebiger Stelle – am besten beim großen, tiefer unten liegenden Schneefeld – nördlich umgehen und nun – nur bei schönem Wetter – den gesamten Bergkamm, meist knapp links des Grates, gelegentlich auch stärker in die Flanken ausweichend, überschreiten. Streichenbeil, 2412 m, und Schöneck, 2390 m, können bei diesem unbeschwerten Abstieg weglos und unmarkiert, jedoch mühelos »mitgenommen« werden; auch dem Sommerstein, 2308 m, dem klotzigen Torwächter der Ramseiderscharte, kann man auf bezeichnetem Steig in etwa 20 Minuten über die Nordwestseite aufs Haupt steigen.

82 Mooshammersteig auf den Hochseiler, 2793 m

Einsame, wilde Felsführe mit vielen Überraschungen und wenig Eisen

Ausgangspunkt: Von Saalfelden, Bischofshofen oder Lend (Bahnhöfe) nach Hinterthal am Hochkönig, 1016 m.
Gehzeiten: Hinterthal – Bertgenhütte 2 Std., Bertgenhütte – Teufelslöcher 2 – 2½ Std., Teufelslöcher – Hochseiler ½ – ¾ Std., Hochseiler – Torscharte 1 – 1½ Std., Torscharte – Hinterthal 2 – 3 Std. (im Aufstieg 4½ Std.); Gesamtgehzeit: 9 Std.
Anforderungen: KS3/4-D, Abstieg II, E. Anstrengende Tour, gute Kondition und ein hohes Maß an Schwindelfreiheit und Trittsicherheit erforderlich! Nur bei gutem Wetter!
Höhenunterschiede: Hinterthal – Hochseiler 1777 Hm; Höhe der Klettersteige: Bertgenhütte – Teufelslöcher ca. 800 Hm, Hochseiler-Ostgrat ca. 150 Hm, Hochseiler – Torscharte ca. 450 Hm.
Stützpunkt: Bertgenhütte, 1845 m, unbew. offene Selbstversorgerhütte, 22 Notlager; Quelle 50 m entfernt in Richtung Teufelslöcher, Nächtigung empfehlenswert, ansonsten sehr fordernd und anstrengend.
Hinweis: Gut zu verbinden mit Südanstiegen auf den → Hochkönig. Über den beschriebenen Aufstieg ist auch der Hochkönig zu erreichen: Nach dem Ausstieg aus den Teufelslöchern ostwärts am südlichen Hochrand der Übergossenen Alm 1 Std. weiter bis zum Matrashaus.

Im Nordwesten des Hochkönigstocks erhebt sich am Hochflächenrand der Übergossenen Alm der Hochseiler, ein mächtiger Felsrücken, der bis zum Kammeinschnitt der Torscharte hinabreicht. Der südostwärts verlaufende Grat verzweigt sich in mehrere parallele Seitenäste. In diesem Kamm, dessen Fortsetzung zum Lammkopf auch Hinterhaler Wetterwand heißt, gähnen die Teufelslöcher, zwei gigantische Felstore, die von der Pinzgauer Seite aus schon von weitem sichtbar sind. Der Mooshammersteig, welcher den Hochseiler von der felsigen Südseite her in spannender Wegführung überschreitet, führt durch eines der riesigen Felslöcher und sorgt auch an mehreren Stellen für Herzklopfen – denn es gibt nur wenig Eisen, an das man sich klammern kann.

Aufstieg zur Bertgenhütte: a) Der kürzeste Aufstieg beginnt auf der östlichen Seite des Urschlaubaches und führt als Fahrweg 431 zunächst durch den Hochwald; nach ¾ – 1 Std. bei einem auffälligen Baum mit Hinweistafel links auf einen Steig abzweigen. Nun durch Latschen und Gesträuch in das Schneekar; hier zuerst unter den Lammköpfen, dann quer durchs Geröll zur Flanke des Klammecks. Zuletzt durch Einrisse über Platten und Stufen auf gut bezeichnetem Steig zur winzigen Bertgenhütte.
b) Die Bertgenhütte ist auch von der Erichhütte über die Pirchalm auf bezeichnetem Höhenweg in 3 Std. zu erreichen.

Gipfelanstieg: Auf dem Schutthang steil auf bezeichnetem Steig ins Schneekar empor. Von der Randkluft an Seilsicherungen in einer kurzen, breiten Rinne über den Wandfuß hinauf, dann über Felsrippen und Gräben nach rechts auf ein breites, ungesichertes Band. Stets ausreichend gesi-

Durch das rechte der riesigen Teufelslöcher führt der Mooshammersteig.

chert über Plattenhänge und ein Schuttkar, anschließend durch ein Rinnensystem empor, erreicht man über einen Grat die Teufelslöcher, durchsteigt gesichert das rechte Tor und gelangt auf das Firnfeld. Man folgt den westwärts führenden Spuren im Schnee und kommt am Fuße des Gratrückens schließlich zur Ostkante des eigentlichen Gipfelaufbaus. Der kurze, nur mit wenigen Eisenstiften gesicherte Aufstieg über die Einrisse und Felsabsätze der Ostkante wird immer luftiger und bietet knapp vor dem Gipfel einen klettersteigtechnischen Höhepunkt: Ein kurzer, jedoch völlig senkrechter Kamin ist, mit wenigen Eisenstiften gesichert, zu erklettern; der darauf folgende, sehr luftige Grat führt schnell zum Gipfelkreuz.

Abstiege: a) Zur Torscharte in jedem Fall den Bezeichnungen folgen und über den flach abfallenden, breiten Gratrücken überraschend gemütlich westwärts weiter; an der tiefsten Stelle des Grates führt ein kurzer Steig aufs Firnplateau hinab. (Dieser Zugang zum Herzogsteig empfiehlt sich für alle, die sich den Abstieg über den Mooshammersteig nicht mehr zutrauen!) Mutige erreichen bald die obere Einmündung des ungesicherten Mooshammersteiges. Die hervorragende Bezeichnung ermuntert jedoch zum Abstieg, und der Schwierigkeitsgrad I – II dieser naturbelassenen Route ist von

schwindelfreien Klettersteiggehern mit Vorsicht auch ohne Stahlseil zu meistern. Von der Torscharte, 2247 m, südwärts hinab in die Latschenregion. Als Abschluss empfiehlt sich statt des öden Fahrweges der romantische »Rundweg Nr. 4« – Willi-Schweiger-Weg, der 20 Minuten vor Erreichen des Ausgangspunktes das Naturschauspiel der Trieffen-Tropfquellen zu bieten hat.
b) Wer sich am Hochseiler-Gipfelgrat an der vorerwähnten, tiefsten Stelle lieber dem Herzogsteig anvertrauen möchte, steigt hier nordwärts auf das Plateaufirnfeld ab und gelangt, an den nordöstlichen Abstürzen des Hochseilers entlang, über einen mit Eisenklammern, Stahlseilen und Tritten gesicherten Steig zur Torscharte. Auch dieser Abstieg erfordert Schwindelfreiheit; im Spätsommer u.U. Steigeisen oder Stufenschlagen erforderlich!

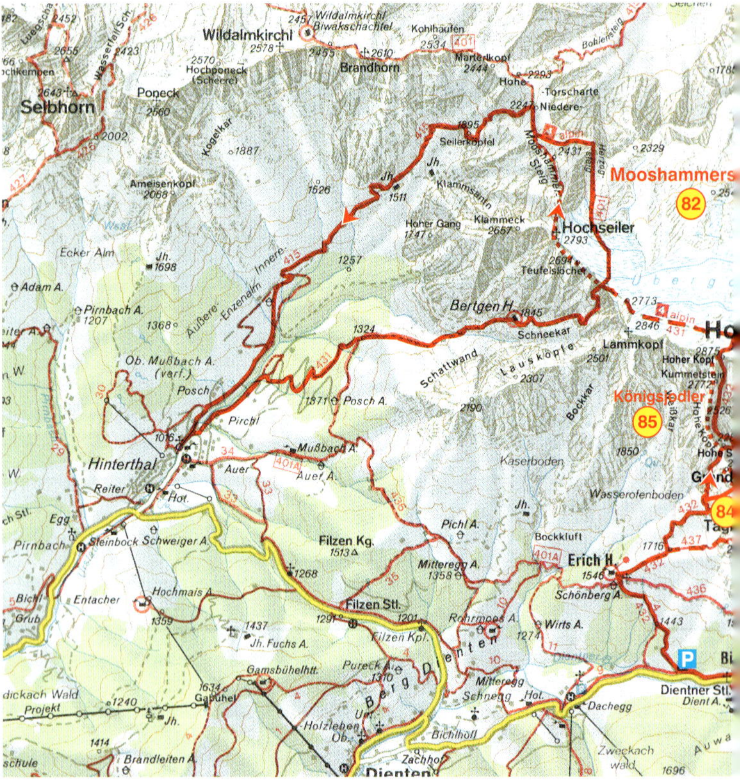

83 Gesicherter Südanstieg über das Birgkar auf den Hochkönig, 2941 m

Unvergessene alte Route zur »Gralsburg«

Ausgangspunkt: Birgkarhaus, 1379 m, am Dientener Sattel, 1370 m, zwischen Dienten und Mühlbach am Hochkönig. Von der Passhöhe 600 m westwärts hinab zum Erichhütten-Parkplatz, ca. 1360 m.
Gehzeiten: Parkplatz – Erichhütte ¾ Std., Erichhütte – Matrashaus 4 – 5 Std., Birgkarhaus – Matrashaus über Stegmoosalm 5½ Std., Matrashaus – Arthurhaus 3 – 3½ Std. (im Aufstieg 5 Std.), vom Arthurhaus über Höhenweg zum Birgkarhaus 2 Std.; Gesamtgehzeit: 10 – 11 Std.
Anforderungen: KS2/3-D. Anstrengende Tagestour; Schwindelfreiheit, vor allem Trittsicherheit und Erfahrung beim Begehen von steilen und eventuell harten Firnfeldern erforderlich. Bei Abstieg c) und d) außergewöhnliche Ausdauer Voraussetzung.

Höhenunterschiede: Birgkarhaus – Matrashaus 1530 Hm; Arthurhaus – Matrashaus 1440 Hm; Klettersteig ca. 700 Hm.
Stützpunkte: Im Aufstieg: Erichhütte, 1540 m, bew. Mitte Mai bis Ende Oktober, ✆ A-06416/6330, mobil A-0664/2643553; am Gipfel: Matrashaus, 2941 m, bew. Juni bis Mitte/Ende Oktober, www.matrashaus.at, ✆ A-06467/7566; im Abstieg: Mitterfeldalm, 1668 m, privat, ganzjährig bew., ✆ A-0664/2528643; Arthurhaus, 1502 m, privat, ganzjährig bew., ✆ A-06467/7202; Hochkeilhaus, 1400 m, beim Arthurhaus, ✆ A-06467/7070; Mandlwandhaus, 1300 m, privat, ganzjährig bew., ✆ A-06467/7714.
Hinweis: Gut zu verbinden mit dem → Mooshammersteig auf den Hochseiler, → Grandlspitz und → »Königsjodler«.

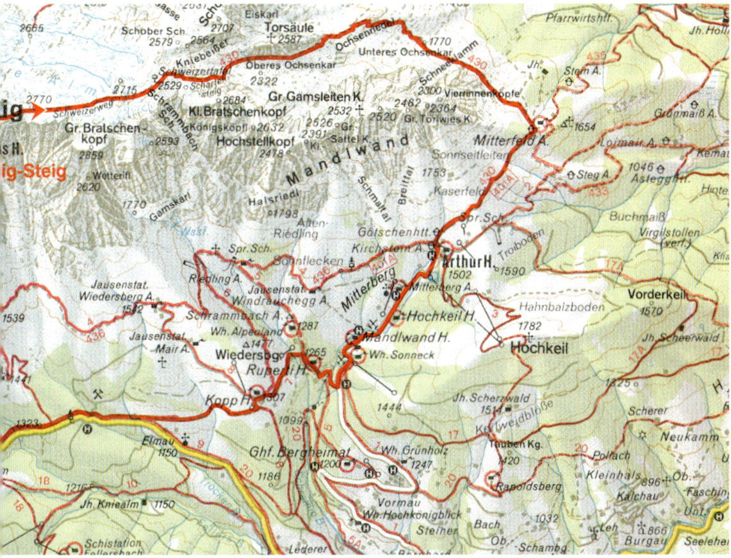

Das von Nord nach Süd ansteigende, weithin leuchtende Firnfeld der Übergossenen Alm, des einzigen Plateaugletschers der Ostalpen, wird am Südrand von Felskronen umkränzt, die etwa in der Mitte im Hochkönig gipfeln. Klettersteiggehern bietet dieser höchste Gipfel der Berchtesgadener Alpen eine großartige Überschreitungsmöglichkeit: Aufstieg durch das Birgkar oder gar über die Teufelslöcher in der steilen Südflanke des Berges, Überschreitung des Firnfeldes an seinem südlichen Hochrand und Abstieg über den beliebten und viel begangenen Normalweg. Seit es den »Königsjodler« gibt, gilt das Birgkar als dessen Abstiegsroute.

Aufstieg zur Erichhütte: Vom Parkplatz breiter Fahrweg bis zur Hütte (¾ Std.).

Gipfelanstiege: a) Von der Erichhütte auf bezeichnetem Steig durch Wiesen und Latschen – die Abzweigung zur Taghaube rechts liegen lassen – immer steiler, bis hinauf in die Hochscharte nördlich der Taghaube, wo sich der Blick auf das gesamte Birgkar und den Gipfel auftut. Nun zunächst durch eine steile, meist schneegefüllte, eiskalte Rinne an einem langen Stahlseil ins Birgkar hinab; hier mündet Anstieg b). Zum Felsansatz des Birgkars meist über einen Lawinenrest hinüber; nun auf dem gut im Schutt sichtbaren, bezeichneten Steig über Platten, Schrofen und Felsen mit stellenweiser Stahlseilsicherung unschwierig, jedoch mühsam und steil in Kehren empor. In der oberen Karhälfte sind in der Regel steile Schneefelder zu queren. Größte Vorsicht bei hartem Schnee oder Vereisung! Vom obersten, etwas flacheren Schneefeld erreicht man endlich das »Fensterl«, einen Durchschlupf im Felsenkranz, und steht am südlichen Hochrand der Übergossenen Alm. Es folgt ein herrlicher Gang entlang großer Schneewechten. Zuletzt auf den harmlosen Gipfelfelsen und am Kamm entlang zum Matrashaus.

b) Der Beginn des Birgkars kann vom Birgkarhaus über die Stegmoosalm auch unmittelbar erreicht werden. Dies ist jedoch ein mühsamer, teilweise mangelhaft bezeichneter Anstieg; man quert dabei den Verbindungsweg Arthurhaus – Erichhütte. Im Aufstieg wenig empfehlenswert.

c) Noch etwas spannender ist der Anstieg von Hinterthal über die Bertgenhütte zu den Teufelslöchern, der vor allem als Zugang zum Hochseiler dient (→ Mooshammersteig, siehe Tour 82). Der Weg von den Teufelslöchern über das Firnfeld in östlicher Richtung dauert ¾ – 1 Std.; für besonders Unternehmungsfreudige, die vor allem den langen Rückweg nicht scheuen, ein durchaus empfehlenswerter Hochkönig-Aufstieg.

Abstiege: a) Als Abstieg wird man mitunter den viel begangenen und unschwierigen, landschaftlich jedoch sehr genussreichen Normalweg wählen. Vom Gipfelfelsen zunächst, stets gut bezeichnet, steil abwärts durch eine gesicherte Klamm zum kleinen Gipfelvorfelsen; nun über fast ebenen Firn, vorbei an der Schweitzerwegtafel und hinab bis zum Schartensteig. Durch Schutt an den Nordostfuß des Kleinen Bratschenkopfes zu einer verborgenen, herrlichen Quelle und über Blockwerk zum Fuß der mächtigen

Die Hochscharte – hier gehts steil ins Birgkar hinab.

Torsäule. Weiter hinab ins Ochsenkar, bald durch Krummholz unter die senkrecht fallende Manndlwand und schließlich zur Mitterfeldalm, 1668 m. Von hier auf bequemem Weg weiter zum Arthurhaus, 1502 m. Besonders Ausdauernde können von hier den langen Höhenverbindungsweg über Rieding- und Wiedersbergalm bis zum Birgkarhaus oder zur Erichhütte wählen; andere nehmen den Rückweg über Mühlbach auf der Straße (Verkehrsverbindungen problematisch). Am kürzesten: Abstieg wie Aufstieg.
b) Abstieg ostwärts über Mooshammersteig zur Bertgenhütte und auf dem Höhenweg über Poschalm und Pichlalm zur Erichhütte (Tour 82 im Abstieg).
c) Abstieg über den Mooshammersteig zur Torscharte und nach Hinterthal (Abstiege von Tour 82).

84 Klettersteig auf den Grandlspitz, 2307 m

Der Prüfstein für den »Königsjodler«

Ausgangspunkt: Birgkarhaus, 1379 m, am Dientener Sattel, 1370 m, zwischen Dienten und Mühlbach am Hochkönig. Von der Passhöhe 600 m westwärts hinab zum »Erichhütten-Parkplatz«, ca. 1360 m.
Gehzeiten: Hütten-Parkplatz – Erichhütte ¾ Std.; Erichhütte – Einstieg, 2145 m, 1 Std.; Einstieg – Grandlspitz ½ Std. Gesamtgehzeit 4½ Std. Überschreitung der Taghaube zusätzlich 2½ Std.
Anforderungen: KS4-C. Durchgehendes Stahlseil, ca. 25 Tritt- bzw. Griffklammern, Hauptgipfel II, weglos, brüchig. Überschreitung Taghaube stellenweise II, spärliche Sicherungen, Trittsicherheit und Orientierungssinn erforderlich, oft brüchiges und steiles Schrofengelände.
Höhenunterschiede: Hütten-Parkplatz - Erichhütte 180 Hm, Erichhütte – Grandlspitz 767 Hm; vom Wegabzweig zur Taghaube 373 Hm.
Stützpunkt: Erichhütte, 1540 m, bew. Anfang Juni bis Mitte Oktober. ✆ A-06416/6330, mobil A-0664/2643553.

Dieser kurze, aber reichlich schwierige Klettersteig in der Grandlspitz-Südwand wurde 2001 eröffnet. Mit seinen scharfen 170 m Kletterlänge bietet er sich als guter Test für die großen Herausforderungen des nahen »Königsjodlers« an. Mit einer zusätzlichen Überschreitung der Taghaube ergibt sich eine längere Tagestour als »Test-Strecke«. Wer nach Grandlspitz und Taghaube meint, er sei nun »reif« für den »Königsjodler«, der sei gewarnt: Technisch und konditionell muss man dort eine Klasse mehr leisten!
Aufstieg zur Erichhütte: Vom Parkplatz breiter Fahrweg bis zur Hütte.
Zustieg: Zunächst wie zum → Birgkar auf Weg 432 – vorbei an der Abzweigung zur Taghaube in 1713 m Höhe. Nach ¾ Std. erreicht man die Weggabelung mit Wegweiser Grandlspitz in 2080 m Höhe. Spärliche Pfadspuren führen über die nun steileren Wiesenhänge empor, 30 cm hohe Metallstangen in den Landesfarben und rote Punkte lotsen zum Taghaubensattel, 2136 m. Hier folgt man weiter den Markierungsstangen zur Südwand und zum Einstieg links neben einem Felsüberhang.
Klettersteig: Längs einer Verschneidung steil empor zu einer kurzen Querung in leichterem Fels. Weiter über steile Platten in den oberen Wandteil, hier stellenweise senkrecht bis leicht überhängend über Trittklammern in einigen Windungen bis zum Ausstieg am Südgipfel.
Abstieg: Vor dem Felsklotz nach links und 5 m hinab in eine flache Scharte. Dort folgt man dem Stahlseil zunächst durch eine schottrige Rinne, dann über brüchige Schrofen auf den grasigen Ostrücken, von wo Markierungen auf den Zustiegsweg hinableiten.
Vom Süd- zum Hauptgipfel, von hier Abstieg: Zunächst in die o. g. Scharte hinab, hier hält man sich links in der Flanke. Dazu klettert man zunächst am ersten Felszacken bis in etwa halbe Höhe und quert dann unterhalb der Felszacken weiter, bis man unter dem letzten und höchsten dieser Zacken steht (Achtung, sehr brüchig; I-II). Dieser Zacken ist der Hauptgipfel und

wird am besten durch einen kleinen, grasdurchsetzten Kamin (II) erklommen. Von hier aus gelangt man über den Südgrat (II) in eine Scharte vor einem weiteren Felsturm. Steigt man vor dem Felsturm in der Schrofenflanke nach links ab und quert dann unterhalb des Turmes, so gelangt man knapp unterhalb der Hochscharte wieder auf Weg 432. Hier ist der Fels noch brüchiger als zuvor! Auf den Weg kann man auch unter Auslassung des Gipfels gelangen, wenn man sich immer in der Flanke hält.

Überschreitung der Taghaube: Am Wegabzweig in 1713 m Höhe nach rechts ab und auf einfachem Steig zum Südgipfel mit Kreuz, 2159 m. Kurz unterhalb des Gipfels zwei kleine Steilstufen, jeweils ausreichend gangbar gemacht. Vom Gipfel über die oberste Steilstufe – mit Trittklammern wieder hinab und gleich danach scharf nach rechts ab und zu einem steilen Kamin. Ein paar Eisenstifte erleichtern den Abstieg (I-II). Vom tiefsten Punkt geht es gleich wieder durch einen ähnlichen, aber kürzeren Kamin wieder empor (Abseilhaken für eventuelle Seilsicherung). Weiter über ein schmales Felsband abwärts auf einen Schrofenhang. Von hier führt ein markierter Pfad weiter – z. T. schwer kenntlich – über Gehgelände und vereinzelte I-er Stellen in 1 Std. bis hinab zum Taghaubensattel, 2136 m.

Diese Überschreitung ist auch in umgekehrter Richtung empfehlenswert.

Die steile Südwand des Grandlspitz; rechts der harmlose Abstieg.

85 Klettersteig »Königsjodler« auf den Hohen Kopf, 2875 m, und Hochkönig, 2941 m

Marathonklettersteig über 8 Felstürme

Ausgangspunkt: Birgkarhaus, 1379 m, am Dientener Sattel, 1370 m, zwischen Dienten und Mühlbach am Hochkönig. Von der Passhöhe 600 m westwärts hinab zum »Erichhütten-Parkplatz«, ca. 1339 m. Busverbindung Bischofshofen – Mühlbach.
Gehzeiten: Hüttenparkplatz – Erichhütte ¾ Std.; Erichhütte – Hohe Scharte 1½ – 2 Std., Hohe Scharte – Hoher Kopf (Klettersteig) 4 – 6 Std., Hoher Kopf – Matrashaus ½ Std., Abstieg übers Birgkar 3½ Std.; Gesamtgehzeit 10 – 11 Std.
Anforderungen: KS5-D; einer der schwierigsten und längsten Klettersteige der Ostalpen, z. T. sehr exponiert, insgesamt höchst anspruchsvoll, nur für sehr ausdauernde Routiniers bei bestem Wetter.
Höhenunterschiede: Hüttenparkplatz – Erichhütte 180 Hm, Erichhütte – Hohe Scharte 710 Hm, Hohe Scharte – Hoher Kopf 625 Hm, dazu Gegenanstiege ca. 350 Hm, Klettersteig mit Gegenanstiegen also ca. 1000 Hm; Hoher Kopf – Hochkönig 66 Hm. Gesamtanstieg vom Parkplatz bis zum Hochkönig mit Gegenanstiegen am Klettersteig ca. 1950 Hm!
Stützpunkte: Im Aufstieg: Erichhütte, 1540 m, bew. Anfang Juni bis Mitte Oktober, ✆ A-06416/6330, mobil A-0664/2643553; am Gipfel des Hochkönig: Matrashaus, 2941 m, bew. Mitte Juni bis Ende Oktober, ✆ A-06467/7566.

Der extrem lange und zudem technisch sehr anspruchsvolle »Königsjodler«, wurde am 6. Juli 2002 feierlich eröffnet. Die mit 1700 m Stahlseil und wenigen Eisenstiften gesicherte Route folgt dem wilden Grat der Teufelshörner von der Hohen Scharte, 2250 m, bis zum Hohen Kopf, 2875 m. Der faszinierende Felsgang führt über 8 Türme, Steilwände und Grate wechseln mit schneidigen Querungen. Besonders scharfe Einlagen sind der »Jungfrauensprung«, ein gewagter Spreizschritt zum »Götterquergang« am Dientner Turm, oder die 5 m lange luftige Dreiseilbrücke über die Teufelsschlucht. Die 350 Höhenmeter Zwischenabstiege in die Scharten erweisen sich als kraftraubend und erhöhen die 625 m Höhenunterschied des Klettersteigs auf gut 1000 Klettermeter. Wer vor dem Kummetstein nicht aufgibt (Notabstieg ins Birgkar), dem steht noch einiges bevor: Der vorletzte Turm erfordert nochmals volle Armkraft und erst am Hohen Kopf ist man dem letzten Ziel, dem Matrashaus, wirklich nahe. Der Abstieg über die bröseligen Pfade des Birgkars verlangt nochmals Konzentration und Aufmerksamkeit!
Zum Einstieg: Vom Parkplatz in ½ Std. bequem bis zur Erichhütte; Hüttennächtigung empfehlenswert. Auf gut bez. Weg (432) in Richtung Hochkönig, am Abzweig zur Taghaube rechts vorbei. Am Abzweig zum Grandlspitz in ca. 2080 m Höhe geht's nach links. Der Pfad zieht nun durch Schrofen und Schotterrinnen, z. T. gesichert, steil in die Hohe Scharte, 2283 m (2 Std. von der Erichhütte). Nun links nochmals ca. 20 Hm bis zum Einstieg.
Klettersteig: Am Einstieg, dem sog. »Flower Tower« geht's gleich kräftig zur Sache, doch nach der kurzen Ouvertüre nehmen die technischen

Schwierigkeiten schnell ab. Dafür ist nun Ausdauer gefordert. In ständigem Auf und Ab führt das durchgehende Drahtseil über die sieben Teufelshörner, die durch mehr oder minder tiefe Scharten getrennt sind. Markante Passagen sind namentlich gekennzeichnet. So gibt es einen »Mühlbacher Turm«, man spreizt über den »Jungfrauensprung« oder überwindet die »Teufelsschlucht« auf einem Drahtseil balancierend. Bis zum Ende der Teufelshörner halten sich die Schwierigkeiten bis auf wenige, sehr kurze Passagen in Grenzen (2 – 3 Std.). Nach den Teufelshörnern ist ein Notabstieg ins Birgkar (Hinweis!) durch steiles Geröll möglich (nicht zu empfehlen). Aber wer bisher schon zu kämpfen hatte, sollte sich den Weiterweg trotzdem gut überlegen. Denn der nun folgende Abschnitt über den Kummetstein und den Matrasturm auf den Hohen Kopf mag zwar optisch nicht mehr sehr lang erscheinen, doch da täuscht man sich gewaltig! Nochmals sind 2 – 3 Std. zu veranschlagen und auch die schwierigsten Stellen des Steiges sollen noch folgen. Zunächst geht es weiter über ungesichertes Schrofengelände (Vorsicht im Geröll!) an den Felsturm des Kummetstein, 2772 m, heran. Nun muss man sich teilweise am Drahtseil die senkrechte Wand hochhangeln. Der Bizeps schwillt und es folgen nach kurzer Erholung noch schwerere Passagen. Steht man nach 150 Hm am Gipfel des Kummetstein, kann man sich erst mal ein bisschen erholen, denn es geht relativ gemütlich am Grat entlang. Doch der Abstieg in die Scharte vor dem Matrasturm hat es in sich und der folgende Aufstieg fordert nochmals ganz die Oberarme. Doch noch ist es nicht geschafft. Noch einmal geht es in eine Scharte hinab, bevor man endlich auf den Hohen Kopf klettert. Dieser letzte Anstieg ist nicht mehr ganz so extrem schwierig und schließlich geht es noch wenige Meter zu Fuß auf den höchsten Punkt. Folgt man hier dem markierten Weg geradeaus, gelangt man in einer knappen ½ Std. zum Matrashaus auf dem Gipfel des Hochkönig – die höchste Hütte in den Nördlichen Kalkalpen.

Balanceakt über die »Teufelsschlucht«.

Abstieg: a) Vom Matrashaus durch das Birgkar hinab (Tour 83).

b) Vom Matrashaus nach Nächtigung auf dem sog. Normalweg übers Arthurhaus zur Passhöhe; siehe Abstiegsvarianten bei Tour 83.

c) Vom Hohen Kopf kann man nach rechts einfach in die Birgkarscharte, 2847 m, gelangen, wo der Abstieg ins Birgkar beginnt.

86 Klettersteig »City wall« am Kapuzinerberg in Salzburg

60 Höhenmeter in extremer Route

Ausgangspunkt: Stadt Salzburg, 418 m, Glockengasse 4 c. Parken nur in Tiefgarage Linzer Gasse. Vom Bahnhof zu Fuß ½ Std., Fahrrad empfehlenswert.
Gehzeiten: Reine Kletterzeit ½ – ¾ Std., Abstieg je nach Wegwahl 1 Std.
Anforderungen: KS5/6-0. 60 Hm Direttissima; 130 »Klettermeter«, Schlüsselstelle unterm Ausstieg KS6, Überhang, volle Armkraft! Nur bei trockenem Fels; feuchte Seile machen die Route ungangbar!
Höhenunterschied: Klettersteig nur 60 Hm, bis zum Gipfel des Kapuzinerbergs nochmals 160 Hm.
Information und Anmeldung: Akzente Salzburg, Glockengasse 4 c, A-5020 Salzburg; b.kohlweiss@akzente.net ✆ A-0662/849291; Abholung des Schlüssels nur zu Bürozeiten: Mo bis Fr: 8:00 bis 12:00 Uhr, Mo bis Do: 13:00 bis 17:00 Uhr.
Karten: Stadtplan von Salzburg

Für Klettersteig-Fans ist Salzburg seit dem 20. September 2002 um eine Attraktion reicher: der erste innerstädtische Klettersteig neben Grenoble! Die Idee kam vom Landesjugendreferenten Mag. Wolfgang Schick, die Planung und die gesamte technische Ausführung besorgte der Extrembergsteiger Richard Franzl, der Erbauer von → »Königsjodler« und → »Johann«. Die Fakten: schattige Nordwand aus bombenfestem Gneis, sehr steil bis senkrecht, einige Stellen überhängend, wenige Standplätze zum Verschnaufen, 130 m durchgehendes Stahlseil, mit 120 Felsankern straff und solide befestigt, mit 40 Tritthilfen und 30 Handgriffen eher sparsam »gangbar« gemacht. Das praktische Ergebnis: eine Kraft- und Mutprobe für sehr weit Fortgeschrittene mit trainiertem Bizeps, eine Art technische Reifeprüfung, keinesfalls für Anfänger! Im Überhang vor dem Ausstieg sind schon mehrfach Aspiranten umgekehrt – und das bei nur 60 Höhenmetern, mit Blickverbindung zum Einstieg! Übrigens: Im Notfall rückt die Feuerwehr an und fährt von unten ihre höchste Drehleiter aus.
Aufstieg: Nach Anmeldung im Büro von Akzente Salzburg erhält man den Schlüssel zum umzäunten Zugangsbereich (30,- EUR Kaution). Der Einstieg, ca. 40 m hinter dem Zugangstürchen, signalisiert die raue Gangart der kurzen Führe, bei der Tritthilfen eher sparsam gesetzt sind. Die Schlüs-

Vom Einstieg (Bild) bis zum Ausstieg volle Kraft voraus.

selstelle liegt unterm Ausstieg – ein Überhang, der viel Mut, Kraft und Überwindung erfordert.

Abstieg: Von der Aussichtsplattform, 60 m über dem Ausstieg, kann man auf asphaltiertem Weg in ½ Std. zur Glockengasse zurückkehren. Für einen genussvollen Ausklang empfiehlt sich der Aufstieg zum Gipfel des Kapuzinerbergs, 638 m, mit Einkehr im historischen Franziskischlössl, erbaut 1629, heute beliebtes, gemütliches Ausflugslokal. Unfehlbare Leitlinie ist der breite asphaltierte Weg; Abstieg zum Ausgangspunkt in mehreren Varianten; an der Imbergstiege bestes Altstadtpanorama.

87 Klettersteig über die Ostkante auf die Rote Saile, 2820 m, und gesicherter Steig zur Kreuzspitze, 3155 m

Ungewöhnliches Klettersteigerlebnis in hochalpinem Umfeld

Ausgangspunkt: Prägraten, 1310 m, im Virgental westlich Matrei; Ortsteil Bichl, 1495 m; letzter Parkplatz 200 m westlich des Ortes, oberhalb der ersten Kehre der Straße.
Gehzeiten: Bichl – Sajathütte 3 Std. (Abstieg 2 Std.), Sajathütte – Klettersteig Rote Saile 1 Std. (Abstieg ¾ Std.); Sajathütte – Kreuzspitze 2½ Std. (Abstieg 1½ Std.); Gesamtgehzeit: 7 Std., mit Kreuzspitze 11 Std.!
Anforderungen: KS3/4-D. Rote Saile mäßig schwierig bis schwierig, luftig, nur bei trockenem Wetter. Kreuzspitze eher unschwierig,Trittsicherheit und Schwindelfreiheit jedoch erforderlich (KS1-D).
Höhenunterschiede: Bichl – Sajathütte 1080 Hm, Sajathütte – Rote Saile 245 Hm; Sajathütte – Kreuzspitze 580 Hm; Klettersteige: Rote Saile Aufstieg ca. 150 Hm, Abstieg ca. 100 Hm, Kreuzspitze ca. 80 Hm.
Stützpunkte: Sajathütte, 2575 m, privat, bew. Anfang März bis Ende September, ✆ A-0664/5454460, www.sajathütte.at, privat (Gepäcktransport mit Materialseilbahn möglich).

Die Rote Saile (Säule) ragt wie ein mächtiger Zahn in einem verrotteten Gebiss aus einem Kamm ähnlich geschichteter, meist kleinerer Gipfelzähne empor – so jedenfalls wirkt dieser seltsame Berg, wenn man ihn von der nahen Kreuzspitze betrachtet. Von der Sajathütte aus – fast zum Greifen nahe – ist er eine Herausforderung: Glatt, blank und schauerlich steil zeigt sich von hier die Ostkante, im unteren Teil anscheinend ungangbar. Erst 1986 wurde hier ein rassig-pfiffiger Klettersteig angelegt: ein kühner Felsgang über völlig ungewohnten, teilweise verdächtig hohl klingenden weichen Schiefer, aber gut genug gesichert; ohne besonderen Krafteinsatz, zum Teil sehr exponiert. Nur für trockenes Wetter zu empfehlen, denn auch im Abstieg kann Nässe oder gar Vereisung gefährlich werden. Wer früh genug aufgestiegen ist, nimmt an der Sajathütte ein ordentliches Mittagessen ein und steigt nachmittags – unbeschwert von dem auf der Hütte deponierten Gepäck – zur Kreuzspitze: eine kurze gesicherte Passage in bratschigem Steilabbruch, im Übrigen ein unbeschwerter Gang mit herrlichem Zentralalpenpanorama.

Aufstieg zur Sajathütte: In 3 Std. auf mäßig steilem Pfad kurz durch Hochwald, bald aber in weiten Kehren über den aussichtsreichen Südhang der

Die Rote Saile (Rote Säule) von der Sajathütte.

steilen Sajat-Hochmähder bis zur Sajathütte. Von hier zum Einstieg des Klettersteigs über einen steilen Pfad – den Beginn des Sajat-Höhenweges – in 20 Minuten.
Klettersteig Rote Saile: Über kurze Bänder und Wandstufen links empor zu einer völlig glatten, fast senkrechten Wandstelle direkt in der Ostkante. Eine lange, steile Leiter überwindet diese »psychologische Schlüsselstelle«. An Seilen über glatte, rundliche und bauchige Wandstellen stets steil und luftig an der Südostseite der breiten Kante empor, zum Teil auf mageren Tritten. Kurz in die Nordseite und zuletzt auf sehr luftigem Grat bis zum Gipfelkreuz.
Abstieg: In der gut gestuften Westflanke an Perlonseilsicherungen hinab und zu einem Verbindungsgrat mit einem westlichen Vorgipfel; äußerste Vorsicht bei Nässe an ungesicherten Stellen. Auf steilem Pfad in die grasige Südseite und in Serpentinen hinab zur Hütte.
Gesicherter Steig zur Kreuzspitze: Von der Hütte durch Geröll, zuletzt durch sandig verwittertes Gestein in steilen Serpentinen bis an den nordseitigen Abschluss des weiten halbkreisförmigen Kars. Am großen roten Punkt beginnen Seilsicherungen; im Zickzack über Bänder durch die felsige Steilstufe empor. Über einen letzten größeren Grasflecken bis an den westseitigen Absturz und diesen entlang, bis kürzere Seilsicherungen über eine steilere Passage im breiten Südrücken emporführen. In weitem Bogen nach rechts und unschwierig über den letzten ostseitigen Schotterhang zum Gipfel.
Abstieg nur wie Aufstieg!

88 Kristall-Klettersteig an der Seewand, ca. 2400 m

Extreme Herausforderung für die Elite

Ausgangspunkt: Von Uttendorf (östl. Mittersill) 18 km zum Enzinger Boden, 1479 m, Talstation der Weißsee-Bahnen.
Gehzeiten: Enzinger Boden – Rudolfshütte zu Fuß 2½ – 3 Std.; mit Mountainbike 2 – 2½ Std.; Rudolfshütte – Klettersteig – Gipfel je nach Können 1½ – 3½ Std., Abstieg zur Rudolfshütte ¾ Std.
Anforderungen: KS6-C; Kletterlänge ca. 400 m, Höhenunterschied ca. 150 Hm; Stahlseil verzinkt 12 mm Durchmesser, 56 Trittstifte, 35 Trittbügel, 131 Klebebohrhaken, 3 Eisenleitern; nur bei bestem Wetter. Kurzes zusätzliches Sicherungsseil ratsam. 3 Notausstiege, an 2 Stellen sind Kletterseile zum Abseilen deponiert.
Höhenunterschiede: Talstation Enzinger Boden – Rudolfshütte 656 Hm, Rudolfshütte – höchster Punkt 265 Hm.
Stützpunkt: Berghotel Rudolfshütte, 2315 m. Bew. in der Sommersaison Juni bis Anfang Oktober, ✆ A-06563 / 822159, www.alpinzentrum-rudolfshuette.at
Aufstiegshilfen: Weißsee-Seilbahn vom Enzinger Boden zur Rudolfshütte, 1479 m – 2315 m.

»Über einen Gletscherbach ist eine Seilbrücke gespannt und direkt am Westufer ist der Einstiegsquergang, der schon ganz schön nach außen drückt und man hat das angenehme Gefühl, in den See zu fallen, wenn die Armkraft auslässt. Danach steigt man über eine gelbe, überhängende Wand nach oben. Es folgen wieder anspruchsvolle Traversen im kompakten Fels, und auf kleinen Tritten geht es über Pfeiler und Überhänge weiter aufwärts. Auch drei Notausstiege sind vorgesehen, in denen Kletterseile zum Abseilen hängen. Der schwierigste Teil aber ist der Ausstieg, der aus drei Eisenleitern besteht. Zuerst steigt man über eine senkrechte Leiter unter ein großes Dach, spreizt über Trittbügel zur Dachkante und schwingt sich auf die überhängende Leiter, welche sich als besonders kraftraubend erweist. Nach der dritten Leiter folgt noch eine abweisende Querung nach links, und dann geht's gerade nach oben.

Bei einem großen weißen Quarzfelsen, der dem Klettersteig den Namen gab, ist der Ausstieg« (Albert Steinbacher, Bergführer aus Königssee).
Aufstieg zur Rudolfshütte: a) Seilbahnauffahrt (AV-Ermäßigung); b) zu Fuß über »Fischerweg« Nr. 715; c) mit Mountainbike auf Fahrstraße bis zum Tauernmoossee, 2023 m, über die Staumauer zur ehemaligen Mittelstation der alten Weißseebahn, weiter bis zur »Niederen Scharte« (ca. 1½ Std.), hier MTB abstellen. Zu Fuß rechts auf Pfad weiter über einige Felsstufen zur Schafbichllacke, 2189 m, und zur Rudolfshütte (nochmals 1 Std.).
Klettersteig: Von der Hütte zunächst auf Weg Nr. 711 östlich am Weißsee entlang, dann weiter in Richtung Sonnblick bis Hinweistafel; hier rechts ab und Richtung See absteigen. Über einen Gletscherbach ist ein Stahlseil gespannt (Seilbrücke); mit einem Karabiner ins Seil gehängt oder, besser noch, mit einer kurzen Bandschlinge und Schraubkarabiner gesichert. Nach ½ Stunde erreicht man das südwestliche Ufer des Weißsees, wo sich der Einstieg befindet. Der Einstiegsquergang führt hoch über dem Wasserspiegel des Sees über völlig senkrechten, kompakten Fels; über Quergänge und Pfeiler – meist überhängend! – folgt man der Nerven strapazierenden Route. Unter dem großen Dach die kühnste Mutprobe: auf Trittbügeln nach links hinaus und zur Leiter über dem Abgrund hinüberhangeln. Erst am weißen Quarzfelsen – dem »Namenspatron« dieser wilden Eisenführe – kann man erlöst aufatmen – 150 Hm über dem Wasserspiegel!
Abstieg: Vom Ausstieg ca. 10 Min. westwärts zum markierten Weg, über eine Holzbrücke und in ¾ Std. zurück zur Hütte.

Der luftige Einstiegsquergang am Westufer des Weißsees.

89 Gesicherter Steig aufs Kitzsteinhorn, 3202 m

Kurzer, müheloser Dreitausender über einem Skiparadies

Ausgangspunkt: Kaprun, 786 m, von hier 7 km zur Talstation der Kitzsteinhornbahn im Kapruner Tal, Kapruner Törl, 909 m.
Gehzeiten: Bergstation Nordwestgrathöhe – Gipfel ½ – ¾ Std., Abstieg vom Gipfel zur Krefelder Hütte 2 – 2½ Std.; Gesamtüberschreitungszeit: 3 Std. ab Bergstation.
Anforderungen: KS1-0/A. Aufstieg über Nordwestgrat bei guten Verhältnissen problemlos. Abstieg über den Gletscherkamm kann hingegen echte Eisarbeit erfordern und ohne entsprechende Ausrüstung zum Weg zurück über den Gipfel zwingen (KS1-D/E).
Höhenunterschiede: Bergstation Nordwestgrathöhe – Gipfel 173 Hm, Gipfel – Krefelder Hütte 908 Hm; Klettersteig: Aufstieg Bergstation – Gipfel 170 Hm, Abstieg Gipfel – Kammerkees ca. 250 Hm.
Aufstiegshilfen: »Gletscherbahn Kaprun«, Talstation 909 m – Mittelstation 2452 m – Bergstation Nordwestgrathöhe 3029 m.
Stützpunkte: Krefelder Hütte, 2294 m, bew. Juli bis Ende Sept., ✆ A-06547/7780; Restaurant Bergstation »Bella Vista«, 3029 m, ✆ A-06547/8621413; Restaurant Mittelstation »Gletschermühle« bei der Krefelder Hütte, 2452 m, ✆ A-06547/8621371.
Hinweis: Alpincenter ✆ A-06547/8621.

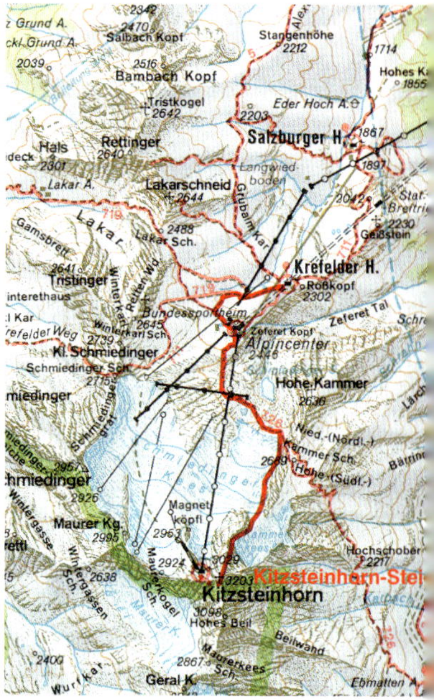

Nur wenige Bergsteiger wissen, dass der Gipfel des Kitzsteinhorns über einen gut angelegten Klettersteig überschritten werden kann. Es gibt in den ganzen Alpen nur wenige Klettersteige und keinen an einem ausgewachsenen Dreitausender, der so mühelos erreicht werden kann wie der am Nordwestgrat des Kitzsteinhorns. Die Seilbahn erspart den langen Aufstieg und macht aus der ehemaligen Zweitagestour ein Unternehmen, zu dem man sich noch am Vormittag entschließen kann. Die Besteigung des Gipfels ist unschwierig, sofern der Fels nicht vereist oder noch stark von Altschnee bedeckt ist, und auch die Überschreitung ist kein Problem, sofern der bratschige Nordgrat trocken und der Gletscher gut begehbar ist. Die Schlüsselstelle der Überschreitung ist der steile Übergang vom Kammer- zum Schmiedingerkees. Hier kann echte Eisarbeit erforderlich werden, wobei Steigeisen und Pickel unerlässlich sind. Wer dieses Werkzeug nicht dabei

Der problemlose Steig zum Gipfel des Kitzsteinhorns.

hat, braucht dennoch nicht auf den Versuch einer Überschreitung zu verzichten – wer wegen Schwierigkeiten im Eis rechtzeitig umkehrt und den ganzen Grat zurücksteigt, hat wirklich nichts zu bereuen!

Aufstieg: Seilbahnauffahrt bis zur Bergstation Nordwestgrat. Gleich hinter der Bergstation beginnen die Sicherungen, die als beidseitiges Geländerseil bis zum Gipfel führen. Ein herrlicher Ausblick begleitet den mühelosen Aufstieg: Glockner- und Venedigergruppe schimmern in ihrer Gletscherpracht, in der Tiefe trifft der Blick auf die Täler des Pinzgaus.

Abstieg: Der Abstieg über den Nordgrat ist zwar ebenfalls ausreichend gesichert, jedoch vielfach beschädigt. Von der flachen Einschartung im Nordgrat rechts steil ab zum Kammerkees, das man ostwärts von der Gratschulter absteigend erreicht. Weiter über das Schmiedingerkees, anfangs sehr steil, zur Seilbahn-Mittelstation oberhalb der Krefelder Hütte.

90 Gleiwitzer Höhenweg auf den Hohen Tenn, 3368 m

Ernste Hochtour mit mehreren Klettersteigpassagen

Ausgangspunkt: Fusch an der Großglocknerstraße, 813 m, Bahnhof, von hier zum kleinen letzten Parkplatz am Hirzbach.
Gehzeiten: Fusch – Gleiwitzer Hütte 3½ Std., Gleiwitzer Hütte – Hoher Tenn 4½ – 5 Std.; Gesamtgehzeit: 16 Std.; Nächtigung auf der Gleiwitzer Hütte anzuraten.
Anforderungen: KS3/4-E, II. Hochalpine, sehr ernst zu nehmende Bergfahrt, gefährlicher Steilgrashang, über 3000 m ist stets mit Neuschnee zu rechnen. Gipfelhang zum Schneetenn und Grat zum Hohen Tenn stets verfirnt, ggf. auch Blankeis (I). Kleiner Tenn sehr luftig (drahtseilgesichert), Pickel unbedingt erforderlich, zusätzlich Steigeisen und Seil empfehlenswert. Bei Schlechtwetter unbedingt abzuraten. Die Steilgraspassagen über dem Spitzbrett, früher im oberen Teil ungesichert, wurden 1977 gesichert.
Höhenunterschiede: Fusch – Gleiwitzer Hütte 1360 Hm, Gleiwitzer Hütte – Hoher Tenn 1200 Hm; Klettersteigpassagen ca. 900 Hm (nur stellenweise gesichert).
Stützpunkt: Gleiwitzer Hütte, 2176 m, bew. Mitte Juni bis Ende September, ✆ A-0676/4783420.

Der talbeherrschende Gipfel, das Zierstück des Panoramas des Zeller Sees, steht im Schatten des Großen Wiesbachhorns und wird wenig begangen. Die mächtige Nordwand, 1000 m hoch, im letzten Drittel 45 Grad steil, leitet aus bratschigen Felsflanken bis in eine Höhe von 3318 m; sie ist die höchste unter den großen Eisflanken der Glocknergruppe. Der gesicherte Normalweg über den Nordwestgrat, der Gleiwitzer Weg, wird zwar nur als »Einser« (I) eingestuft, kann aber bei schlechten Verhältnissen wesentlich schwieriger sein; auf jeden Fall verlangt die Querung der lehmigen, oft glitschigen Spitzbrettwand mit ihren dürftigen Grasbändern über der gähnenden Tiefe ein ziemliches Maß an Überwindung. Der Gang über den Nordostgrat gehört hingegen zu den großartigsten Erlebnissen zwischen Fels und Firn.
Aufstieg zur Gleiwitzer Hütte: Hinter den letzten Häusern von Fusch steigt der Weg in steilen Serpentinen an, zunächst im Schatten herrlicher Buchenwälder, zur Rechten die Klamm. Immer wieder stürzen die Wasser des Hirzbaches in breiten Bahnen über bemooste, haushohe Granitwände in gurgelnde Schlünde. Auf halbem Wege quert man schließlich den Sturzbach und erreicht durch lichten Nadelwald und Latschen die Hirzbachalm mit ihren weiten flachen Wiesen. Hinter einer Jagdhütte die neue Betonmauer, die das Wasser der Tenngrube sammelt und in einem Stollen hinüber zum Kraftwerk Kaprun leitet. Von hier zieht der Weg über steile grasige Hänge in 33 Kehren zur Gleiwitzer Hütte.
Gipfelaufstieg: Der Gleiwitzer Höhenweg führt zunächst fast 1 Std. eben südwärts über blumige Bergwiesen bis ins schutterfüllte Ochsenkar, 2350 m, mit seinem kleinen Firnfeld im Schatten des jäh aufragenden Felsgrates. Ausreichende Sicherungen helfen über den steilen, glatten Platten-

schuss in der Verschneidung zum senkrecht aufragenden Spitzbrettkopf. Gute Sicherungen führen auch vom griffigen Felsgrat der Unteren Jägerscharte, 2470 m, in die steile Spitzbrettwand mit ihren schmalen, teilweise lehmigen Grasbändern: Diese Passage ist bei Nässe oder gar Vereisung ausgesprochen gefährlich; wenn die Drahtseile nicht in Ordnung sind und eine Sicherung durch Gefährten nicht möglich ist, muss hier zur Umkehr geraten werden! Erleichtert steht man dann an der Oberen Jägerscharte, 2752 m, und genießt den berauschenden Fernblick nach beiden Seiten. Jetzt folgt der schönste Teil dieses Weges: der Gang über den Nordrücken des Bauernbrachkopfes. Links der Blick in die Nordabstürze des Hohen Tenn, rechts der Blick weit hinaus über das Kitzsteinhorn bis zum Großvenediger, unten die beiden Stauseen. Drahtseilsicherungen, ausgesetzte Stellen und steile Flanken mit grünem und grauem Fels wechseln ab, bis man den Bauernbrachkopf, 3125 m, erreicht. Dieser Gipfel wird an Drahtseilen rechts umgangen, worauf man absteigend das Hirzbachtörl, 3046 m, erreicht. Im Gegenanstieg über den gesicherten Kleinen Tenn und drahtseilgesichert über die zum Teil sehr luftige Felsbarriere, 3155 m. Hinab zum schmalen Verbindungsgrat und am verfirnten Nordwestkamm empor zum Schneetenn, 3317 m. Auf verwechtetem, luftigem Grat über den Tennsattel,

3293 m, und in 20 Minuten südwärts hinüber zum Hohen Tenn, 3368 m.
Abstieg: Am besten wie Aufstieg. Vom Bauernbrachkopf (s.o.) oder vorher, vom Kempsenkopf, führt der sog. »Max-Hirschl-Weg« in 2 – 3 Std. zum Speicher Mooserboden hinab. Dieser Weg ist nicht markiert; Wegunkundigen ist davon unbedingt abzuraten.

Steiler, glatter Plattenschuss in der Verschneidung zum Spitzbrettkopf.

Stichwortverzeichnis